GERSTENBERG VERLAG

50 Klassiker
ARCHITEKTUR
DES 20. JAHRHUNDERTS

*Die wichtigsten Bauwerke der Moderne
dargestellt von* CHRISTINA HABERLIK
unter Mitarbeit von Andrea C. Busch

6 Bauen – für die Ewigkeit?

8 **La Sagrada Familia**
Barcelona, Antoni Gaudí

14 **Glasgow School of Art**
Glasgow, Charles Rennie Macintosh

20 **Flatiron Building**
New York, Daniel Hudson Burnham

24 **Grand Central Station**
New York, Reed & Stem

30 **Postsparkassenamt**
Wien, Otto Wagner

36 **AEG-Turbinenhalle**
Berlin, Peter Behrens

42 **Goetheanum**
Dornach, Rudolf Steiner

48 **Tatlin-Turm**
Wladimir Tatlin

52 **Einstein-Turm**
Potsdam, Erich Mendelsohn

56 **Bauhaus**
Dessau, Walter Gropius

62 **Metropolis**
Fritz Lang

68 **Hufeisensiedlung**
Berlin-Britz, Bruno Taut

74 **Weißenhofsiedlung**
Stuttgart, Ludwig Mies van der Rohe

80 **Villa Savoye**
Poissy, Le Corbusier

86 **Haus Tugendhat**
Brünn, Ludwig Mies van der Rohe

90 **Chrysler Building**
New York, William van Alen

96 **U-Bahn Moskau**
Alexander Duschkin

102 **Golden Gate Bridge**
San Francisco, Joseph Baermann Strauss

108 **Fallingwater**
Bear Run, Frank Lloyd Wright

114 **Reichsparteitagsgelände**
Nürnberg, Albert Speer

120 **Casa Malaparte**
Capri, Adalberto Libera und Curzio Malaparte

126 **Guggenheim-Museum**
New York, Frank Lloyd Wright

130 **Unité d'habitation**
Marseille, Le Corbusier

136 **Seagram Building**
New York, Ludwig Mies van der Rohe und Philip Johnson

142 **TWA-Terminal/JFK**
New York, Eero Saarinen

148 **Brasília**
Oscar Niemeyer

INHALTSVERZEICHNIS

154 **Sydney Opera House**
Jørn Utzon

160 **Kaiser-Wilhelm-Gedächtniskirche**
Berlin, Egon Eiermann

164 **Philharmonie Berlin**
Hans Scharoun

170 **Olympiastadion**
München, Günter Behnisch und Frei Otto

176 **Centre Georges Pompidou**
Paris, Renzo Piano und Richard Rogers

182 **Erweiterung der Staatsgalerie Stuttgart**
James Stirling, Michael Wilford and Associates

188 **Hongkong and Shanghai Bank**
Hongkong, Norman Robert Foster

194 **AT&T-Building**
New York, Philip Johnson und John Burgee

200 **Musée d'Orsay**
Paris, Gae(tana) Aulenti

204 **Institut du Monde Arabe**
Paris, Jean Nouvel

208 **Louvre-Pyramide**
Paris, Ieoh Ming Pei

212 **Wexner Center for the Visual Arts**
Columbus, Peter Eisenman

218 **La Grande Arche**
Paris, Otto von Spreckelsen und Paul Andreu

222 **Feuerwehrhaus**
Weil am Rhein, Zaha Hadid

228 **Jüdisches Museum**
Berlin, Daniel Libeskind

234 **Guggenheim-Museum**
Bilbao, Frank Owen Gehry

238 **Ufa-Kinozentrum**
Dresden, Coop Himmelb(l)au

244 **Reichstagsumbau**
Berlin, Norman Robert Foster

250 **Thermalbad Vals**
Peter Zumthor

254 **Tate Modern**
London, Herzog & de Meuron

258 **Potsdamer Platz**
Berlin, Renzo Piano

264 **Curtain Wall House**
Tokio, Shigeru Ban

270 **Maison à Bordeaux**
Rem Koolhaas

276 **Niederländischer Expo-Pavillon**
Hannover, MVRDV

280 Ausblick ins 21. Jahrhundert

282 Gebäuderegister

284 Personen- und Werkregister

Bauen – für die Ewigkeit?

■ La Sagrada Familia, Barcelona; Architekt Antoni Gaudí, Baubeginn 1883.

Den Anfang dieses Buches bildet ein unvollendeter Sakralbau, der womöglich nie fertig sein wird, und am Schluss steht ein temporäres Gebilde, das eigentlich schon kein »Haus« mehr ist. Am Anfang des Jahrhunderts baute man noch für die Ewigkeit – am Schluss ist das Vertrauen in die Zukunft einer tiefen Verunsicherung gewichen.

Für jede der Stilrichtungen des vergangenen Jahrhunderts enthält dieses Buch eines oder mehrere Beispiele. An ihrer chronologischen Abfolge (nach Baubeginn) lässt sich übrigens auch nachvollziehen, welche gesellschaftlichen Veränderungen im 20. Jahrhundert stattgefunden haben: Architektur ist immer – auch – ein Spiegel gesellschaftlicher Verhältnisse.

Ein Seismograph der Zeitläufte und Strömungen des Jahrhunderts war stets das Museum of Modern Art in New York mit seinen Architekturausstellungen: Der Bogen spannt sich im 20. Jahrhundert von der Schau »International Style« (1937), über »Deconstructivist Architecture« (1988) bis zu der Ausstellung »The Unprivate House« (1999), in der virtuelle Häuser gezeigt wurden, wie sie bisher nicht denkbar waren. Dreidimensionale Softwareprogramme ermöglichen, in Häusern spazieren zu

■ Hufeisensiedlung, Berlin-Britz; Architekt Bruno Taut, Bauzeit 1925–1931.

gehen, die gar nicht existieren. Nur lebensferne Spielereien? Dem Kurator, Terence Riley, ging es bei dieser Ausstellung darum, die Auflösung der Privatsphäre im Laufe des vergangenen Jahrhunderts zu zeigen. Privatheit, Geborgenheit, die das Eigenheim noch zu Beginn des Jahrhunderts bieten musste, ist einer größeren Offenheit und Flexibilität gewichen. Die jüngeren Architekturdiskurse befassen sich mit mobilem, temporärem, ökologischem, ressourcen- und platzschonendem Bauen. Neubauten werden halb eingegraben oder lösen sich hinter immer transparenter werdenden Fassaden nahezu auf.
Die Vorstellung von dem, was »Bauen« überhaupt bedeutet, ändert sich radikal. Damit gelangt eine Entwicklung an ihr vorläufiges Ende, die bereits am Anfang des Jahrhunderts mit der Verwendung neuer Baumaterialien und Entwicklung neuer Formen für neue Gebäudezwecke begonnen hat.

■ Guggenheim Museum, Bilbao; Architekt Frank O. Gehry, Bauzeit 1991–1997.

■ Niederländischer Pavillon; Architektenteam MVRDV, Hannover, Expo 2000.

La Sagrada Familia

Barcelona (seit 1883), ANTONI GAUDÍ

Man hält den Mann, der am 7. Juni 1926 in Barcelona unter die Straßenbahn gerät und schwer verletzt wird, für einen Bettler. Er sieht nicht sonderlich gepflegt aus in seinen abgetragenen Kleidern. Erst im Krankenhaus stellt sich heraus, wer der Verunglückte ist: Antoni Gaudí, einer der berühmtesten Söhne der Stadt und gefeierter Architekt. Er baute Kirchen für die Armen und Paläste für die Reichen. Tausende begleiteten den zu Lebzeiten fast schon zur Legende gewordenen Architekten auf seinem letzten Weg zur Krypta der Kirche La Sagrada Familia, die er als sein Hauptwerk der Nachwelt hinterlassen hat.

Der junge Gaudí erlernte zunächst das Kunstschmiedehandwerk, später schloss sich ein Architekturstudium an. Gaudí war inmitten der katalanischen Gotik aufgewachsen, war beeindruckt vom Historismus und der Neugotik. Doch in ganz Europa suchte die Architektur der Jahrhundertwende nach neuen Ausdrucksformen. In Österreich, Deutschland, England und Frankreich begann die Blüte des Jugendstils. Die »Arte modernista« war als regionale Variante eng verknüpft mit dem ökonomischen, kulturellen, politischen und nationalen Erwachen Kataloniens im 19. Jahrhundert. Die Katalanen betrachteten die Gotik und den Jugendstil als Ausdruck ihres Selbstwertgefühls. Zum ersten Mal im Mittelalter und dann erst wieder in der Gründerzeit, als sich die ersten Industrien hier entwickelten, war die Region mächtig, reich und eigenständig. Barcelonas Einwohnerzahl wuchs an der Schwelle zum 20. Jahrhundert von 150 000 auf 600 000. Das zu wissen ist Voraussetzung, um Gaudís Werk zu begreifen.

Antoni Gaudí hatte als junger Architekt einige Gönner unter den Reichen der Stadt, so auch den Grafen Eusebio Güell, für den er neben anderen Anlagen ein luxuriöses Stadthaus baute. Bei seinen ersten Bauten handelt es sich freilich noch um eklektizistische Stilübungen, dennoch ist bereits das Streben nach einem typisch katalanischen Ausdruck ablesbar. Gaudí hat über die Jahre hinweg einen eigenen Stil geschaffen, den er selbst in aller Kürze so beschreibt: »Originalität ist Rückkehr zum Ursprung.« In jungen Jahren war

■ Porträt in jungen Jahren Antoni Gaudí y Cornet (1852–1926).

■ La Sagrada Familia: Die Ostseite ist der Geburt Christi gewidmet. Das Gotteshaus ist ein »work in progress«. Schätzungen zufolge könnte es im Jahre 2050 vollendet sein. Noch heute stehen Kräne auf der Baustelle.

er ein lebensfroher Dandy, und es lässt sich nicht mehr exakt sagen, wann aus ihm der fast fanatische Baumeister Gottes und ein Eremit wurde. Der Bau der Sagrada Familia geriet ihm zur Lebensaufgabe. Kein anderer hätte gewagt, sich ein derartiges Bauwerk auch nur auszudenken.

Die Gemeinde der Josefs-Vereinigung hatte mit dieser Kirche gegen die Industrialisierung und Verweltlichung Kataloniens

Was die Fertigstellung der Kirche angeht, hatte der große Architekt keinerlei Zweifel: »*Gott hatte es nicht eilig*«, soll Gaudi gesagt haben.

■ Auch an den Ornamenten der Turmspitzen erkennt man deutlich Gaudís Anleihen bei der Natur.

protestieren und alte Werte beschwören wollen. Der erste Architekt am Bau, Francisco Villar, hatte 1882 eine neugotische Kirche entworfen, brav und bieder, wie es dem damaligen Geschmack entsprach. Ein Jahr nach Baubeginn überwarf er sich mit der Kirchenleitung, und man war gezwungen, sich nach einem neuen Architekten umzusehen. Die Wahl fiel auf den einunddreißigjährigen Gaudí, der sein Diplom erst zwei Jahre in der Tasche hatte. Gaudí war damals ein kirchenskeptischer, konsequent katalanisch sprechender Nationalist und in seinem Fach ein noch recht unbeschriebenes Blatt. Ursprünglich sollte die Kirche in zehn Jahren vollendet sein. Dieser Zeitplan konnte nicht eingehalten werden, denn die Spenden flossen nicht so üppig, wie man erhofft hatte. Schrittweise veränderte er die Pläne seines Vorgängers zu einem neuen, eigenwilligen Konzept. Gaudí ließ, um die gigantischen Ausmaße seines Vorhabens zu realisieren, die Bauhüttentradition des Mittelalters auferstehen. 1914 übersiedelte er selbst in die Bauhütte und verließ sie lediglich für kurze Spaziergänge. »Eine Predigt aus Stein« wollte er schaffen, und: »Ein solches Werk muss das Ergebnis einer langen Zeit sein, je länger, desto besser« war nun von ihm zu hören. Das gotische Pfeilersystem, mit seinen von Gaudí abschätzig als Hilfskrücken bezeichneten Strebebögen, ersetzte er durch schräggestellte baumartige Stützen, die sich in mehrere Äste gabelten. Dieses Bauprinzip hatte er von der Natur abgeschaut, sein Vorbild war die Statik eines Baumes: Jeder Ast nimmt zunächst die Last des betreffenden Dachabschnitts auf und leitet sie dann auf die Hauptstütze ab. Auch die Vorbilder für die Ornamente fand er in der Natur: Pflanzen, Tiere, Blätter, Bäume, Insekten und Blumen ließ er in Sandstein schlagen und variierte die Muster endlos weiter. Es heißt, Gaudí habe sogar die Einwohnerschaft des Viertels verewigt. Der Schuster, der Bäcker, die Arbeiter – alle mussten ihm Modell stehen.

Von Beginn an war der Bau eine Sensation. Als in den 1920er Jahren die ersten Türme mit ihren einhundertzwanzig Metern Höhe vollendet waren, galten sie als die Wolkenkratzer Barcelonas. Gaudí sollte die letzten Jahre seines Lebens mit dieser Aufgabe verbringen, er erlebte noch die Fertigstellung der Krypta und des ersten Turmes. Nach seinem Tod gingen die Bauarbeiten nur noch schleppend voran und kamen mit Ausbruch des spanischen Bürgerkrieges 1936 gänzlich zum Erliegen. Erst 1952 wurde unter der Leitung des Gaudí-Mitarbeiters Isodoro Buig

■ Als sie in den 1920er Jahren fertig waren, galten die ersten Türme der La Sagrada Familia mit ihren 120 Metern Höhe als Barcelonas Wolkenkratzer.

■ Wendeltreppe im Innern einer der Türme.

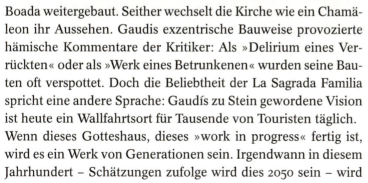

Boada weitergebaut. Seither wechselt die Kirche wie ein Chamäleon ihr Aussehen. Gaudis exzentrische Bauweise provozierte hämische Kommentare der Kritiker: Als »Delirium eines Verrückten« oder als »Werk eines Betrunkenen« wurden seine Bauten oft verspottet. Doch die Beliebtheit der La Sagrada Familia spricht eine andere Sprache: Gaudís zu Stein gewordene Vision ist heute ein Wallfahrtsort für Tausende von Touristen täglich. Wenn dieses Gotteshaus, dieses »work in progress« fertig ist, wird es ein Werk von Generationen sein. Irgendwann in diesem Jahrhundert – Schätzungen zufolge wird dies 2050 sein – wird

■ Das Passionsportal an der Westseite, die das Leiden und den Tod Christi thematisiert. Die Skulpturen von Josip Maria Subirachs sind in den 1980er Jahren entstanden.

der Bau das Leben der »La Sagrada Familia«, der Heiligen Familie, verkörpern. Dann wird das Bauwerk zwölf farbige Türme haben, einen darüber hinausragenden einhundertfünfzig Meter hohen Hauptturm, der Jesus symbolisiert, drei überdimensionale Fassaden, Hunderte von Säulen, Plastiken, Ornamenten – ohne Zweifel ein künstlerisches Jahrhundertereignis.

Die Ostseite mit ihren vier Türmen ist der Geburt Christi gewidmet, die Westseite stellt Leiden und Tod Christi dar. Die Südseite steht für die göttliche Glorie und wird ebenfalls mit vier Türmen geschmückt werden. Die insgesamt zwölf geplanten Türme symbolisieren die zwölf Apostel. Die Menschen von Barcelona, die ihr Bauwunder schätzen und lieben, haben eine schöne Metapher für die Kirche gefunden: Sie sehen in ihr eine alte Frau mit ihrer Vergangenheit und ein junges Mädchen mit seiner Zukunft.

Die Architektur des 20. Jahrhunderts begann mit einem Versuch, eine Verbindung von Vergangenem und Zukünftigem zu schaffen. Gaudí hat mit seiner Kirche einen Schlussstrich unter die Architektur des 19. Jahrhunderts gesetzt und mit einem Bau wie ein Fanal neuen Formen des Bauens den Boden bereitet.

Immer noch kann man der Entstehung dieser Kathedrale mittelalterlichen Ausmaßes beiwohnen, die, wie die *New York Times* einst schrieb, »ins 20. Jahrhundert passt wie ein Saurier in den Central Park«.

ANTONI GAUDÍ

 ## LEBEN UND WERK

Gaudí wird am 25. Juni 1852 im katalanischen Reus geboren. Nach spanischer Tradition erhält er die Nachnamen beider Eltern. Sie taufen ihn auf den Namen Antonio Plácido Guillermo Gaudí y Cornet. Vater Francesco Gaudí y Serra ist Kupferschmied, Mutter Antonia Cornet y Bertran stammt aus einer Töpferfamilie. Sie stirbt früh. Nach einer Lehre als Schmied geht Gaudí nach Barcelona, um dort an der Escola Superior d'Arquitectura zu studieren. Er ist kein brillanter Student. Dass er acht Jahre bis zum Abschluss des Studiums braucht, liegt aber auch daran, dass er in dieser Zeit Wehrdienst leisten und seinen Lebensunterhalt selbst verdienen muss. Er arbeitet in verschiedenen Architekturbüros, unter anderem bei Francisco de Paula de Villar. In dieser Zeit schließt er sich dem Kreis um Joan Martorell an, der einen formenreichen Neogotizismus pflegte. 1878 händigen Gaudís Professoren ihm widerwillig das Architekturdiplom aus – mit der schlechtest möglichen Note: Bestanden. Er eröffnet im selben Jahr ein Büro in Barcelona und arbeitet für Martorell an einigen Entwürfen mit. Sein erstes bedeutendes Werk ist die Casa Vicens (1883–1888), bei der bereits farbige Keramikfliesen und Bruchsteine eingesetzt werden. Zu der Zeit ist Barcelona das politische und kulturelle Zentrum Kataloniens und die modernste Stadt Spaniens. Die Wirtschaft floriert; Unternehmer lassen sich repräsentative Häuser bauen. Der Textilfabrikant Eusebi Güell wird Gaudís Freund und Mäzen. Für ihn baut er einen Stadtpalast, der sich durch die Vielfalt der verwendeten Materialien und die Fülle von Details auszeichnet. Bekannt sind auch die Appartmenthäuser, die er 1898–1900 in Barcelona baut. Gaudí plant nicht nur Neues, er restauriert auch, so zum Beispiel die Kathedrale von Palma de Mallorca. Die meisten Werke entstehen jedoch in und um Barcelona und verkörpern seine Verbundenheit mit dem Land und der Natur. Mit dem Parc Güell schafft Gaudí eine symbolische Landschaft, die das ideale Katalonien der Mythen verkörpert. Gaudí hat nie geheiratet. Eine Weile lebt sein Vater bei ihm; in späteren Jahren wohnt er mit einer Nichte zusammen. Schon 1883 hat Gaudí den Auftrag bekommen, La Sagrada Familia zu bauen. Ab 1914 konzentriert er sich ganz auf dieses Ziel. In den letzten Lebensmonaten wohnt er sogar dort. Am 10. Juni 1926 stirbt Gaudí in einem Krankenhaus in Barcelona an den Folgen eines Straßenbahnunfalls. 1998 hat der Klerus der Stadt den Papst um die Heiligsprechung Gaudís gebeten. Wie immer die Entscheidung ausfallen wird, für die Bevölkerung Barcelonas ist Gaudí bereits jetzt eine Art Schutzpatron.

 ## DATEN

La Sagrada Familia:
Bauherr: Katholische Kirche Kataloniens
Bauzeit: 1883 bis voraussichtlich 2050
Turmhöhen: 120 m
Höchster geplanter Turm: 150 m
Finanzierung: ausschließlich Spenden

Bekannteste Bauwerke:
Palau Güell, 1885–1889, Barcelona
Casa Milà, 1905–1910, Barcelona
Parc Güell, 1910–1914, Barcelona

Lesenswert:
Barbara Wilson: *Ein Nachmittag mit Gaudí*, Hamburg 1992.

Gaudí. Der Mensch und das Werk, Ostfildern-Ruit 2000.

Hörenswert:
Alan Parsons Project: *Gaudí*, CD.

Sehenswert:
Mad about Gaudí. Spaziergang durch Barcelona. CD-ROM.

Eric Woolfson: *Gaudí - Das Musical.*

Berühmtes Zitat:
»Originalität ist Rückkehr zum Ursprung.«

 ## KURZWERTUNG

La Sagrada Familia, die »Unvollendete« – das Lebenswerk des katalanischen Architekten Antoni Gaudí. Er warf alles bisher Dagewesene über den Haufen und erfand sich seinen eigenen nach-gotischen Stil irgendwo zwischen Jugendstil und Naturalismus.

Glasgow School of Art

Glasgow (1897–1899), CHARLES RENNIE MACKINTOSH

■ Die weitgehend schmucklose Fassade des Gebäudeteils der Glasgow School of Art, in dem die Ateliers untergebracht sind. Die großen Fenster bilden hier das Hauptelement.

»Die moderne dekorative Kunst hat kein Dekor.« Diesen Satz prägte Le Corbusier und er drückt damit eine Haltung aus, die fast ein halbes Jahrhundert lang – vom Ersten Weltkrieg bis zu den 1950er Jahren – vorherrschend war und die unter anderem dazu führte, dass ein Künstler und Architekt wie Charles Rennie Mackintosh nahezu vergessen wurde. Möglicherweise haben sich die Verfechter der Moderne geirrt. Eine große Rückbesinnung auf und Rehabilitierung von Mackintoshs Gesamtwerk als Architekt, Designer und Maler setzte erst in der zweiten Hälfte des vergangenen Jahrhunderts ein.

Der junge Mackintosh trat 1889 als Entwurfszeichner und Assistent in die neugegründete Firma Honeyman & Keppie in Glasgow ein und arbeitete dort zwölf Jahre lang als Angestellter. 1896 gewann das Büro den Wettbewerb für den Neu- und Erweiterungsbau der Glasgow School of Art mit einem Entwurf, der vollständig von Mackintosh stammte. Erst 1901, als Honeyman sich aus der Firma zurückzog, wurde Mackintosh Teilhaber und Keppies Partner. Trotz seiner untergeordneten Stellung als Entwurfszeichner muss man Mackintosh wohl als den eigentlichen Schöpfer der außergewöhnlichen Projekte ansehen, die Ende des

■ Der zur Renfrew Street gelegene Haupteingang. Das aus der Symmetrie der Fassade leicht herausgerückte Portal ist mit schmiedeeisernen Geländern und Stützen versehen.

Jahrhunderts von der Firma ausgeführt wurden: zwei Zeitungsgebäude, eine Kirche und mehrere Schulen – und die Glasgow School of Art, die der damalige Direktor Newbery mehr oder weniger direkt bei Mackintosh in Auftrag gab.

Die Glasgow School of Art gilt heute als das Hauptwerk des Architekten und ist zur Pilgerstätte für Generationen von Studenten und Architekturbegeisterten geworden. Die bürgerlichen Kräfte Glasgows wollten mit ihr zur Aufwertung des Images der Stadt beitragen. Glasgow stand in ständiger Konkurrenz mit der schottischen Hauptstadt Edinburgh, und der Nationalstolz gebot, sich gegen englische Einflüsse vehement abzugrenzen. Aus der bisherigen Kunstgewerbeschule wurde unter Newbery die Glasgow School of Art. Newbery setzte alles daran, das Niveau der Institution zu heben. Aus Geldknappheit musste der Neubau der zu klein gewordenen Schule auf zwei Bauetappen verteilt werden, die erste fand von 1897–1899 statt. In dieser Phase entstand

■ Charles Rennie Mackintosh (1868–1928), Porträtaufnahme im Alter von 25 Jahren.

■ Hinter den 7,5 Meter hohen Fenstern der Westfassade befindet sich die zweistöckige Bibliothek der Glasgow School of Art.

■ Die Decke der Bibliothek wird durch ein Netz von Balken und Säulen gestützt, die sich, aus bestimmten Perspektiven betrachtet, auf beeindruckende und komplexe Weise überkreuzen.

der Hauptflügel aus Granit als kompromisslos funktionaler Gebäudeteil. Zur Renfrew Street gelegen, befindet sich der Haupteingang, leicht asymmetrisch aus der Mitte gerückt, was der sonst strengen Fassade eine poetische Note hinzufügt. Die plastische Wirkung des Portalbereichs wird durch die schmiedeeisernen Stützen und Geländer noch verstärkt. In diesem Gebäudeteil sind die Ateliers mit ihren großen Fenstern untergebracht. Die Fassade ist kaum geschmückt, der Architekt hat hier weitgehend auf Ornamente verzichtet.

1906, als der zweite Bauabschnitt genehmigt und finanzierbar war, überarbeitete Mackintosh seinen ursprünglichen Entwurf und veränderte die Westseite zu einer hoch aufstrebenden Fassade, die weitaus stilisierter und abstrakter wirkte als die Ostfassade. Mackintosh verwarf den für Schottland damals typischen Burgen- und Herrenhausstil, der als »Baronical Style«

Dieses geheimnisvolle Gebäude – die Glasgow School of Art – macht den Eindruck, »als schwanke es zwischen Klassik und Moderne, zwischen konstruktiver Rationalität und keltischer Mystik, zwischen pädagogischem Funktionalismus und dem Subjektivismus des Jugendstils«, schreibt Jean Claude Garcias, einer der Biographen Mackintoshs.

bezeichnet wurde, war aber gleichzeitig von ihm beeinflusst. Der Bau steht an einem stark abfallenden Hang, was Mackintosh in seinen Entwurf mit einbezog: Die Ostfassade ragt auf wie eine mittelalterliche schottische Burg, ein Effekt, den er durch die spärlichen Fenster noch verstärkte. Im Gegensatz dazu stattete er die spukschlossartig anmutende Westfassade mit 7,50 Meter hohen Fenstern aus, hinter denen sich die zweigeschossige Bibliothek befindet. Die Täfelung, die Mackintosh dort verwendet, hatte er zehn Jahre zuvor bereits in der Kirche Queen's Cross erprobt. Die Glasgow School of Art fasst das 19. und das 20. Jahrhundert zusammen: Die hartkantigen, gerasterten Elemente des Industriebaus – Vorbild der Moderne – und die ausschweifende Dekorationsfülle des Fin de Siècle vereinen sich hier. Das Gebäude nimmt einen ganz besonderen Platz in der Architekturgeschichte ein – ebenso in Mackintoshs Werk.

Mackintosh machte sich über sein Bauschaffen hinaus besonders mit seinen Intérieurs und Möbeln einen internationalen Namen. Heute wird er gefeiert als der eigentliche Vertreter des »Glasgow Style«, das nordische Pendant zur Pariser Art nouveau und zur Wiener Sezession. Das soll nicht zur Annahme verleiten, dass von einer kulturellen Einheit Europas zu dieser Jahrhundertwende die Rede sein kann. Es gab zwar Kommunikationsmöglichkeiten zwischen den Künstlern und Zeitschriften, die die rasche Verbreitung alles Neuen förderten, aber das künstlerische Umfeld Glasgows war völlig anders als das in Wien oder Paris. Glasgow war eine Fabrikstadt mit hunderttausenden Armen und einer Handvoll Reichen. Mackintoshs außerordentliche Liebe zum Detail und sein Feingefühl sind daher vielleicht als Antwort auf die Kälte der sozialen Umwelt und der Hässlichkeit der, wie William Blake schrieb, »düsteren Höllen der Fabriken« zu verstehen. Die Glasgow School of Art spielte eine Mittlerrolle zwischen den sozialen Schichten, sie verhalf Studenten aus kleinen Verhältnissen zum Aufstieg.

Die »Glasgow Four«, Mackintosh, seine Frau Margaret Macdonald, sein Künstler-

■ Fast klippenartig überragen die durch drei Fensterreihen unterbrochenen Mauern des Bibliothekstrakts an der Westfassade den steilen Abhang des Hügels.

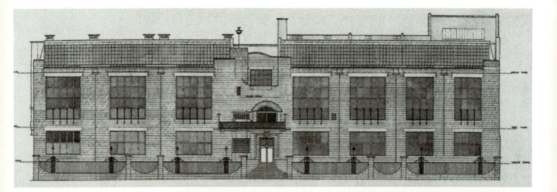

■ Skizze der Hauptfassade mit Eingangsportal, an der zu sehen ist, wie wirkungsvoll die Durchbrechung der Symmetrie ist.

■ Nicht zufällig mutet die Seite, hinter der sich die Ateliers verbergen, im Gegensatz zum Bibliothekstrakt, wie die Fassade eines Industriebaus an.

freund Herbert McNair und dessen Frau Frances, Margarets Schwester, waren dank Ausstellungen und Designblättern international bekannt und dennoch in ihrer Heimatstadt Glasgow ein isolierter Zirkel. Die Vier führten ein überspanntes Bohèmeleben. Der »Glasgow Style« und insbesondere der Stil der »Glasgow Four« blieben die Sache einer kleinen Minderheit, deren verfeinerter Geschmack in gesellschaftlicher Isolation gedieh. Die Vier haben im Grunde aber nie gemeinsam gearbeitet. Es ging immer paarweise, entweder beide Männer oder beide Frauen oder jedes Ehepaar für sich. Die Geschichte der Vier begann wie ein Märchen mit Picknicks, Ausflügen und Maskenbällen und endete in einer Tragödie: Margaret konnte keine Kinder bekommen, Charles verfiel dem Alkohol, 1923 ging das Ehepaar ins Ausland. Mackintoshs Erfolge blieben aus; Frances litt unter starken Depressionen und beging Selbstmord. McNair wurde zum Trinker.

Nicht einmal zwanzig Jahre waren seit der Fertigstellung der Glasgow School of Art vergangen, als Charles Rennie Mackintosh 1928 völlig verarmt und vergessen in London starb.

>»Betrachtet man die Glasgower Bourgeoisie als Klasse, dann kann man vor manchen Dingen die Augen nicht verschließen. Dazu gehört das, was ich als den Ort der Bourgeoisie innerhalb der Gesellschaft bezeichnen möchte. Diese Leute waren reich inmitten größter Armut, und ihr Reichtum ist auf der Armut der anderen gewachsen.«

Edwin Muir, A Scottish Journey, 1935

CHARLES RENNIE MACKINTOSH

LEBEN UND WERK

Mackintosh wird am 7. Juni 1868 in Glasgow geboren. Die Familie ist kinderreich; er hat noch zehn Geschwister. In seiner Heimatstadt macht er eine Ausbildung zum Architekten und besucht Abendkurse an der Glasgow School of Art. Dort lernen er und sein Freund Herbert McNair die Schwestern Margaret und Frances MacDonald kennen. McNair und Frances heiraten 1899, Margaret und Mackintosh folgen 1900. Die vier bilden ein künstlerisches Quartett, die »Glasgow Four«. Mackintosh arbeitet nach der Ausbildung zwölf Jahre als Angestellter eines Architekturbüros; dann endlich wird er als Partner aufgenommen. Der Schwerpunkt seines Schaffens liegt in der Zeit von 1896–1910. Wie die meisten Jugendstilkünstler betrachtet auch Mackintosh Gebäude und Inneneinrichtung als Einheit. Es finden sich jedoch nicht viele Auftraggeber, die bereit sind, sich ganz seinen Vorstellungen anzupassen und vom Entwurf des Hauses über die Möbel bis zum Besteck alles ihm zu überlassen. Für Kompromisse ist Mackintosh jedoch nicht zu haben. Seine besondere Stärke liegt in der Verbindung traditioneller schottischer Formen mit dem Jugendstil. Gerade deshalb ist es erstaunlich, dass er in seiner Heimat kaum Anerkennung findet. In Österreich und Deutschland werden seine und die Entwürfe seiner Frau hoch geschätzt. Er stellt in Wien aus, in Berlin, Moskau und Turin. Nach 20 Jahren Arbeit in Glasgow resigniert er schließlich und zieht 1914 mit Margaret nach Suffolk. Zu dieser Zeit hat Mackintosh bereits große Alkoholprobleme. 1915 gehen die beiden nach London, wo er weiter als Designer und Architekt arbeitet und einen neuen Stil mit Primärfarben und geometrischen Motiven kreiert. 1923 zieht das Ehepaar Mackintosh nach Südfrankreich, wo Charles die Architektur ganz aufgibt und sich nur noch der Landschaftsmalerei widmet. Er stirbt am 10. Dezember 1928 in London an Krebs. Erst 1973, 45 Jahre nach seinem Tod, wird die Charles Rennie Mackintosh Society gegründet, die sich um die Bewahrung seines künstlerischen Erbes bemüht.

DATEN

Glasgow School of Art (Mackintosh Building):
Bauherr: Stadt Glasgow
Bauzeit: 1897–1899
Bau der Bibliothek: 1907–1909
Höhe der Westfenster: 7,5 m
Baumaterial: Granit

Bekannteste Bauwerke:
Queen's Cross Church, 1897–1899, Glasgow
Windy Hill House, 1899–1901, Kilmacom
Hill House, 1902–1905, Helensburgh
Willow Tea Rooms, 1903/04, Glasgow
Bibliothek der Glasgow School of Art, 1907–1909, Glasgow

Lesenswert:
John McKean, Colin Baxter: *Charles Rennie Mackintosh. Architect, Artist, Icon*, Stillwater 2000.

Alistair Moffat: Remembering *Charles Rennie Mackintosh. An Illustrated Biography*, Morayshire 1998.

Elizabeth Wilhide: *The Mackintosh Style. Decor & Design*, London 1997.

Hanna Egger et al. *Ein moderner Nachmittag. Margaret Macdonald Mackintosh und der Salon Waerndorfer in Wien*, Köln 2000.

Sehenswert:
Website der Charles Rennie Mackintosh Society:
http://www.crmsociety.com

KURZWERTUNG

Das »Wunder der Renfrew-Street« wurde die Glasgow-School of Art bald nach ihrer Fertigstellung genannt. Sie ist noch heute eine Pilgerstätte für Architekturstudenten aus aller Welt. Das Gebäude mit seinen klassischen und modernen Elementen markiert den Übergang des 19. zum 20. Jahrhunderts.

Flatiron Building

New York (1901–1903), DANIEL HUDSON BURNHAM

■ Der markante bügeleisenförmige Grundriss trug dem ursprünglichen Fuller Building alsbald den Spitznamen Flatiron Building ein.

Aus »archäologischer« Sicht sind zwei Dinge die Grundvoraussetzung für die Entstehung der Wolkenkratzer: Feuersbrünste, die alles Vorhergehende dem Erdboden gleichmachen, und Platznot. Beide Bedingungen waren im New York der Jahrhundertwende gegeben.

Dieser Gebäudetyp also, für heutige Begriffe in seinen Anfängen noch von bescheidener Höhe, ist eine US-amerikanische Erfindung: Der für die Architekturgeschichte wohl folgenreichste Flächenbrand zerstörte im Oktober 1871 einen Großteil der noch jungen Stadt Chicago. Der Wiederaufbau geriet zum Experimentierfeld für Architekten aus dem ganzen Land. Diesem Wiederaufbau verdankt die Chicago School mit ihrem bekanntesten Vertreter Louis Henri Sullivan und seinem folgenschweren Motto »form follows function« ihren Namen. Zu den experimentierfreudigen jungen Architekten gehörte auch Daniel Hudson Burnham. Wenige seiner frühen Chicagoer Bauten haben sich bis heute erhalten, so etwa sein Woman's Temple und der Masonic Temple aus den Jahren 1891/92.

In Chicago wurde der Wolkenkratzer geboren – in New York wurde er erwachsen. Burnhams bekanntestes Bauwerk kennt jedes Kind, es steht in New York. Das Flatiron Building – ursprünglich nach seinem Bauherren Fuller Building genannt – zählt aufgrund seines markanten dreieckigen, bügeleisenförmigen Grundrisses zu den berühmtesten Bauwerken weltweit. Flatiron bürgerte sich als Name rasch ein, zunächst jedoch verglich man das Gebäude mit einem Schiffsbug, der sich ins Häusermeer Manhattans schiebt. Burnham nutzte 1902 konsequent die Stahlskelettbauweise zur Errichtung dieses 91 Meter hohen Bürogebäudes. Bis 1913, als es vom 241 Meter hohen Woolworth Building übertrumpft wurde, war es das höchste Gebäude der Welt. Für damalige Verhältnisse war die Konstruktion eine Sensation; Skeptiker sagten aufgrund der von seiner Form provozierten Winde den baldigen Einsturz voraus. Das Flatiron Building steht noch immer, aber die Winde hatten einen anderen Effekt: Sie zogen Männer an, die einen Blick auf die Fesseln der Frauen zu erhaschen hofften, wenn deren lange Röcke hochgeweht wurden. Polizeibeamte mussten die Schaulustigen zum Weitergehen auffordern ...

New York war um 1900 das Industriezentrum der USA. Siebzig Prozent aller Firmen hatten ihren Sitz hier, zwei Drittel aller Importwaren erreichten das Land über den New Yorker Hafen. Die Reichen wurden immer reicher, die Armen immer ärmer. Der Zustand der Mietshäuser war katastrophal: Sie waren überfüllt, oft fehlten Fenster und Luftschächte sowie die notwendigen sanitären Anlagen. Die Lower East Side war der am dichtesten besiedelte Ort der Welt.

Am Madison Square, dem Schnittpunkt von Broadway – auf dem damals noch Straßenbahnen verkehrten –, der Fifth Avenue und der 23. Straße entstand New Yorks erster 20-stöckiger Wolkenkratzer auf einem Restgrundstück, das am spitzen Winkel des Dreiecks nur 185 Zentimeter breit ist. Umlaufend auf allen drei Seiten ist die Stahlkonstruktion mit Kalkstein und aufwendiger Ornamentik aus Terrakkotta im Renaissancestil verklei-

■ *oben* Großfeuer ebneten den Weg für die Idee der Wolkenkratzer. Nach der Skizze eines Augenzeugen entstand der Holzstich *Feuersbrunst in Chicago: Straßenszene* in der *Illustrierten Zeitung*, Leipzig, 18. 11. 1871.
unten Der spitze Winkel des Restgrundstücks, auf dem das Flatiron Building entstand, misst nur 185 Zentimeter Breite.

> Zweihundert Jahre lang hatte die Stadt ihre architektonischen Anregungen aus Europa bezogen. Heute sind in New York keine Bauten der holländischen Zeit mehr erhalten; die meisten fielen 1776 einer Feuersbrunst zum Opfer oder wurden im frühen 19. Jahrhundert abgerissen. Erst mit Beginn der Gusseisenarchitektur Mitte des 19. Jahrhunderts, mit Art déco und den immer höher aufstrebenden Wolkenkratzern fand New York seinen eigenen Stil.

■ Detail aus der schmuckvollen historisierenden Fassade. Die aufwändige Ornamentik ist aus Terrakotta gefertigt.

Das Flatiron Building wurde auch, sicherlich weniger zur Freude des Architekten, »Burnhams Folly« genannt, was wohl mit »Burnhams Irrwitz« treffend übersetzt ist.

■ Daniel Hudson Burnham (1846–1912)

■ Dieses mit Holzkohlen befeuerbare Bügeleisen sieht nicht ganz so elegant aus wie das Flatiron Building, auch wenn es für dessen Grundform Ideengeber hätte sein können.

det. Die schwere, historisierende Fassade weist in der Vertikalen die klassische Dreiteilung der Säulenordnung auf: Basis, Schaft und Kapitell. Die ersten vier Stockwerke, die Sockelzone, verankern das Gebäude solide am Boden. Das zierliche Kapitell mit Bögen, die über zwei Stockwerke reichen, und das imponierende Kranzgesims darüber bilden einen optischen Abschluss des über zwölf Stockwerke reichenden Schaftes. Das Haus am Broadway auf seinem spitzwinkligen Grundstück gilt als extremes Beispiel für die optimale Nutzung einer sehr begrenzten Fläche.

Burnham machte sich auch als Stadtplaner einen Namen: Mit der Entschiedenheit eines Baron Haussmann schlug er in seinem »Plan of Chicago« diagonale Achsen in das bestehende Straßennetz. Monumentale Boulevards sollten sternförmig auf ein kolossales »Civic Center« zulaufen. Zugleich fasste Burnham auf seinen beeindruckenden Planzeichnungen die langgestreckte Uferzone am Michigansee neu und wollte durch einen kilometerlangen gestalteten Parkstreifen eine subtile Übergangszone schaffen.

Daniel Hudson Burnham ging als einer der Hauptvertreter der Chicago School in die Architekturgeschichte des 20. Jahrhunderts ein. Meist jedoch assoziiert man seinen Namen mit dem Flatiron Building, mit dessen am Neo-Klassizismus orientierten historisierenden Fassadengestaltung er – wie seine Kritiker meinten – die offensive Modernität der Chicago School verraten habe.

DANIEL HUDSON BURNHAM

 LEBEN UND WERK

Daniel Hudson Burnham wird am 4. September 1846 in Henderson im Staat New York geboren. Als er neun ist, zieht die Familie nach Chicago. Nach dem High-School-Abschluss sucht Burnham sein Glück in den Minen Nevadas. Im Alter von 24 kehrt er nach Chicago zurück und arbeitet dort unter anderem bei William Le Baron Jenney, dem »Vater« des Wolkenkratzers. Im Architekturbüro Carter, Drake and Wight lernt er John Wellborn Root kennen. Die beiden machen sich 1873 selbstständig. Durch die Heirat mit Margaret Sherman bekommt Burnham Zutritt zur Chicagoer Gesellschaft und damit auch zu den wichtigsten Bauaufträgen der Stadt. In der Partnerschaft Burnham/Root gilt Burnham als der Geschäftsmann, Root als der Gestalter. Die Pioniere der kommerziellen Architektur in Chicago entwerfen Gebäude in Skelettbauweise im zurückhaltenden Stil der späten Chicago School. Mit dem Rookery Building bauen sie das erste Hochhaus in Leichtbau-Konstruktion. Als feststeht, dass Chicago die Weltausstellung 1893 ausrichten wird, bekommt Burnham den Posten als leitender Architekt; Root wird als leitender architektonischer Berater eingestellt. Nach Roots plötzlichem Tod 1891 macht Burnham allein weiter. (Sein Sohn Daniel Burnham jr. leitete später übrigens die Architekturkommission der Weltausstellung 1933 in Chicago.)

Für die Weltausstellung 1893 entsteht White City, eine Stadt, in der architektonischer Historismus vorherrscht und fast alle Fassaden mit weißem Stuck verkleidet sind. Von vielen Architekten wird dies als herber Rückschlag für die Entwicklung der US-amerikanischen Architektur kritisiert. Dennoch wird Burnham 1894 Präsident des American Institute of Architects. Seine Firma D. H. Burnham & Co. beschäftigt viele bekannte Architekten, die einzelne Abteilungen für unterschiedliche Bauaufgaben leiten. Das hält Burnham den Rücken frei für größere Aufgaben. Im 20. Jahrhundert macht er sich vor allem als Städtplaner einen Namen. Mit seinem *Plan of Chicago* präsentiert er eine auf 30 Jahre angelegte Stadtgestaltung, die lange Zeit als Grundlage für den Städtebau in Chicago diente. Er versucht mit seinen Plänen dem Chaos, das sich in den Städten durch unkontrolliertes Wachstum ausbreitet, Einhalt zu gebieten. Auch an der Stadtentwicklung von Baltimore, Buffalo, Cleveland, Washington, San Francisco, Manila und anderen philippinischen Städten ist er beteiligt.
Burnham stirbt am 1. Juni 1912 in Heidelberg in den USA. Er ist mit seiner Frau auf einer kleinen Insel am Nordende des Lake Willomere unter einem Granitblock begraben. Die Insel ist durch eine Fußgängerbrücke erreichbar.

 DATEN

Flatiron Building:
Bauherr: Fuller Construction Company
Bauzeit: 1901–1903
Form: Dreieck
Höhe: 87 m
Breiteste Stelle: 18 m
Stockwerke: 20
Baumaterial: Stahl, Kalkstein, Terrakotta
Besonderheit: Manhattans ältester noch intakter Wolkenkratzer

Bekannteste Bauwerke:
Rookery Building, 1887, Chicago
Reliance Building, 1894, Chicago
Union Station, 1909, Washington

Lesenswert:
Daniel H. Burnham et al.: *Plan of Chicago*, 1993.

Thomas S. Hines: *Burnham of Chicago. Architect and Planner*, New York 1974.

Berühmtes Zitat:
»Make no little plans. They have no magic to stir men's blood.«

 KURZWERTUNG

Der erste Wolkenkratzer New Yorks, mit 91 Metern Höhe damals das höchste Haus Manhattans. Der dreieckige Grundriss brachte dem Gebäude im Volksmund den Namen »Flatiron« (Bügeleisen) ein.

Grand Central Station

New York (1903–1913), REED & STEM

■ Unter der Grand Central Station läuft der Verkehr auf verschiedenen Ebenen ab; verbunden sind diese durch Aufzüge und Treppen. Ursprünglich waren die unterirdischen Schienenstränge nicht überdacht.

Wäre die einstige First Lady der USA, Jacqueline Onassis, nicht mit Vehemenz auf den Plan getreten, stünde heute möglicherweise einer der schönsten Bahnhöfe der Welt nicht mehr. Sie vermochte durch ihren Einsatz den geplanten Abriss der Grand Central Station Ende der 1970er Jahre zu verhindern. »Ist es nicht schrecklich, unsere Stadt Stück für Stück sterben zu lassen, all ihrer stolzen Monumente entledigt, bis nichts mehr von ihrer Geschichte und ihrer Schönheit übrigbleibt, die unsere Kinder begeistern könnte? Und wenn sie nicht von der Vergangenheit unserer Stadt beseelt sind, woher sollen sie die Kraft nehmen, für ihre Zukunft zu kämpfen?« Große Worte, patriotisch unterfüttert – und sie waren wirksam.

Heute erstrahlt der restaurierte Bahnhof in neuem Glanz und ist als eines der typischen Gebäude des New Yorker Beaux-Arts-Stils 1978 unter Denkmalschutz gestellt worden – in den USA alles andere als eine Selbstverständlichkeit. Vielleicht hat man aus den Sünden früherer Jahre gelernt, ist doch der alte Bau des Schwesternbahnhofs Penn(sylvania)-Station 1965 abgerissen worden, um anderen, gewinnträchtigeren Gebäuden auf diesem engen Platz aus dem Weg zu sein.

Im Jahr 1871 weihte der Eisenbahnmagnat Cornelius Vanderbilt einen Bahnhof an der 42. Straße ein, der trotz mehrfacher Umbauten niemals groß genug war. Die heutige Grand Central Station wurde 1913 eröffnet. Die Architekten Charles Reed und Allen Stem gewannen den Wettbewerb und planten den Neubau 1903 so, dass Auto-, Fußgänger- und Zugverkehr in eigenen Bahnen verlaufen. Das Team Warren & Wetmore war zuständig für die architektonische Gestaltung. Warren hatte fast zehn Jahre an der Ecole des Beaux Arts in Paris studiert und gelehrt und brachte Einflüsse dieser Schule in den Entwurf mit ein. Im Februar des Jahres 1913 waren 130 000 New Yorker zur Eröffnung des Grand Central Terminal gepilgert und waren begeistert

von dem, was sie sahen: Das gesamte über- und unterirdische Areal des Bahnhofs umfasst dreißig Hektar und erstreckt sich von der 42. bis zur 50. Straße zwischen Lexington und Madison Avenue. Das Gebäude verfügt über eine Breite von 116 Metern, reicht 103 Meter unter die Erde und ist überirdisch – für New Yorker Verhältnisse freilich bescheiden – 40 Meter hoch.
Die Ästhetik der monumentalen Bauten des Beaux-Arts-Stils war rückwärtsgewandt und eklektisch. Die klassischen Formen

■ Die Bahnhofshalle der Grand Central Station. Sie diente in verschiedenen Filmen als spannungsgeladener Handlungsort, unter anderen in North by Northwest von Alfred Hitchcock.

> Legendär sind zwei Etablissements, die der Bahnhof beherbergt: Die Oyster Bar mit ihrem Flüstergewölbe und das Campbells Apartment, das frühere Büro eines schwerreichen New Yorkers, sind beliebte Treffpunkte der Reichen und Schönen.

der Grand Central Station wie auch der Public Library sollten eine Verbindung zur Vergangenheit knüpfen. Der Stahlskelettbau ist mit Granit und Marmor verkleidet. Die Fassade an der 42. Straße hat drei große Bögen mit paarweise angeordneten dorischen Säulen. Über dem Mittelbogen befindet sich eine riesige Uhr, eingerahmt von Jules-Alexis Coutans' Skulpturengruppe, die Merkur, Herkules und Minerva darstellt. Die Haupthalle, ein wunderschön proportionierter Raum, ist 113 Meter lang, 36 Meter breit und 37 Meter hoch. Die 23 Meter hohen Bogenfenster befinden sich an der Ost- und Westseite und lassen Licht in breiten Strömen in die Halle fallen. Der Eindruck der Größe wird noch unterstrichen durch die Tatsache, dass keine einzige

■ Sie wirkt immens monumental und beeindruckend hoch: die Bahnhofshalle nach ihrer Restaurierung 1987.

Bank, keine Sitzgelegenheiten, kein Ruheörtchen die Weite des Raums optisch unterbricht. Bürgermeister Giuliani hat auch hier seine saubermännische Hand im Spiel gehabt – wo keine Bänke, da keine Stadtstreicher.

Heute ist die Grand Central Station als Tempel gleißender Architektur wieder auferstanden. Durch die kürzlich abgeschlossene Renovierung hat die Halle ihren ursprünglichen hoheitsvollen Glanz zurückgewonnen.

Das Tierkreisdesign des französischen Künstlers Paul Helleu an der gewölbten Decke zeigt über 2500 mit Blattgold betonte Sterne vor smaragdgrünem Hintergrund. In der Mitte der Halle befindet sich ein Informationsschalter, der ebenso in hellem Marmor gefasst ist wie fast die gesamte Innenausstattung des riesigen Gebäudes. Der Schalter ist gekrönt von der größten Tiffany-Glas-Uhr der Welt, deren Wert wohl unschätzbar ist. Man kann ihre vier Zifferblätter von überall sehen.

Die »Grand Staircase« – ein zweifacher Aufgang mit Marmorstufen, dem großen Treppenhaus der Pariser Garnier-Oper nachempfunden – erinnert an die frühere Exklusivität des Bahnreisens. Die obere Plattform wird Kuss-Empore genannt, wegen der ergreifenden Begrüßungsszenen, die sich hier oft abspielen.

Obwohl seit 1991 keine Fernzüge mehr verkehren, herrscht hier alltäglich hektische Betriebsamkeit. Mehr als eine halbe Million gestresste Passanten mit starrem Blick strömen morgens durch die Halle, und am Abend verlassen die Vorortpendler auf demselben Weg den »Big Apple«. Obwohl der Zugverkehr an diesem multifunktionalen städtischen Treffpunkt fast eine Nebensache zu sein scheint, verkeh-

■ Die Decke der Bahnhofshalle ist überzogen von Paul Hellaus ausschweifendem Gemälde, auf dem er die Tierkreiszeichen dargestellt hat. Bereits 1940 musste sie restauriert werden.

■ Die von einer Figurengruppe mit Merkur, Herkules und Minerva umrahmte große Uhr über dem Mittelbogen der Hauptfassade.

ren hier in den zwei unterirdischen Geschossen täglich mehr als 600 Bahnen.

Glücklicherweise hat diese fast größenwahnsinnig wirkende Räumlichkeit alle Abrisspläne überlebt und auch sonstigen Unfug, den sich profitheischende Architekten ausgedacht hatten: Beispielsweise sollte die Haupthalle in vier Stockwerke unterteilt werden, oder – obwohl das Gebäude bereits im Schatten der umliegenden Hochhäuser liegt – es sollte ihm noch ein Krönchen in Gestalt eines Bürohochhauses aufs Dach gesetzt werden. Dank des Denkmalschutzes konnten derartige Untaten verhindert werden.

■ *Grand escalier d'honneur/ vue en perspective*, Kupferstich von Jean Joseph Sulpis (1836–1911) nach einer Zeichnung von Riquois, abgedruckt 1880 in *Le Nouvel Opera de Paris*. Der Aufgang in der Grand Central Station ist dieser Treppe nachempfunden.

Harry S. Truman hielt seine erste Rede nach dem überraschenden Wahlsieg im Jahre 1948 nicht in einem großen Hotel oder auf einem öffentlichen Platz, sondern in der riesigen gewölbten Halle der Grand Central Station.

REED & STEM, WARREN & WETMORE

LEBEN UND WERK

Nachdem Reed & Stem den Wettbewerb um den Bau der *Grand Central Station* bereits gewonnen hatten, präsentierten Warren & Wetmore dem Auswahlkommitee ihren eigenen Entwurf. Warren, ein Cousin von William Vanderbilt, dem Vorsitzenden der New York Central Line, setzte sich durch. 1904 unterzeichneten beide Architekturbüros eine Vereinbarung, für die Dauer des Baus als »The Associated Architects of Grand Central Terminal« zu fungieren. Die Zusammenarbeit lief nicht ohne Reibereien ab. Charles Reed wird unweit von Scarsdale geboren. Er studiert am Massachusetts Institute of Technology Architektur. Nach dem Studium arbeitet er für eine Reihe von Eisenbahnlinien als Architekt. 1891 gründet er mit Allen Stem die Firma Reed & Stem in St. Paul im Bundesstaat Minnesota. Die Firma spezialisiert sich auf Bahnhöfe. Als die Bauarbeiten an der Grand Central Station beginnen, geht Reed nach New York, um die Arbeiten zu überwachen. Dort stirbt er am 11. November 1911 an einem Herzanfall. Er wird in Rochester begraben. Allen H. Stem wird am 28. Januar 1856 in Van Wert, Ohio, geboren. Er besucht die Indianapolis School of Art und arbeitet 1876– 1884 mit seinem Vater, J. H. Stem, in Indianapolis. 1884 geht er nach St. Paul, um mit Edgar J. Hodgson ein Büro zu gründen. Es besteht bis 1891; dann gründet er mit Reed eine Firma. Nach Reeds Tod führt Stem die Firma bis zu seiner Pensionierung 1920 mit Roy H. Haslund weiter. Stem stirbt am 19. Mai 1939 in St. Paul. Warren Whitney wird am 29. Januar 1864 in New York geboren. Mit 18 Jahren geht er nach Paris, um an der Ecole des Beaux Arts Architektur zu studieren. Das Leben in Frankreich gefällt ihm; er kehrt erst 1896 nach New York zurück und gründet mit Charles Wetmore die Firma Warren & Wetmore, die sich auf Hotelbau spezialisiert. Vor allem Warren ist wegen seines ausgeprägten Individualismus berühmt und berüchtigt. Er stirbt am 24. Januar 1943 in New York. Charles Delavon Wetmore wird 1867 in Elmira geboren. Er studiert in Harvard und macht 1889 seinen Abschluss. Anschließend setzt er seine Architekturstudien in New York fort. 1896 schließt er sich mit Warren zusammen. Er stirbt am 8. Mai 1941 in seinem Haus in New York.

DATEN

Grand Central Station:
Bauzeit: 1903–1913
Baukosten: 43 Millionen US $
Renovierungskosten: 197 Millionen US $
Anzahl Fahrgäste 1999: 67 Millionen
Besonderheit: fünf große Kronleuchter mit je 144 Glühbirnen

Bekannteste Gebäude (Reed & Stem):
Union Station, 1892, Troy, New York
Yacht Club, 1913, White Bear Lake, Minnesota

Bekannteste Gebäude (Warren & Wetmore):
Vanderbilt Hotel, 1912, New York
Royal Hawaiian Hotel, 1937, Honolulu

Lesenswert:
John Belle/Maxinne Rhea Leigton: *Grand Central: Gateway to a Million Lives*, New York 1999.

Deborah Nevins (Hg.): *Grand Central Terminal: City within the City*, New York 1982.

Kenneth Powell/Charles Wetmore/Whitney Warren: *Grand Central Terminal: Warren and Wetmore*, San Francisco 1996.

Sehenswert:
Der Walzer in der Halle der Grand Central Station in: Lawrence Kasdan: *The Fisher King*, USA 1986.

Eine Besichtigung der *Grand Central Station* mit fachkundiger Führung. Informationen gibt es auf der offiziellen Website: http://www.grandcentralterminal.com

KURZWERTUNG

Ein beeindruckendes Relikt aus der Glanzzeit der Eisenbahn, erbaut im Beaux-Art-Stil, als das Reisen noch etwas ganz Besonderes war.

Postsparkassenamt

Wien (1904–1913), OTTO WAGNER

»Nichts, was nicht brauchbar ist, kann schön sein«, lautet Otto Wagners berühmtester Satz. Auf unvergleichliche und überzeugende Weise hat er dieses Motto in seinem Bau des kuk-Postsparcassenamtes in Wien eingelöst. Er ist praktisch – und vor allen Dingen zeitlos schön. »Nirgends wurde irgendeiner traditionellen Form auch nur das kleinste Opfer gebracht«, schreibt er im Erläuterungsbericht seines Wettbewerbsentwurfs und rechtfertigt damit seine radikale Modernität. Wagner sollte den Wettbewerb gewinnen. Der Kritiker Ludwig Hevesi schrieb damals: »Ein Blick auf den Wagnerschen Grundriss erregt sofort die Stimmung ... Das ist ein Blick in den hellen, lichten Tag. Man kann nur staunen, dass bei einer so komplizierten, mit so vielen praktischen Fragen verknüpften Aufgabe eine so einfache, übersichtliche Anordnung möglich war. Wagner hat dafür einen eigenen Sinn, einen Grundriss-Sinn ...«

■ Die Haupthalle des Postsparkassenamtes: Gläsernes Dach, sichtbare Tragkonstruktion, Glasbausteine für den Fußboden. Die Gesamtkonstruktion steht für die Realisierbarkeit von Schönheit und Funktionalität.

Otto Wagner wird für gewöhnlich dem Jugendstil zugeordnet, doch sollte man dabei nicht übersehen, dass seine sparsamen Ornamente bei diesem Projekt viel mehr mit Geometrie als mit dem Zeitgeist zu tun haben. Wagner stand an der Nahtstelle vom Historismus zur Moderne, er ist *der* Repräsentant dieser Übergangsphase. Sein Anliegen war eine radikale Erweiterung der Tradition. Otto Wagner, zu dessen Entwürfen auch der Plan für eine Großstadt der Zukunft gehörte, glaubte an das unaufhaltsame Wachstum und konzipierte die »unbegrenzte Großstadt«, er ahnte Standardisierung und Vorfabrikation voraus.

Kein Architekt hat das Wien der Jahrhundertwende so unverwechselbar geprägt wie Otto Wagner. Er entwarf allein dreißig Stadtbahnhöfe, aber auch Museen, Hotels, Bauten für den Donaukanal, Mietshäuser, Villen,

Banken, Kirchen, Denkmäler und Schulen. Sein berühmtestes Werk bleibt jedoch das Postsparkassenamt. Es steht etwas zurückgesetzt vom Stubenring am Georg-Coch-Platz im sogenannten Stubenviertel und gilt als eines der bedeutendsten Werke der frühen Moderne in Österreich. Das großzügige und monumentale Gebäude ist Wagners »Bekenntnis zur modernen Architektur«, für die er vor seiner Ernennung zum Professor im Jahr 1894 temperamentvoll kämpfte. Es entstand zur gleichen Zeit wie seine Kirche am Steinhof und sein Schützenhaus Staustufe Kaiserbad. Diese Phase seines Schaffens war die produktivste und progressivste.

■ Die Vorderseite des Postsparkassenamtes. Über dem Eingang ziehen sich fünf Fensterreihen bis zum kranzgeschmückten Dach empor.

> »Zu einiger finanztechnischer Würze sei bemerkt, dass es unter den dreißig Schaltern längs der Wände vier gibt, an denen nur Beträge über eine Million ausbezahlt werden. Solch' romantische, ja heroische Züge kommen an einem modernen Postsparkassenbau vor.«
>
> Ludwig Hevesi

Wagner war offenbar ein unbequemer, mutiger, von sich überzeugter Mann. Viele seiner Projekte wurden durch eine rückwärtsgewandte Kulturpolitik vereitelt. Er war dafür bekannt, dass er ungewöhnlich kostengünstig planen und bauen sowie technisch und terminlich verlässlich jedes Bauvorhaben durchführen konnte. Es ist anzunehmen, dass er ohnehin der Wunscharchitekt des Bauherrn des Postsparkassenamtes war.

Das Gebäude wurde auf einem trapezförmigen, 5446 Quadratmeter großen Grundstück errichtet. Der erste Spatenstich war am 12. Juli 1904, und bereits am 17. Dezember 1906 konnten die Kunden ihre ersten Schaltergeschäfte tätigen. Der Bau wurde in der Rekordzeit von sechzehn Monaten ausgeführt. Der Mittelrisalit der Hauptseite zum Stubenring hin ist gestaltet wie ein Prachttor. Den Eingangsbereich bilden fünf Doppelflügeltüren – ein demokratisches Portal, das Betriebsamkeit suggeriert und durch seine Verspieltheit zum Eintreten auffordert. Der Fünferrhythmus setzt sich über die Fensterreichen bis zum Dachaufbau fort, der mit sechs Kränzen aus Aluminium geschmückt ist. An den Gesimsecken thronen zwei geflügelte Frauengestalten, ebenfalls aus Aluminium. Wagner verwendet das Material bei diesem Gebäude auffallend oft, er experimentiert damit: Aluminium als Befestigungsmaterial für die Natursteinplattenfassade, Aluminium für die Schriften über dem Portal. Alle Fassaden sind verkleidet, die Lichthöfe mit Kacheln, der Sockel mit Granit, die Vorderfront mit Marmorplatten, und

■ Fünf Doppelflügeltüren verhindern Gedränge beim Betreten der Post. Glas und Stahl sind die für das Dach verwendeten Materialien.

■ Einer der beiden Engel aus Aluminium, die seitlich über den Gesimsecken des Dachaufbaus stehen.

das Dachgeschoss ist mit schwarzen Glasplatten bedeckt. Alle Verkleidungsmaterialien sind mit Bolzen befestigt, und der Granitsockel erweckt zudem den – sicherlich erwünschten – Eindruck, das Postsparkassenamt stehe auf festen Fundamenten. Die Front ist von kühler, geschliffener Eleganz. Auch hier sind die Marmorplatten, die Wagner zur Verkleidung benutzte, mit Bolzen aus Kupfer oder Aluminium befestigt. Diese Metallteile strukturieren und lockern die Fassade auf: Zweck und künstlerische Gestaltung decken sich auf einfache und geniale Weise. Der Ziegelmauerbau mit Decken aus Eisenbeton verfügt über acht benutzbare Geschosse.

Die Eleganz der Fassade korrespondiert mit der lichten Transparenz der Schalterhalle aus Glas, Eisen und Holz, die ebenso wie die übrigen Bauteile Zweck und Konstruktion nicht mehr verbirgt, sondern als Mittel einer neuen Ästhetik einsetzt. Ein charakteristisches Detail dafür ist die Warmluftheizung mit Aluminiumgebläsen, die wie Skulpturen vor den Wänden stehen. Details wie die Balustrade über der Attika oder die Treppenwangen in der Eingangshalle nehmen dabei Formen der 1920er Jahre vorweg. Die Tragkonstruktion der 554 Quadratmeter großen Halle ist sichtbar, die Schalter sind schlicht, in den Fußboden sind Glasbausteine eingelassen, die Licht in die darunter

■ Leicht zurückgesetzt vom Stubenring: das Postsparkassenamt in seiner Gesamtansicht.

liegenden Räume führen. Die Haupthalle ist mit einem gläsernen Tonnengewölbe überdacht. Die Schalterhalle wurde zum Inbegriff der glasüberdachten Innenräume der frühen Moderne. Sie ist das Kernstück der gesamten Anlage – eigentlich ein Kirchensaal, ein hohes Mittelschiff und zwei niedrigere Seitenschiffe, ein Tempel des Geldverkehrs.

Mit diesem Gebäude gelingt Wagner die Synthese von Kunstform und Zweckform. Hevesi weiter: »Dieser Bau ist ein Markstein in der Geschichte des Wiener Zweck- und Amtsbaus und erbringt den Beweis, dass das Heil auch für solche Bauten nicht bei den Baubureaus, sondern in dem einzelnen, leistungsfähigen und nach Bedarf erfinderischen Künstler liegt, dessen Talent das Ganze überlassen bleibt.«

Alle Arbeiten Wagners, ob ausgeführt oder nicht, zielen auf etwas Großartiges hin, wobei es übertrieben wäre, ihn einen furiosen Neuerer zu nennen. Sein komplexes und scheinbar widersprüchliches Werk changiert zwischen Vergangenheit und Zukunft. Wagner wollte einen neuen »Nutzstil« schaffen. Er definierte ein Mietshaus als reinen Zweckbau, verzichtete aber nicht auf eine ornamentale Ausstattung der Fassaden, die manchmal – wie bei seinen beiden Wohnhäusern auf der Linken Wienzeile – ausgesprochen überladen wirken. Das spätere Postsparkassenamt aber ist in seiner praktischen Schönheit und Eleganz wahrhaftig ein Jahrhundertbau.

> Wagner hat mit diesem Gebäude ein Gesamtkunstwerk geschaffen, in dem er alles selbst entwarf: Möbel, Teppiche, Heizkörper, Lampen, Uhren, Aufschriften – bis hin zu den Türgriffen. Der Gestaltungswille Wagners war allumfassend.

OTTO WAGNER

 ## LEBEN UND WERK

Wagner wird am 13. Juli 1841 in Penzing bei Wien geboren. 1846 stirbt sein Vater. Von da ab wird Wagner von Hofmeistern und französischen Gouvernanten erzogen. Er besucht das akademische Gymnasium und tritt später in das Konvikt des Benediktinerstiftes Kremsmünster ein. 1857 beginnt er das Studium an der Technischen Hochschule in Wien. Vom Militärdienst wird er befreit. 1860 geht er nach Berlin an die Königliche Bauakademie. Nach der Rückkehr nach Wien arbeitet er einige Monate als Maurerlehrling, um die handwerklichen Aspekte seines Fachs kennenzulernen. Von 1861–1863 setzt er seine Ausbildung an der Wiener Akademie der Bildenden Künste fort. Er tritt in das Atelier von Förster ein und übernimmt erste selbstständige Planungen. 1863 heiratet er Josefine Domhart. Aus der Ehe gehen die Kinder Otto, Robert und Susanne hervor. 1866 plant er für Erzherzog Albert in Wien die land- und forstwirtschaftliche Ausstellung. Von 1867–1871 arbeitet er für Theophil Hansen. In dieser Zeit entstehen das Palais Epstein für die Wiener Weltausstellung und die Pavillons der russischen Kriegsmarine. 1880 wird er von Josefine geschieden. Im selben Jahr stirbt seine Mutter. 1894 wird Wagner zum ordentlichen Professor an der Akademie der Bildenden Künste berufen und gleichzeitig zum Oberbaurat befördert. Dazu kommt die Ernennung zum künstlerischen Beirat beim Bau der Wiener Stadtbahn. Im Rahmen dieser Arbeiten entstehen 30 Stationsgebäude, viele Brücken und Viadukte. 1896 veröffentlicht Wagner ein Manifest mit dem Titel Moderne Architektur. Die darin enthaltene Forderung nach der Anpassung der Architektur an die Bedingungen des zeitgenössischen Lebens setzt er erfolgreich beim Bau des Postsparkassenamtes um. 1899 tritt er der Wiener Sezession bei. 1900 lernt er Mackintosh und Van de Velde kennen. Im selben Jahr beginnt ein dreizehnjähriger Kampf um die Projekte Karlsplatz und Kaiser-Franz-Joseph-Stadtmuseum. 1905 tritt er mit Klimt, Hoffmann und anderen aus der Sezession aus. 1908 tagt der Internationale Architektenkongress in Wien; Wagner leitet ihn als Präsident. 1912 folgen die Ernennung zum Hofrat und die offizielle Versetzung in den Ruhestand; da kein passender Nachfolger gefunden wird, muss Wagner das Pensionärsdasein jedoch verschieben. 1915 beendet er schließlich seine Lehrtätigkeit. Seine zweite Frau Luise stirbt an Krebs. Wagner lebt danach sehr zurückgezogen, beschäftigt sich aber immer noch mit diversen Projekten. Am 11. April 1918 stirbt er in Wien an Rotlauf. Er wird in der selbstentworfenen Familiengruft auf dem Hietzinger Friedhof beigesetzt.

 ## DATEN

Postsparkassenamt:
Bauzeit: erste Etappe 1904–1906, zweite Etappe 1910–1913
Grundstücksgröße: 5446 qm
Größe der Schalterhalle: 554 qm
Baumaterialien: Glas, Stahl, Stein, Holz, Marmor, Aluminium

Bekannteste Bauwerke:
Länderbank, 1890
Bauten der Wiener Stadtbahn, 1894–1897
Landesheilanstalt am Steinhof mit St. Leopoldkirche, 1902–1907
Miethäuser Neustiftgasse, 1910
Miethäuser Döblergasse, 1912, alle in Wien

Lesenswert:
Otto Wagner: Moderne Architektur. Seinen Schülern ein Führer auf diesem Kunstgebiete, Wien 1896.

Otto Wagner: Die österreichische Postsparkasse, Wien 1996.

Werner Oechslin: Stilhülse und Kern. Otto Wagner, Adolf Loos und der evolutionäre Weg zur modernen Architektur, Zürich und Berlin 1994.

Berühmtes Zitat:
»Der Architekt muss dem Techniker vor dem Künstler den Vorrang einräumen.«

 ## KURZWERTUNG

Repräsentatives Bauwerk für die Übergangszeit vom Historismus zur Moderne. Gilt als eines der bedeutendsten Werke der frühen Moderne Österreichs.

AEG-Turbinenhalle

Berlin (1908–1909), PETER BEHRENS

Der Zufall und ein Herzog machten aus Peter Behrens einen Architekten. Er war erst einunddreißig Jahre alt, als er vom Großherzog Ernst Ludwig von Hessen-Darmstadt in die Avantgarde-Künstlerkolonie auf der Mathildenhöhe berufen wurde. Davor hatte sich der junge Behrens zwar schon mit der Idee des Jugendstils und der Gestaltung des Lebens als Gesamtkunstwerk beschäftigt, doch zunächst beabsichtigte er, Maler zu werden.

Im Grunde war er der geborene Architekt, es bedurfte nur des entsprechenden Anstoßes. In Darmstadt baute er sein erstes eigenes, dem Jugendstil verpflichtetes Wohnhaus und stieg neben Joseph Maria Olbrich zur zweitwichtigsten Figur der Künstler-

■ Ohne Stahl und Glas ist ein modernes Industriegebäude heutzutage kaum vorstellbar: Die AEG-Turbinenhalle in Berlin war 1908/09 der erste künstlerisch gestaltete Industriebau aus Stahl und Glas.

kolonie auf. 1907 wurde Behrens, damals Akademiedirektor in Düsseldorf (1902–1907) und Professor für Malerei, zum künstlerischen Berater der Allgemeinen Elektricitäts-Gesellschaft (AEG) in Berlin berufen. Die AEG war in Konkurrenzschwierigkeiten und verlangte von Behrens ein Konzept der »Neuorganisation alles Sichtbaren«. Seine Aufgabe war groß und komplex – nur noch einmal wagte ein anderer Konzern so etwas mit einer einzelnen Person: Olivetti mit Ettore Sottsass. Behrens war bei der AEG gleichzeitig Hausgraphiker, Produktdesigner und entwarf Fabrikneubauten und Wohnhäuser für die Angestellten. Nach Kleinbauten und Ausstellungspavillons wagte sich der Autodidakt ab 1908 an große Bauaufgaben: die Kraftzentrale für die Turbinenhalle in Moabit, ein Jahr später diese selbst. Seine Turbinenhalle von 1908/09 war der erste künstlerisch gestaltete Industriebau aus Stahl und Glas. Diesen und weiteren AEG-Bauten verdankte er den Ruf des bedeutendsten deutschen Industriearchitekten. Behrens gab dem Konzern in wenigen Jahren ein einheitliches Erscheinungsbild, das gleichzeitig als Qualitätssymbol begriffen wurde. Die straffe

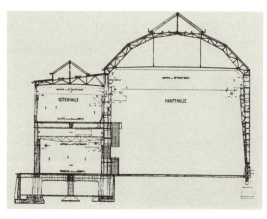

■ Querschnitt der AEG-Turbinenhalle mit ihren tempelartig stilisierten Giebeln.

■ Modell der Turbinenfabrik zwischen der Hutten- und der Berlichingenstraße.

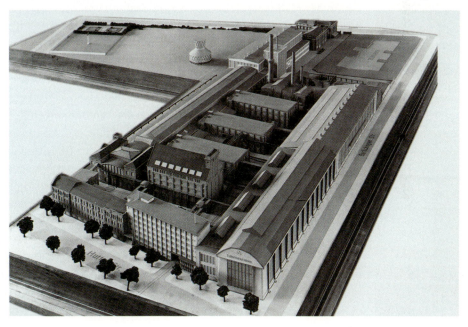

■ Der Architekt Peter Behrens, Gemälde von Max Liebermann, 1913.

■ Ein Element, das später von Mies van der Rohe aufgenommen wird: das freiliegende Auflagergelenk der Hallenstützen.

»In einer Synthese des künstlerischen Könnens und der technischen Tüchtigkeit liegt die verlockende Aussicht, nämlich die Erfüllung unser aller Sehnsucht nach einer Kultur, die sich in der Einheitlichkeit aller Lebensäußerungen als ein Stil unserer Zeit zu erkennen gibt.«
Peter Behrens

innere und äußere Präsentation einer Weltfirma war sein Ziel. Dafür entwickelte er eigens eine Schrift, die heute noch als Behrens-Antiqua bekannt ist. Die Berliner Jahre waren die produktivsten in seinem zweiundsiebzigjährigen Leben.

Die AEG-Turbinenhalle – heute Produktionsstätte der Firma Siemens – mit ihrem tempelförmig stilisierten Giebel ist von einer erhabenen klassischen Würde, noch fern von der Ausstrahlung der Wegwerfkultur späterer Fabrikhallen. Die Entwurfszeit betrug ein halbes Jahr, von Herbst 1908 bis Frühjahr 1909. Am 30. März begannen die Bauarbeiten. Die Anlage sollte zu Behrens' Hauptwerk werden: ein moderner Stahlskelettbau aus Glas und Stahl ohne jedes Dekor. Die Fassade zur Huttenstraße wirkt wie ein antiker Tempel, sie bildet, da Höhe und Breite der Halle ungefähr gleich sind, fast ein Quadrat. Seitlich ist er ein verglaster Langbau, eine Wand der Moderne mit Stützpfeilern, die ein Kirchenschiff assoziieren lassen. Der Innenraum, die Produktionshalle, wirkt zugleich feierlich und nüchtern – ein Raum mit senkrechten und leicht geneigten Wand-Fenster-Partien, die die glatte Längswand mit dem Wechsel von Licht und Schatten schmücken. Der Bau war zur damaligen Zeit mit einer Länge von 207 Metern und einer Breite von knapp 40 Metern die größte Stahlkonstruktion Berlins. 22 Stahlträgerrahmen bilden das Skelet der Konstruktion entlang der langen Front zur Berlichingenstraße, das tonnenförmige Dach wird von gebogenen Trägern gestützt. Der Vorgänger dieses Hallentyps war die Halle aux Machines in Paris, erbaut für die Weltausstellung 1889. Das Gebäude ist eine Produktionshalle zur Fertigung von Turbinen, mit genügend Platz für fahrbare Kräne, einem Dach darüber und Fenstern. Dennoch lässt sich erkennen, dass Behrens der Fabrik sein »Kunstwollen« aufgezwungen hat. Diese Turbinenhalle, reichhaltiger gegliedert als die ähnlich gestaltete Montagehalle von 1912, ist eine Synthese aus Tradition und Moderne, ein Meilenstein der Baugeschichte und zugleich ein mutiger Versuch, den Moloch Industrie kunstvoll zu bändigen – ein monumentalisierter Tempel der Arbeit, wie das Gebäude oft genannt wurde. Gropius nimmt hier Anleihen für seine späteren Fagus-Werke in Alfeld an der Leine (1911–1916), und Mies van der Rohe wird das Motiv des freiliegenden Gelenks am Fuß jeder Stahlstütze wieder aufnehmen. Gropius bekennt, dass Behrens' »umfassendes und gründliches Interesse an der Gestaltung der gesamten Umwelt, das sich auf Architektur, auf Malerei, Bühne, Industrieprodukte und Typographie erstreckte, große Anziehungskraft auf mich hatte«. Die Turbinenhalle war – auch wenn sie immer noch als Meilenstein der Entwicklung der modernen Architektur gilt – keineswegs eine Neuheit, weder im Sinne einer architektonisch gestalteten Fabrik noch dadurch, dass sie von einer feierlichen tempelartigen Atmosphäre durchdrungen war. Behrens' Wunsch, seine Fabrik »das hohe Lied der Arbeit singen« zu lassen, war unter den Architekten des 19. Jahrhunderts nicht ganz ungewöhnlich. Das Geniale des Baus lag vielmehr in »der Ausdruckskraft von Stahl und Glas, die in großem Maß und ohne jede Dekoration verwendet waren; sie zeigte sich in den sorg-

■ *oben* Teil der Hauptfassade mit Mittelfenster. Für den Namenszug der Firmen entwickelte Behrens eigens eine Schrift.
unten Teil der Glasfassade mit Übergang zu den Dachträgern.

Das Berliner Büro Behrens' war – etwa zu der Zeit der Zusammenarbeit mit der AEG – ein geschätzter Sammelpunkt jüngerer Leute, die später zu den bedeutendsten Vertretern der Architekturbewegung der 1920er Jahre gehörten: Walter Gropius, Ludwig Mies van der Rohe, Adolf Meyer und andere. Kurze Zeit später hat auch Charles-Edouard Jeanneret, der sich später Le Corbusier nannte, bei Behrens gearbeitet.

■ *Exposition Universelle 1889/ Galerie des machines*, Photographie, 1889. Der Hallentyp dieses für die Weltausstellung in Paris erbauten Produktionsgebäudes war der Vorgänger der AEG- Turbinenhalle.

fältig abgestimmten Proportionen des Gebäudes, in der Sorgfalt, die auf jede konstruktive Einzelheit gelegt worden war«, schreibt Alan Windsor in seinem Buch *Peter Behrens – Architekt und Designer*.

Behrens' Rolle für die Geschichte des Neuen Bauens ist bisher weitgehend unterschätzt worden. Gropius »steht auf den breiten Schultern von Behrens«, das gilt auch für viele andere, nicht zuletzt für Mies van der Rohe. Behrens formulierte sein Anliegen einmal so: »Die Architektur ist immer noch nicht eine Angelegenheit der Allgemeinheit ... Dem Volke ist das Bauwerk noch nicht wieder der Inbegriff des Künstlerischen geworden, obgleich Baukunst die Kunst ist, die der Wirklichkeit am nächsten steht.«

Behrens war in den 1920er Jahren ein pathetischer Anhänger der Industriearchitektur, ein visueller Gestalter, lange bevor das Wort Design seine heutige Bedeutung erhielt. Er ist als Gründerfigur der Moderne vielleicht sogar interessanter als seine konsequenteren Schüler. Er hat die Erkenntnis weitergegeben, dass die Industriegesellschaft nicht ohne Auswirkung auf die Kunst und Architektur des 20. Jahrhunderts bleiben konnte.

PETER BEHRENS

 ## LEBEN UND WERK

Behrens wird am 14. April 1868 in Hamburg geboren. 1886–1888 besucht er die Hamburger Gewerbeschule. 1888–1891 studiert er an den Kunstschulen in Karlsruhe, Düsseldorf und München. In München bleibt er bis 1899 und arbeitet als freischaffender Maler, Graphiker und Designer. Er gehört zu den Gründungsmitgliedern der Münchner Sezession (1892). Architektur und Inneneinrichtung gehören für Behrens zusammen. Als architektonischer Laie beschäftigt er sich schon früh mit Fragen der industriellen Formgebung. Er entwirft Möbel, Gläser, Vasen, Bestecke und Schmuck. 1899 beruft ihn Großherzog Ernst Ludwig von Hessen an die Künstlerkolonie Mathildenhöhe in Darmstadt, einer Hochburg des Jugendstils, wo er bis 1903 unterrichtet. Für die Leistungsschau der Kolonie 1901 baut Behrens sein erstes Gebäude: das Haus Behrens, sein eigenes. Von Darmstadt wechselt er an die Kunstgewerbeschule in Düsseldorf, die er bis 1907 leitet. In diesem Jahr ist er auch an der Gründung des Deutschen Werkbundes beteiligt. Diese Vereinigung von Handwerkern, Industriellen, Architekten und Entwerfern will die Qualität handwerklicher und industrieller Produkte fördern. 1907 ruft ihn die AEG als Architekten und künstlerischen Beirat nach Berlin. Alles, was das Bild des Unternehmens ausmacht, geht über seinen Schreibtisch: Typographie, Werbung, Produktgestaltung, firmeneigene Wohnungen und vieles mehr. Mit dieser Art der Gestaltung erreicht er bereits damals, was heute mit Corporate Design angestrebt wird. Der Patriot Behrens leidet unter der Niederlage im Ersten Weltkrieg, begrüßt aber die Republik. In seinem Schaffen tritt eine Veränderung ein: Mit dem Verwaltungsgebäude der Hoechst AG wendet er sich dem Expressionismus zu und schafft durch Zusammenspiel von Licht, Farben und Räumen eine »spiritualisierte Backsteinarchitektur«. Ähnlich fällt die Domhütte aus, in der 1922 in München sakrale Kunst ausgestellt wird. Gebäude und Ausstellung lösen Empörung aus; nach 1933 wird Behrens' Schaffen als »entartet« diffamiert. Dennoch weigert er sich, Zusammenhänge zwischen Kunst, Architektur und Politik zu sehen. 1922 nimmt er eine Professur an der Akademie der bildenden Künste in Wien an. In diese Zeit fallen Wohnungsbauprojekte und Privathäuser. Dank guter Kontakte zur AEG wird er 1936 Leiter der Architekturabteilung der Preußischen Akademie der Künste. Behrens stirbt am 24. Februar 1940 in Berlin. Seine Bedeutung geht weit über seine Zeit hinaus, weil er starken Einfluss auf die nachfolgende Generation von Architekten hatte.

 ## DATEN

AEG-Turbinenhalle:
Bauherr: Firma AEG
Bauzeit: 1908–1909
Länge: 207 m
Breite: 40 m
Tragsystem: Dreigelenkbögen mit Zugbändern
Höhe Tragsystem: 25 m
Baumaterial: Glas, Stahl, Mauerwerk

Bekannteste Bauwerke:
Haus Behrens, 1901, Darmstadt
Verwaltungsgebäude der Hoechst AG, 1920–1925, Frankfurt
Haus in der Weißenhofsiedlung, 1927, Stuttgart
Haus Ganz, 1931, Kronberg im Taunus

Lesenswert:
Peter Behrens: Wer aber will sagen, was Schönheit sei? Dresden 1990.

Peter Behrens. Umbautes Licht. Das Verwaltungsgebäude der Hoechst AG, München 1990.

Tilmann Buddensieg und Henning Rogge: Industriekultur. Peter Behrens und die AEG 1907–1914, Berlin 1993.

Berühmtes Zitat:
»Baukunst ist die Kunst, die der Wirklichkeit am nächsten steht.«

 ## KURZWERTUNG

Die AEG-Turbinenhalle ist ein Monument der Industriearchitektur des frühen 20. Jahrhunderts des Architekten Peter Behrens, der auch der »Vater der modernen Architektur« genannt wird.

Goetheanum

Dornach (altes Goetheanum 1913–1920, neues Goetheanum 1924–1928)
RUDOLF STEINER

»Die Flammen, die in der Neujahrsnacht 1922/23 aus den Holzkuppeln des ersten Goetheanums loderten, waren bis weit ins Elsass zu sehen. Tausende fanden sich noch in der Nacht an der Brandstätte ein, um dem grausig-faszinierenden Schauspiel beizuwohnen«, beschreibt der Architekturkritiker Wolfgang Pehnt die Brandkatastrophe bei Basel. Die Ursache des Brandes ist nie ganz geklärt worden. Durch die großzügige Schenkung eines

■ Das 1915 für das erste Goetheanum erbaute Heizhaus. Der Brand von 1922/23 ließ es unversehrt.

GOETHEANUM

■ Das von Steiner erbaute erste Goetheanum 1914, bevor es nach nicht einmal zweieinhalb Jahren vom Feuer zerstört wurde. Bühne und Zuschauerraum waren von schieferbedeckten Kuppeln überdacht.

Grundstücks auf dem sogenannten Bluthügel in Dornach konnte Rudolf Steiner seinen Bau realisieren, der ihm in München versagt worden war. Baubeginn war im September 1913. Die Zeit drängte; Steiner-Anhänger behaupten, Steiner habe den Ausbruch des Ersten Weltkrieges vorausgeahnt. Die Architekten Carl Schmid-Curtius und der Anthroposoph Ernst Aisenpreis realisierten das Gebäude nach Plänen und Vorstellungen, die von Steiner selbst stammten. Die Anwohner hatten Bedenken, als das Gebäude Gestalt anzunehmen begann: Schnell war klar, dass es sich hier um eine architektonische Kuriosität handeln würde. In Abwandlung der Pläne für den in München projektierten Bau war der Grundriss von zwei sich durchdringenden Kreisen dominiert. Der kleinere Raumteil war die nach Osten gerichtete Bühne. Das andere, größere Kreissegment war der Zuschauerraum mit circa neunhundert Plätzen. Die Fenster für den großen Raum wurden in einer eigens dafür eröffneten Glasbilderwerkstatt gefertigt. Steiner legte die Ikonographie sowie die Farben genauestens fest. Zuschauerraum und Bühne waren von einer monumentalen Doppelkuppel überdacht. Das Projekt war gewissermaßen eine Arbeitsbeschaffungsmaßnahme. Dreihundert Menschen dieser armen ländlichen Region waren im Frühjahr 1914 auf der Baustelle beschäftigt. Der gesamte Unterbau war aus Beton. Das Material eignete sich gut, Steiners besondere Formwünsche auszuführen,

»Dem Dornacher Bau liegt zu Grunde die Tatsache unserer Weltauffassung, dass die Geisteswissenschaft so lebendig, so stark das Innere des Menschen ergreift, dass Fähigkeiten, die in ihm schlummern, geweckt werden.«

Rudolf Steiner

■ Rudolf Steiner (1861–1925) am Modell des ersten Goetheanums, 1914. Steiner postulierte die Nähe seiner anthropologischen Lehre zur Welt- und Naturanschauung Goethes.

»Das Goetheanum ist ein Gebilde, das von seinen inneren Zuständen und Zweckbestimmungen Andeutungen preisgibt, aber nicht mehr. Darin gleicht es einem organischen Lebewesen, an das es, auf seinem Bergsporn kauernd, ohnehin erinnert. Seine Organe sind wie unter einer Körperdecke geborgen.«
Wolfgang Pehnt

und passte sich den Dornach umgebenden Gebirgsformationen des Jura an. Die Kuppeldächer waren mit blau-grün-silbrigem Vossischem Schiefer gedeckt, der eigens aus Norwegen beschafft wurde und sich ebenfalls besonders gut in die Landschaft einfügte. Auch nach Kriegsbeginn am 1. August 1914 wurde weitergearbeitet. Am 26. September 1920 wurde der Bau feierlich eröffnet. Er sollte nur sechsundzwanzig Monate stehen, bevor er ein Opfer der Flammen wurde.

Das Goetheanum trug seinen Namen als Huldigung an Goethe, auf dessen Erkenntnisweise Steiners anthroposophische Weltanschauung beruhte. Er wollte ein Zentrum zur Verbreitung seiner Lehre und zur Aufführung seiner Mysterienspiele schaffen.

Der Bau war mathematisch genauestens ausgeklügelt: Er hatte die Form eines Pentagramms als Kräftekonfiguration für die »ätherische Organisation des Menschen«. Am Anfang der Bautätigkeiten war oft noch von einem Tempel die Rede. Steiner: »In gewisser Weise sollen wir ja einen Tempel bauen, der zugleich, etwa wie dies die alten Mysterientempel waren, eine Lehrstätte ist.«

Zu den Grundüberzeugungen der von Steiner entwickelten Anthroposophie gehört die Erfahrbarkeit der sinnlicher Wahrnehmung entzogener Welten. Nach seiner Überzeugung offenbart sich den Menschen das Übersinnliche durch ihre »Geistorgane«, durch das, was Goethe »den inneren Sinn« nannte. Steiner sprach von weißer Magie. Und so verstand er auch seine Räume als magnetisches Feld, von Kraftlinien durchzogen. Er meinte, dass Architektur je nach ihrer Beschaffenheit die Verbindung zu den »elementaren Wesenheiten« erleichtert oder erschwert.

Die anthroposophische Gemeinde war ihm nahezu hörig, keiner seiner Anhänger zweifelte an seinen Entwurfsfähigkeiten. Auch Bauherren unterwarfen sich Steiners Wünschen bei der Suche nach einem unverwechselbaren Baustil. Sein Ziel war eine organische Architektur: Er fand Vorbilder im Glaspavillon, den Bruno Taut ebenfalls im Jahr 1914 für die Kölner Werkbundausstellung errichtete, oder etwa im Theater von Henry van de Velde in Köln. Eindeutige Parallelen zu Bauten seiner Zeit, die er gekannt haben dürfte, sind auch in den von ihm entworfenen Privathäusern der Kolonie in Dornach feststellbar. Das Haus Duldeck etwa ähnelt Antoni Gaudís Casa Milà in Barcelona. Anleihen hat Steiner sicher auch bei den phantastischen Zeichnungen Paul Scheerbarts genommen sowie bei Mendelsohns Einstein-Turm. Steiners Enwürfe nährten sich sozusagen aus dem Gesamtgeist der Epoche. Durch das Visionäre des Expressionismus fühlte er sich auch dieser Bewegung verbunden. Bauten sollen sich, wie Organismen verhalten, ihre Formen ergeben sich »wie die Erde Pflanzen aus sich herauswachsen lässt«. Er sah Architektur als eine Folge untereinander verbundener Verwandlungsvorgänge, Formen gehen von einem Zustand in den nächsten über, es entwickelt sich ein Kapitell, ein Architrav oder ein Sockel zum nächsten Bauteil hin. Diese Gedankengänge hatte er aus Goethes *Versuch, die Metamorphose der Pflanzen zu erklären* abgeleitet. Freilich ist die anthroposophische Architektur eine Kuriosität geblieben, die heute fast nur noch beim Bau von Waldorfschulen zur Anwendung kommt.

■ Das zweite Goetheanum von 1928. Sein Bauvolumen übertraf das erste um fast das Doppelte. Es musste Raum für mehr Veranstaltungen und Aktivitäten bieten und hatte ein zusätzliches Geschoss.

■ *links* Im Gegensatz zum ersten Goetheanum dominieren beim zweiten die rechteckigen Formen.
rechts Der Westeingang des zweiten Goetheanums. Im zweiten Stock mit seiner großen Fensterfront befindet sich der Hauptsaal.

Schon ein Jahr später, im Dezember 1923, wartete Steiner mit neuen Plänen für ein erweitertes Goetheanum auf. Für ihn stand fest, dass der Neubau aus Beton sein müsse, um Brandgefahr auszuschließen. Im Gegensatz zum ersten stellte er sich einen »nicht eigentlichen Rundbau, sondern einen mehr rechteckigen, einen Eckenbau« vor. Architekt war wiederum Ernst Aisenpreis; Baubeginn war im Frühjahr 1925. An die Rekonstruktion der Doppelkuppel war nicht zu denken. »Man kann 1924 nicht ebenso bauen, wie man 1913/14 gebaut hat«, soll Steiner gesagt haben, und auch das Raumprogramm hatte sich ausgeweitet. Die Einführung eines weiteren Stockwerks wurde zwingend. Der Zuschauer musste nun zwei Etagen hinauf, um in den Hauptsaal zu gelangen. Nicht mehr nur Mysterienspiele, sondern auch Vorträge und eurythmische Aufführungen sollten hier möglich sein, sodass sich Steiner für eine flexibel ausgerüstete Bühne mit moderner Theatermaschinerie entschied. Das Bauvolumen wuchs gegenüber dem Vorgänger auf fast das Doppelte an. Das zweite Goetheanum ist breiter (85 statt 75 Meter) und länger (91 statt 82,5 Meter). »Der erste Wunderbau besteht nicht mehr. Doch lebt er als Potenz weiter«, so Steiner, und er sprach von einem »viel primitiveren Gebäude in viel einfacherer Gestalt«, von einem Denkmal des Vorgängers. Steiner erlebte die Fertigstellung des zweiten Goetheanums nicht mehr, er starb am 30. März 1925. Die Eröffnung fand am 29. September 1928 statt. Für viele war das zweite Goetheanum nur ein Ersatz des mit viel Handarbeit und persönlichem Engagement mancher Anthroposophen hergestellten Vorgängers – oder wie Wolfgang Pehnt es beschreibt: »Das Goetheanum ist (...) ein verehrungswürdiger Veteran, seiner Zeit verpflichtet, aber zugleich enthoben, mit nichts vergleichbar als mit sich selbst, und heute so erstaunlich wie am Tage seiner Konzeption.«

RUDOLF STEINER

 ## LEBEN UND WERK

Das erste Kind des Bahnbeamten Johann Steiner und seiner Frau Franziska kommt am 25. oder 27. Februar 1861 in Kraljevic (damals Königreich Ungarn, heute Kroatien) zur Welt. Die Familie stammt aus Niederösterreich. 1864 wird Steiners Schwester Leopoldine geboren, 1866 der Bruder Gustav. Der Vater wird häufig versetzt, sodass die Familie nirgendwo richtig Fuß fassen kann. Steiner ist ein guter Schüler. Nach seinem Schulabschluss erhält er ein Stipendium und nimmt 1879 an der Technischen Hochschule Wien das Studium der Mathematik, Naturwissenschaften und Philosophie auf. Steiner wird mit der Neuausgabe Goethes naturwissenschaftlicher Schriften betraut und arbeitet dazu 1882–1887 in Weimar im Goethe-und-Schiller-Archiv. 1883 bricht er trotz bestandener Zwischenprüfung das Studium ab. 1884–1889 ist er auch als Hauslehrer tätig. Steiner entwickelt in den 1880er Jahren eine rege schriftstellerische Tätigkeit und gibt außerdem verschiedene literarische Zeitschriften heraus. 1891 promoviert er an der Universität Rostock zum Doktor der Philosophie und geht 1897 nach Berlin. 1899–1904 lehrt er dort an der Arbeiter-Bildungsschule. 1899 heiratet Steiner die Witwe Anna Eunike. 1900 lernt Steiner in Berlin Marie von Sivers kennen, mit der er in den folgenden Jahren viel zusammenarbeitet. Steiners Frau Anna betrachtet die ungewöhnlich enge Zusammenarbeit misstrauisch; 1904 trennt sie sich von ihm. Steiner tritt 1902 der Theosophischen Gesellschaft bei und geht häufig auf Vortragsreisen. 1911 stirbt Anna Steiner. Marie von Sivers wird 1914 Steiners zweite Frau. Wegen ideologischer Differenzen wird Steiner 1912 oder 1913 aus der Theosophischen Gesellschaft ausgeschlossen. Er gründet 1913 die Anthroposophische Gesellschaft. Bereits 1904 hatte er in der Schrift *Theosophie* seine Lehre von der Dreigliederung des Menschen in Leib, Seele und Geist sowie seine Vorstellungen von Karma und Reinkarnation vorgestellt. Ausgangspunkt seiner Überlegungen ist die Frage des Zusammenwirkens von Geist und Materie. 1919 richtet er für die Betriebsangehörigen der Zigarettenfabrik Moldt die erste Waldorf-Schule ein. Ab 1921 gibt Steiner auf Bitten auch Kurse für eine »religiöse Erneuerung«. 1922 wird die Christengemeinschaft gegründet. 1923 kommt es zur Neukonstituierung der Anthroposophischen Gesellschaft mit Steiner als Vorsitzendem. Es folgt der Aufbau der Freien Hochschule für Geisteswissenschaften. Ab 1924 gibt Steiner auch Anregungen für den biologischen Landbau. Er stirbt am 20. März 1925 nach schwerer Krankheit in Dornach in der Schweiz.

 ## DATEN

Goetheanum:
Bauherr: Rudolf Steiner als Vertreter der Anthroposophischen Gesellschaft
Bauzeit: 1925–1928
Länge: 85 m
Breite: 91 m

Bekannteste Schriften:
Die Philosophie der Freiheit, 1894, Dornach 1996.
Theosophie, 1904, Dornach 1995.
Kernpunkte der sozialen Frage, 1919, Dornach 1996.

Lesenswert:
Johannes Hemleben: *Rudolf Steiner in Selbstzeugnissen und Bilddokumenten*, Reinbek 1988.

Christoph Lindenberg: *Rudolf Steiner. Eine Biographie*, Stuttgart 1997.

Pieter van der Ree: *Architektur der Wandlung. Der Bauimpuls Rudolf Steiners und die organische Architektur im 20. Jahrhundert*, 2000.

Rudolf Steiner: *Architektur, Plastik und Malerei des Ersten Goetheanum*, Dornach 1982.

 ## KURZWERTUNG

Ein Haus als Ausdruck einer Weltanschauung: Rudolf Steiner versuchte in diesem Gebäude, seiner anthroposophischen Lehre auch bauliche Gestalt zu verleihen.

Tatlin-Turm

geplant (1919–1920), WLADIMIR TATLIN

■ Wladimir J. Tatlin (1885–1953), Entwurf zu einem Selbstbildnis, 1913.

Wohl kaum ein verloren gegangenes Kunstwerk ist inzwischen so oft rekonstruiert worden wie Wladimir Tatlins Modell des Denkmals der III. Internationale von 1919/20. Warum wird ein Denkmal, noch dazu ein nie realisiertes, in die Liga der wichtigsten Gebäude des 20. Jahrhunderts aufgenommen? Es steht für den Aufbruch in ein neues Zeitalter, für die Hoffnungen unzähliger Sowjetbürger. Es ist die Ikone einer neuen Zeit.

Der Turm war ursprünglich hervorgegangen aus der von Lenin geforderten Denkmalspropaganda. Erste Pläne Tatlins datieren von 1918. Er versuchte das Sinnbild einer neuen Gesellschaft zu kreieren. Heroisch, revolutionär, plastisch sollte es sein. Kritiker assoziierten beim Anblick des Modells sofort den Turmbau zu Babylon. Leo Trotzki nannte den Turm gar eine »Riesen-Thermosflasche«. Technisch war er durchaus machbar, wie es in der sowjetischen Expertise hieß – obgleich waghalsig schief wie der Turm von Pisa. Doch die Apparatschiks wünschten sich noch etwas Bombastischeres: Ein 500 Meter hoher, schräger Wolkenbohrer wurde konzipiert, bewohnbar und mit utopisch-technischen Einrichtungen versehen. Tatlin hingegen wollte eine autonome Plastik, er wollte ein Kunstwerk schaffen – und scheiterte am geforderten Pragmatis-

> Tatlin und der Turm – fast eine Geschichte wie Leonardo da Vinci und die *Mona Lisa*. Selten wurde ein Künstler so eindeutig mit einem einzigen seiner Werke identifiziert. Die Linie seines Werdegangs ist fast deckungsgleich mit den kulturellen und politischen Vorgängen in seinem Land. Tatlin wurde stets zum Quartett, bestehend aus El Lissitzkij, Alexandr Rodtschenko und Wladimir Malewitsch gezählt; er blieb jedoch der »bekannteste Unbekannte« der russischen Avantgarde.

1920 feierten George Grosz und John Heartfield den vermeintlichen Konstruktivismus des russischen Künstleringenieurs mit dem Ausruf: »Die Kunst ist tot. Es lebe die neue Maschinenkunst Tatlins!« Tatlin antwortete: »Ich will die Maschine mit der Kunst hervorbringen, nicht aber die Kunst mechanisieren – hier liegt der Unterschied im Denken.«

■ oben Turmbau zu *Babel*, Peter Bruegel d. Ä., um 1525/30. Diese Assoziation war unerwünscht in der aufstrebenden Sowjetunion.
unten Rekonstruktion des Tatlin–Turm–Models, 1992/93. Planung und Ausführung von D. N. Dimakow, E. A. Lapschina, I. A. Fedotow. Ausgestellt wurde das Modell 1993 in der Düsseldorfer Kunsthalle.

mus. Dennoch machte sein Modell 1925 bei der Weltausstellung der dekorativen Kunst in Paris Furore. Die Kollegen Wladimir Majakowski und Alexandr Rodtschenko erlebten die Ausstellung mit, während der Künstler selbst zu Hause in Moskau hockte und immer verbitterter wurde. Der Tatlin-Turm gilt heute als ein Kulminationspunkt der frühsowjetischen Kunst, als Symbol ihrer himmelstürmenden Ideen und ihrer mangelnden Ausführbarkeit. Dass es ein ausschließlich politisches Symbol war, ist für den Betrachter heute eine Nebensächlichkeit. Tatlins Turm sollte vierhundert Meter hoch werden. Der Entwurf sah eine spiralförmig gewundene Stahlkonstruktion vor. Durch sie hindurch geht ein schräg aufschießender Mast, den drei in unterschiedlichem Tempo sich drehende, gläserne Körper umfassen. Den unteren kubischen Stockwerken war der Rhythmus von einem Jahr zugedacht, in einem Monat sollte die Pyramide des Mitteltrakts ihre Drehung vollenden, der obere Gebäudeteil in Gestalt einer Walze mit Büros für Presse- und Informationsleute an einem Tag. Der Bau sollte Symbol und

■ Die Rekonstruktion des Tatlin-Modells zusammen mit dem Modell von *Letatlin*, einem von Tatlin entworfenen Einmannflugzeug ohne Motor, 1992/93 in Düsseldorf ausgestellt.

■ Der Pavillon der UdSSR bei der Weltausstellung 1937 in Paris. Im Gegensatz zu Tatlins Entwurf entsprach dieser Pavillon Stalins Vorstellung von der Verkörperung der Sowjetunion und ihrer politischen Ideologie.

Nützlichkeit in sich vereinen. Tatlin verstand das Ganze als konkrete Utopie-Entwürfe, »die uns zu neuen Erfindungen anregen für unsere Arbeit am Aufbau einer neuen Welt.« Im Inneren des gigantischen Stahlskeletts sollte dem Triumph der Technik und dem sozialistischen Fortschrittsglauben gehuldigt werden.

Die Rekonstruktion, die 1993 auf der Ausstellung von Tatlins Gesamtwerk in Düsseldorf gezeigt wurde, war ein sechseinhalb Meter hoher, hellgrau gestrichener Turm aus Holz, Blech und Glas. Das Original ist verschollen, schon zu Lebzeiten Tatlins verschwand es wohl in Museumsdepots. Der Künstler empfand sein Werk als »weder links noch rechts, sondern nützlich«.

Da Stalin Anfang der 1930er Jahre lieber im Palast der Sowjets die Verkörperung der Sowjetmacht realisiert sehen wollte, blieb Tatlins roter Wolkenkratzer Vision und Utopie und wurde gerade deshalb zum Kultobjekt nachfolgender Architekten- und Künstlergenerationen.

WLADIMIR JEWGRAFOWITSCH TATLIN

 LEBEN UND WERK

Tatlin wird am 28. Dezember 1885 in Moskau geboren. Mit 15 reißt er von zu Hause aus und fährt zur See. Das Matrosengehalt spart er für das Kunststudium. Von 1902–1910 macht er an der Moskauer Schule für Malerei, Bildhauerei und Baukunst und an der Kunstschule in Pensa eine Ausbildung zum Maler. Seinen Unterhalt bestreitet er vom Ersparten und von Auftritten als Zirkusringer und Sänger russischer Folklore. 1913 reist er nach Paris, wo er Picasso kennen lernt. Beeinflusst von dessen Werken, wird Tatlin nach seiner Rückkehr auch als Bildhauer tätig. 1913/14 entwickelt er die abstrakte Materialkomposition, die als Vorstufe zu dem Entwurf des Denkmals der III. Internationale gilt. Mit seinen Eck- und Konterreliefs wagt er als erster russischer Künstler den Übergang von der Fläche zur Dreidimensionalität. Er selbst beschreibt die Fundamente seiner Kunst als »Material, Raum und Konstruktion«. Er ist einer der Stammväter des Konstruktivismus und zählt Anfang des 20. Jahrhunderts zu den Großen der russischen Avantgarde. Später unterrichtet Tatlin in den WChUTEMAS, den Höheren Künstlerisch-technischen Werkstätten Moskaus, die kurze Zeit später in Höheres Künstlerisch-technisches Institut umgetauft werden. Die Ziele des Instituts entsprechen denen des Bauhauses. In seiner Zeit dort entwirft er auch Gebrauchsgegenstände: Möbel, Geschirr, Kleidung. In der Metall- und Holzverarbeitung schafft er dort mit Alexandr Rodtschenko und El Lissitzkij die Grundlagen der modernen Industrieformgestaltung. 1930 wird das Institut aufgelöst. 1931 wird Tatlin als »Verdienter Künstler der Sowjetunion« ausgezeichnet. Er ist nicht nur Maler, Gestalter und Lehrer, er arbeitet auch als Erfinder: Sein Einmannflugapparat *Letatlin* ähnelt der ersten Flugmaschine Lilienthals und wird 1932 im Puschkin-Museum ausgestellt. Je mehr sich die sowjetischen Machtstrukturen der 1930er verfestigen, desto weniger Platz ist für Künstler der Moderne. Tatlin gerät ins Abseits. Nach 1933 schlägt er sich mehr schlecht als recht als Bühnenbildner durch. Er heiratet zweimal; beide Ehen scheitern. Sein Sohn fällt im Krieg. Tatlin stirbt am 31. Mai 1953 in Moskau, verarmt und unter Verfolgungswahn leidend. Eine Werkschau Tatlins mit über 300 Exponaten fand 1993 in Düsseldorf statt; der Ausstellungskatalog umfasste mit 1300 Stücken sein gesamtes Werk.

 DATEN

Tatlin-Turm (geplant):
Höhe: 400 m
Entwurfszeit: 1919/20
Baumaterial: Stahl und Glas
Form: Kubus, Pyramide, Zylinder und Halbkugel in Stahlskelett
Besonderheiten: Gebäude im Inneren des Stahlskeletts um die eigene Achse drehbar

Bekannteste Werke:
Selbstbildnis, 1911/12, Gemälde, Russisches Museum, St. Petersburg
Komposition nach einem Akt, 1913, Tretjakow-Galerie, Gemälde, Moskau
Flasche, 1913, Gemälde, verschollen

Lesenswert:
Jürgen Harten (Hg.): *Vladimir Tatlin. Leben, Werk, Wirkung*, Köln 1993.
J. Milner: *Vladimir Tatlin and the Russian Avantgarde*. Connecticut, 1983.
Larissa A. Shadowa: *Tatlin*. Weingarten, 1987.

 KURZWERTUNG

Ein kühner Entwurf eines Turmes des russischen Künstlers Wladimir Tatlin, ursprünglich als Denkmal für die 3. Internationale (1920) konzipiert. Eines der Hauptwerke des russischen Konstruktivismus und Symbol eines neuen Zeitalters.

Einstein-Turm

Potsdam (1920/21), ERICH MENDELSOHN

■ Zum 100. Geburtstag Albert Einsteins brachte die westafrikanische Republik Togo eine Jubiläumsbriefmarke mit dem Einstein-Turm heraus.

■ Ansicht des Einstein-Turms, des Sonnenobservatoriums zur praktischen Überprüfung von Einsteins Relativitätstheorie – ein architektonischer Organismus, der aufgrund seiner skulpturalen Ausbildung eine weder zu teilende noch ergänzbare Einheit bildet. Verstärkt wird dieser Eindruck durch den Zementputz, der die gesamte Oberfläche bedeckt.

Die Geschichte des Einstein-Turms ist die Geschichte seiner Instandsetzungen. Schon drei Jahre nach seiner Fertigstellung, 1924, musste er die erste größere Reparatur über sich ergehen lassen. Inzwischen hat es nochmals sieben umfangreiche Reparaturen gegeben. Wäre der Turm nicht eine Ikone der Architektur des 20. Jahrhunderts, würde er aufgrund seiner konstruktionellen Mängel wohl längst nicht mehr stehen. Sein Erbauer aber hatte mit diesem Erstlingswerk schon in den 1920er Jahren den Höhepunkt seines Schaffens erreicht.

Den ersten und zugleich wichtigsten Auftrag erhält der noch völlig unbekannte Architekt Erich Mendelsohn durch einen freundschaftlichen Kontakt zu dem jungen Astronomen Erwin Finlay Freundlich, den er durch seine Frau Luise kennengelernt hatte. Die Briefe Freundlichs an Mendelsohn haben sich im Nachlass des Architekten zusammen mit einigen Entwürfen erhalten. In dem entscheidenden Brief vom 2. Juli 1918, in dem Freundlich dem Architekten gewissermaßen den Auftrag erteilt, heißt es zu den Anforderungen, die der Bau eines Turmteleskops zu erfüllen hat: »Ich trage mich mit dem Projekt, ein kleines Institut für meine Arbeiten zu bauen (...) Ich habe mir die Sache folgendermaßen gedacht. Ein Betonturm von 15 m Höhe trägt oben eine Kuppel von 1,5 bis 2,0 Meter Durchmesser. Der Turm ist doppelwandig, das heißt sein äußerer Mantel umfasst einen ganz isolierten Schornstein (...) Auf diesem einen Schornstein steht ein Coelostat, der mit Hülfe seiner Spiegel das Bild der Sonne senkrecht nach unten in ein unterirdisches Labo-

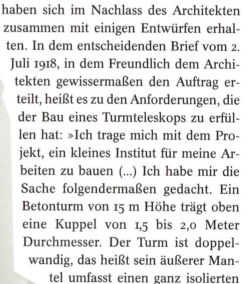

EINSTEIN-TURM

■ *links* Die Turmfenster des Observatoriums, die durch ihre Form den Eindruck des Turms von in die Höhe gerichteter Dynamik unterstützen.

rechts Die Rückseite des Observatoriums. Der als Werkstoff vorgesehene Gussbeton kam lediglich beim Eingangsportal (siehe Abbildung linke Seite) und am obersten Turmring zum Einsatz.

ratorium wirft (...) Am Fuße des Turmes steht nur ein kleines Häuschen, das vielleicht ein oder zwei Räume hat und nach unten ins Laboratorium führt.« Das waren im Prinzip die spärlichen Angaben, aufgrund derer Mendelsohn seinen spektakulären Turm entwarf. Beim Anblick der schwungvollen Zeichnungen müssen Freundlich wohl einige Zweifel gekommen sein; darauf schreibt ihm Mendelsohn: »Bis es mir vergönnt ist, die Brauchbarkeit meiner Arbeit durch die Ausführung zu beweisen, kann ich mich nur grundsätzlich äußern, gewissermaßen programmatisch, wobei die differenzierten Schwingungen meist völlig aufgesogen werden. Meine Skizzen sind Daten, Konturfixierungen eines plötzlichen Gesichtes. Ihrer baukünstlerischen Natur nach erscheinen sie unmittelbar als Ganzes und wollen so gehalten werden. Nun beruht jeder künstlerische Eindruck auf eigener energetischer Steigerung. Teile reihen sich, neigen sich, überragen.« 1921 war der Turm fertiggestellt und brachte dem jungen Architekten quasi über Nacht weltweiten Ruhm ein. Mendelsohn hatte die Chance genutzt, seine Vision in Wirklichkeit zu verwandeln.

■ Erich Mendelsohn (1887–1953), aufgenommen um 1930.

»Masse braucht Licht, Licht bewegt die Masse«, jubelte der junge Mendelsohn. Er versuchte, Einsteins grundlegende Erkenntnis, dass Masse und Energie austauschbar seien, architektonisch auszudrücken. Ursprünglich diente der Turm dem Zweck, die Relativitätstheorie anhand praktischer Experimente zu überprüfen.

Jahrzehntelang hatte der Einstein-Turm einen gräulichweißen Farbanstrich. Erst 1999 stellte man bei den überaus eifrigen Restaurierungsarbeiten umfängliche Pigmentuntersuchungen an und kam zu dem Ergebnis, dass der Turm, so wie er nun wieder zu besichtigen ist, ursprünglich ockergelb war.

■ Rückseite des Observatoriums mit Turmspitze und Rundbereich.

Entgegen dem gängigen Credo der frühen Moderne »form follows function«, versuchten einige wenige Architekten, eine neue, visionäre Formensprache zu entwickeln. Als eines der schönsten Beispiele hierfür kann der Einstein-Turm auf dem Telegrafenberg in Potsdam gelten. Mendelsohn fand auf seine Art eine äußerst eigenwillige Entsprechung von Form und Funktion.

Als »U-Boot« ist der Turm inmitten anderer Observatorien aus früheren Bauphasen oft bezeichnet worden. Die lukenartigen Fensteröffnungen weisen eine leichte Schrägstellung im Mauerwerk auf, was den optischen Eindruck des Aufsteigens und der Dynamik erweckt.

Der Architekturhistoriker Julius Posener äußerte sich 1978 zu Material-, Herstellungs- und Formfragen des Einstein-Turms: »Mag sein, dass ... Mendelsohn die unmittelbaren Möglichkeiten des gegossenen Materials Stahlbeton überschätzt hat ... Der Einstein-Turm sollte die erste Verwirklichung der plastischen Möglichkeiten des Betons werden.« Aus welchen Gründen nun genau dies nicht geschah, ist strittig. Mendelsohns Frau Luise versuchte stets hartnäckig bei der Erklärung zu bleiben, in der Nachkriegszeit seien Beton und Stahl knapp und rationiert gewesen. Tatsache ist, dass das gesamte Untergeschoss aus Ziegeln besteht und der Turmkörper selbst aus Backstein gemauert und mit einem dicken Zementputz überzogen wurde, sodass er aussah, als sei er aus Beton gebaut. Erich Mendelsohn selbst hat seinen Studenten die Sache später anders erklärt: »Liebes Kind«, soll er zu einem von ihnen gesagt haben, der im Einstein-Turm sein bestes Werk sehen wollte, »nie wieder! Da haben wir Schiffbauer heranholen müssen, um die Schalung zu bauen.« Offenbar hat auch der stetige Versuch, seine Mitarbeiter mit den Worten »Es muss gehen – und es kann!« zu motivieren, nicht geholfen.

Die Geschichte des Bauwerks war und wird wohl eine Geschichte seiner Restaurierung bleiben. Wenn man ihn erhalten will, so schreiben die für die Instandsetzung 1999 verantwortlichen Berliner Architekten Pitz und Hoh, werden weitere Reparaturen erforderlich sein. Der Einstein-Turm – ein Pflegefall.

ERICH MENDELSOHN

 ## LEBEN UND WERK

 ## DATEN

Mendelsohn kommt am 21. März 1887 im ostpreußischen Allenstein als Sohn des jüdischen Kaufmanns David Mendelsohn und der Modistin Emma Mendelsohn, geborene Jaruslawsky, zur Welt. Nach dem Abitur absolviert er eine kaufmännische Lehre in Berlin und studiert anschließend in München Volkswirtschaftslehre. 1908 kehrt er nach Berlin zurück und studiert bis 1910 Architektur an der Technischen Universität Berlin-Charlottenburg. Danach wechselt er zu Theodor Fischer an die Technische Universität München, wo er 1912 sein Diplom erhält. 1912–1914 arbeitet Mendelsohn als freischaffender Architekt und entwirft außerdem Bühnenbilder. 1915 heiratet er Luise Maas, mit der er eine Tochter hat. Zu Mendelsohns Freundeskreis gehören Künstler wie Paul Klee und Wassily Kandinsky; seine ersten Kostüm- und Plakatentwürfe sowie Zeichnungen seiner Architekturvisionen sind expressionistisch geprägt. Mendelsohn kämpft 1915–1918 in Russland und an der Westfront. Nach seiner Rückkehr eröffnet er ein Büro in Berlin. Die Skizzen, die er während des Krieges gemacht hat, setzt er in Tuschezeichnungen um und stellt sie 1919 bei Paul Cassirer in Berlin mit großem Erfolg aus. Bekannt macht ihn aber der Bau des Einstein-Turms (1919–1921). Mendelsohn entwirft in den kommenden Jahren hauptsächlich Industriegebäude: die *Hutfabrik Steinber, Hermann & Co.* in Luckenwalde, das *Seidenhaus Weichmann* in Gleiwitz (1922/23), die Umgestaltung des Geschäftshauses des Verlags Rudolf Mosse in Berlin. Die beiden *Kaufhäuser für die Firma Schocken* in Stuttgart und Chemnitz zeichnen sich durch fließende Linienführung aus, aber auch durch »konstruktive Disziplin«. 1924 gründet er mit Walter Gropius, Ludwig Mies van der Rohe und anderen die Architektenvereinigung *Der Ring*. 1927 beginnt er mit dem Bau des *Woga-Komplexes* auf dem Kurfürstendamm in Berlin, der neben einem Großkino auch ein Café, ein Kabarett und Wohnungen enthält. Das von ihm in den Komplex integrierte *Lichtspielhaus Universum* mit 1800 Plätzen (1927–1931) dient als Vorbild für zahlreiche Kinobauten. Zu dieser Zeit beschäftigt Mendelsohn 40 Mitarbeiter. 1933 emigriert er über Brüssel nach London. Dort arbeitet er mit Serge Chermayeff zusammen. 1936 eröffnet er ein Büro in Palästina, behält aber seinen Hauptwohnsitz in London. Erst 1939 geht er ganz nach Palästina, wo er ein *Krankenhaus* in Haifa und Gebäude der *Hebräischen Universität* in Jerusalem baut. Wegen Auftragsmangels wandert er allerdings 1941 in die USA aus. Neben seiner Bautätigkeit unternimmt er ausgedehnte Vortragsreisen. In den letzten Schaffensjahren liegt sein Schwerpunkt auf dem Synagogenbau. Mendelsohn stirbt am 15. September 1953 in San Francisco.

Einstein-Turm:
Bauherr: Erwin Finley-Freundlich als Vertreter der Einstein-Stiftung der deutschen Industrie
Bauzeit: 1919–1921
Bau der Gartenanlagen: Richard Neutra
Heutige Nutzer: Astrophysikalisches Institut Potsdam
Höhe Teleskopturm: 25 m
Kosten der letzen Renovierung: 2,8 Millionen DM

Bekannteste Bauwerke:
Hutfabrik, 1921–23, Luckenwalde
Kaufhaus Schocken, 1926–28, Stuttgart
Woga-Komplex, 1927–31, Berlin
Kaufhaus Schocken, 1928–30, Chemnitz

Lesenswert:
Norbert Huse (Hg.): *Mendelsohn. Der Einsteinturm. Die Geschichte einer Instandsetzung*, Stuttgart 2000.
Regina Stephan (Hg.): *Erich Mendelsohn: Gebaute Welten*, Ostfildern-Ruit, 1998.

Sehenswert:
Der Turm von außen und die wiederhergestellten Grünanlagen können jederzeit besichtigt werden. Führungen im Inneren nur für kleine Gruppen nach Voranmeldung.

 ## KURZWERTUNG

Das Erstlingswerk des jungen Architekten Erich Mendelsohn, eine Ikone des Expressionismus. Ursprünglich als Experimentierstätte errichtet, um die Relativitätstheorie Einsteins zu überprüfen.

Bauhaus

Dessau (1925/26), WALTER GROPIUS

Walter Gropius, der Gründervater des Bauhauses, war ein begnadeter Rhetoriker und Theoretiker – aber zeichnen konnte er nicht. Während seiner Studienzeit schrieb er an seine Mutter: »Meine absolute Unfähigkeit, auch nur das Einfachste auf Papier zu bringen, trübt mir manches Schöne und lässt mich oft mit Sorgen auf meinen künftigen Beruf sehen. Ich bin nicht imstande, einen geraden Strich zu ziehen.« Es blieb zeitlebens bei diesem Manko, aber er sollte Helfer finden, die verstanden, seine verbalen Erläuterungen zeichnerisch umzusetzen.

Gropius schuf unter anderem zwei Gebäude, die zu den Ikonen der Architektur des 20. Jahrhunderts gezählt werden: Die Fagus-Werke in Alfeld und das Bauhaus-Gebäude selbst. Beide sind weltberühmt, der Begriff Bauhaus jedoch ist inzwischen zum Synonym für eine ganze Schule geworden, die in Gropius' Lieblingsidee eines sozialen Wohnungsbaus, auf der Basis von in Einzelteilen nach einem Baukastensystem gefertigten preiswerten Arbeiterhäusern, gipfelte. Die Folgen sind bekannt ... Dennoch sind keine Kratzer am Mythos Gropius zu erkennen. Nach wie vor genießt er den Ruhm, die Vaterfigur einer neuen Architektur zu sein.

Das Vorbild des jungen Gropius war Karl Friedrich Schinkel. Im Alter von 24 fing Gropius in Berlin bei Peter Behrens an zu arbeiten, als dessen Büro eben erst gegründet worden war. Er bastelte damals noch an Bauaufgaben wie einem klassizistischen Bismarck-Denkmal am Rhein, baute Landhäuser in der Schinkel-Behrens-Tradition und stieg später zum Bürochef bei Behrens auf.

Sein erster großer Auftrag nach der Trennung von Behrens war die Umplanung einer Industrieanlage, der Schuhleistenfabrik Fagus in Alfeld an der Leine. Dem Betrachter präsentierte sich eine gläserne Wand, die allen Gesetzen der Statik zu spotten schien, denn sie wurde nicht einmal durch Eckstützen gehalten. Gropius

■ Die Glasfassade des Berufsschul- und Werkstättenflügels des Bauhausgebäudes in Dessau von 1925.

■ Die Ostseite des Berufsschul- und Werkstättenflügels. Hier im Bauhaus sollten alle werkkünstlerischen Disziplinen zusammengeführt werden.

hatte das Bauwerk an einer Rückfront aus Mauerwerk aufgehängt und nach vorn mit Pfeilern abgestützt. Für die Fassade blieb nur noch die hüllende Funktion einer Membran. Aus dieser Lösung entwickelt sich der Skelettbau, der das Bauen revolutionierte. Die Präfabrikation war entstanden. Eine neue Architektursprache war gefunden, oder, wie Gropius in späteren Aufsätzen schrieb: eine Sprache, die »unserer Kultur« und »dem Zeitalter der Technik« Ausdruck verleiht. Dem *Fagus-Werk* verdankte er den Ruf als Industrie-Architekt und den Auftrag, 1914 für die Werkbundausstellung in Köln den Entwurf einer Musterfabrik zu liefern. »Sind beim Bau von Industriegebäuden künstlerische Gesichtspunkte mit praktischen und wirtschaftlichen vereinbar?«, fragte sich Gropius damals, und die Antwort, die er sich selbst gab, lautete eindeutig »Ja!« 1919 übernahm Gropius die Leitung der Weimarer Kunstgewerbeschule. Sie wurde sofort in Staatliches Bauhaus umbenannt, das Wort »Kunst« wurde verboten und die Geschichte der Baukunst – so

> »Die Tragstruktur des Bauhaus-Gebäudes wird in der Fachliteratur gewöhnlich als Stahlbetonskelett bezeichnet, sicherlich gestützt durch Gropius, der von einem Stahlbetongerippe sprach.
> Das Erscheinungsbild (...) wird wesentlich durch die aus dem inneren Zweck gewonnene Körpergliederung bestimmt. Der Bau hat auch keine Fassade im üblichen Sinn, sondern ist nach allen Seiten vollwertig durchgeformt. Gropius selbst weist darauf hin, dass man ihn umschreiten muss, um seine Körperlichkeit und die Funktion seiner Glieder zu erfassen.«
>
> Winfried Nerdinger, *Der Architekt Walter Gropius*, 1985

■ Walter Gropius (1883–1969), Porträtaufnahme von 1920.

■ Die Fagus-Werke in Alfeld an der Leine von 1913, neben dem Bauhaus einer der berühmtesten Bauten von Walter Gropius.

erinnert sich Philip Johnson später – für Blödsinn erklärt. Einer der Leitsätze von Gropius lautete: »Die Baukunst soll ein Spiegel des Lebens und der Zeit sein, wir müssen also aus ihren gegenwärtigen Zügen die führenden Kräfte unserer Zeit erkennen.«

Mit der Schule des »Bauhauses« ging es Gropius darum, seine Idee von der Vereinigung aller werkkünstlerischen Disziplinen zu einer Gesamtarchitektur, die sich vom einfachen Hausgerät bis zur ganzen Stadt erstreckt, zu verwirklichen. Sehr viel von dem, was heute gestalterisch als modern empfunden wird, Häuser, Möbel, Inneneinrichtungen, selbst alltägliche Gegenstände, leitet sich von den Meistern des Bauhauses her.

In den Anfangstagen wurde viel geforscht über die Grundbedürfnisse des Menschen, beispielsweise wieviel Licht, Luft und Auslauf ihm zuteil werden müsse. Aus den Ergebnissen wurde die Form abgeleitet, die ein Haus haben müsse, und es erwuchsen epochemachende Empfehlungen für den Städtebau daraus – die heute zu Schreckbildern geworden sind. Gropius propagierte das Wohnhochhaus, den Zellenbau, die Trabantenstadt, die radikale Flächensanierung. Er war der Meinung, dass »gleichgeartete Massenbedürfnisse einheitlich und gleichartig (zu) befriedigen« sein müssten. 1922 fand innerhalb des Bauhauses eine Umorientierung statt: Kunst und Technik sollten eine neue Einheit bilden. Das industrielle Zeitalter holte die Künstler, die eine kurze Zeit lang geglaubt hatten, seinen Bedingungen entfliehen zu können, wieder ein.

Gropius hatte folgende Parolen für das neue Programm parat: »Ent-Eitelung«, »Zuchthalten« und »Ich-Überwindung«. Die Bauten, die für das nun endgültig akzeptierte Maschinenzeitalter stehen, sind das Bauhaus-Gebäude selbst, die Künstlerhäuser in Dessau, das Totaltheater, die Stadtkrone für Halle, der Sowjetpalast in Moskau und das Theater für Charkow.

Nach dem Börsenkrach 1929 musste gespart und besonders im Wohnungsbaubereich preiswert gearbeitet werden. Die modernen Architekten mit Gropius an der Spitze trafen eine verhängnisvolle Entscheidung. Sie optier-

ten nicht für eine Senkung des Ausbaustandards zugunsten möglichst großer Wohnflächen, sondern umgekehrt für eine Verminderung der Wohnungsgrößen bei weitestgehender Rationalisierung – die fatalen Folgen sind bekannt: Standardisierung auf niedrigem Einheitsniveau, verwandelbare Einrichtungsprogramme von der Stange, Einbaumobiliar, Klappbetten, Roll- oder Falttüren. Gropius erklärte, vom biologischen Standpunkt aus benötige der gesunde Mensch für seine Wohung in erster Linie Luft und Licht, dagegen nur eine geringe Menge an Raum. Daraus leitete er das Rezept ab: »Vergrößert die Fenster, spart an Wohnraum.« Wir alle kennen die Art der Umsetzung dieser Forderung: die Einheitssiedlungen nach dem Zweiten Weltkrieg und in letzter Konsequenz die Plattenbauten der ehemaligen DDR. Und damit kennen wir auch die Antwort auf die Frage, ob der Zweck alle Mittel heiligt: Diese Frage muss mit einem klaren Nein beantwortet werden.

1925 übersiedelte das Bauhaus nach Dessau. Dort entstand 1926 nach Entwürfen von Gropius das Bauhaus, das einer ganzen Architekturschule seinen Namen geben sollte. Heute ist es dringend sanierungsbedürftig. Seit 1996 gehört das Gebäude zum Weltkulturerbe.

links Die Sheddächer des Flachbaus des Arbeitsamtes in Dessau von 1929. Der Entwurf stammt von Walter Gropius, Auftraggeber waren die Stadt Dessau und die Reichsanstalt für Arbeitsvermittlung und Arbeitslosenunterstützung.

rechts Der ringförmige Flur des Flachbaus.

> »Mit allen Methoden begrifflicher Deutung und synthetischer Erfassung warf sich das Bauhaus darauf, dem Problem der Gestaltung auf den Ursprung zu kommen und die Ergebnisse seiner Erkenntnis mit zäher Energie allen bewusst zu machen, nämlich: dass die künstlerische Gestaltung nicht eine Luxusangelegenheit, sondern Sache des Lebens selbst sein müsse!«
>
> Walter Gropius, rückblickend, 1930

■ Oskar Schlemmer hat sich von Gropius inspirieren lassen: *Die Treppe im Bauhaus*, 1932, New York, Museum of Modern Art.

Alles nur Jugendsünden? Hat Gropius seine Einsichten im Alter revidiert? Ein anderer hat es getan: Hermann Henselmann, Star der DDR-Architekten, äußerte als alter Mann, »dass Ideen, die im Namen der Logik entwickelt werden, losgelöst von der Weisheit des Volkes« keinen Bestand haben können ...

1928 gab Gropius die Leitung des Bauhauses an seinen Nachfolger Hannes Meyer ab. Er wollte sich seinen eigenen Projekten in Berlin widmen. Oskar Schlemmer sagte damals, er gehe »bejubelt und betrauert, verwünscht und gehasst«. 1932 wurde das Bauhaus aus Dessau vertrieben und in Berlin 1933 endgültig geschlossen.

1934 wanderte Gropius zunächst nach England aus. 1937 ging er ins US-amerikanische Exil – der Weg wurde ihm leicht gemacht. Er wurde wie ein König mit Festbanketten empfangen. An der Universität in Harvard übernahm er den Lehrstuhl für Architektur. Dort ließ er die historische Bibliothek ausräumen, um die Studenten vor dem Einfluss geschichtlicher Beispiele des Bauens zu bewahren.

Walter Gropius, der Grandseigneur der deutschen Avantgarde, starb 1969 im Alter von 86 Jahren in Boston. Seine Werkübersicht verdeutlicht einen historischen Prozess: Vor ihm gab es die Moderne noch nicht, nach ihm nichts anderes mehr.

■ Einfamilienhaus im Bauhaus-Stil, Dessau. Es ist 1926/27 aus Stahl gebaut worden; der Entwurf stammt von Georg Muche und Richard Paulick.

WALTER GROPIUS

 ## LEBEN UND WERK

Walter Adolf Georg Gropius wird am 18. Mai 1883 in Berlin geboren. Der Vater ist Geheimer Baurat, Großonkel Martin Gropius war ein bekannter Baumeister. Von 1903–07 studiert Walter Gropius an den Technischen Hochschulen München und Berlin. In diese Zeit fällt auch ein einjähriges Praktikum im Büro von Solf & Wichards in Berlin und sein Wehrdienst. Nach Studienabschluss geht Gropius auf Europareise. 1907 stellt Peter Behrens ihn ein. Gropius macht sich 1910 selbstständig und wirbt Behrens Adolf Meyer ab. Mit ihm arbeitet er bis 1925 zusammen. Wie hoch Meyers Anteil an den Projekten ist, lässt sich nicht mehr genau feststellen, da Gropius seine Vorstellungen im Gespräch entwickelte und das Zeichnen anderen überließ. Deshalb arbeitete er immer mit einem Partner. 1916 heiratet er Alma Schindler Mahler, die Witwe des Komponisten. Aus der Ehe geht eine Tochter, Alma, hervor. Im Ersten Weltkrieg muss Gropius an die Westfront.
Nach seiner Berufung nach Weimar 1919 vereinigt er dort die Hochschule für bildende Kunst und die Kunstgewerbeschule zum Staatlichen Bauhaus, das er bis 1928 leitet. Nach der Scheidung heiratet er 1923 Ilse Frank, mit der er ebenfalls eine Tochter, Beate, hat.
1925 übersiedelt das Bauhaus nach Dessau. 1928 gibt Gropius seinen Direktorenposten auf, um sich in Berlin im Bereich Wohnungsbau zu betätigen.

Schon seit 1910 träumt er davon, mit standardisierten Elementen Wohnraum zu schaffen, der für die Massen erschwinglich ist. Nach der Machtübernahme durch die Nationalsozialisten wird Gropius als »Baubolschewist« beschimpft; er geht 1934 nach England, wo er weniger wegen seiner Bauwerke als wegen seines Buches The New Architecture and The Bauhaus berühmt wird. 1937 wird er in die USA an die Universität Harvard berufen, wo er bis 1952 unterrichtet. 1946 gründet er mit jungen Kollegen das TAC (The Architects Collaborative). Er tritt nun kaum noch als entwerfender Architekt in Erscheinung. Gropius stirbt am 5. Juli 1969 in Boston. Sein Anliegen war es – so wie im Mittelalter – Künstler, Handwerker und Architekten zur Zusammenarbeit an Gebäuden zusammenzuführen. Im Mittelpunkt des Bauhaus-Konzepts stand daher der Bau als Gesamtkunstwerk. Gropius vermittelte als Lehrer mehr Ideale als praktische Fähigkeiten. Viele seiner bekannten Schüler bezogen jedoch Gegenposition zu seinen Vorstellungen. Was ihm am Anfang seiner Karriere Auszeichnungen brachte, wurde am Ende immer mehr kritisiert. Die nach seinen Plänen gebaute Hochhaussiedlung Gropiusstadt in Berlin-Neukölln (ab 1962) ist bis heute heftig umstritten. Von den einen als funktionelle Architektur gefeiert, gilt sie anderen als seelenlose Anhäufung von Wohnverschlägen.

 ## DATEN

Bekannteste Bauwerke:
Fagus-Werk, 1911–1914, Alfeld
Bauhaus-Gebäude, 1925/1926, und Arbeitsamt, 1927–1929, Dessau
Totaltheater (Projekt), 1927
Siemensstadt, 1919–1930, Berlin
Pan American Building, 1958–1963, New York
Porzellanfabrik Rosenthal, 1965, Selb

Lesenswert:
Magdalena Droste: Bauhaus. 1919–1933, Berlin 1991.
Walter Gropius: Die neue Architektur und das Bauhaus, Berlin 1965.
Winfried Nerdinger: Der Architekt Walter Gropius, Berlin 1996.

Berühmtes Zitat:
»Ich kann mir keine Architektur vorstellen, die nicht wirklich vom Menschen ausgeht, (…) ihn studiert und dann versucht, ihm das Beste zu geben, was man geben kann.«

Kurioses:
Walter Gropius verlor 1968 eine Wette gegen Philip Rosenthal. Dafür musste er für Rosenthal einen Schweinestall entwerfen, der allerdings nie gebaut wurde.

 ## KURZWERTUNG

Das Bauhaus markiert das Ende eines Zeitalters und steht für den Anfang des neuen, nüchternen, klaren, pragmatischen, funktionalen Bauens.

Metropolis

(1926/27), FRITZ LANG

»Wenn ich zurückdenke an all die 43 von mir inszenierten Filme (...) ist mir neben meinem ersten Tonfilm *M* doch *Metropolis* mein liebstes Film-Kind«, behauptete Fritz Lang kurz vor seinem Tod 1976. »Dieser Film übertraf hinsichtlich der Technik alles bisher Dagewesene.«

Filmarchitektur – das war einmal wunderschöne Illusion, gezaubert aus Farbe, Holz und Pappmaché. Diese gebastelten Spielzeugstädte werden inzwischen durch glatte und kalte, am Computer entworfene Cyberspacewelten ersetzt. Nie war die Filmarchitekur ambitionierter als in den expressionistischen deutschen Stummfilmen, und selten war sie der eigenen Zeit so dicht auf den Fersen. Als Beleg dafür mag *Metropolis* gelten, den Fritz Lang mit den Architekten Otto Hunte und Karl Vollbrecht geschaffen hat. Die Filmkulisse bringt die ambivalenten Gefüh-

■ Standphoto aus *Metropolis*. Nachgebaute Straßenschlucht, Kälte ausstrahlende, überwältigende, schwindelerregend hohe Wolkenkratzer, kein Platz für Menschen.

■ New York, *Blick über Manhattan*, Foto um 1925/30. Die Filmarchitektur in *Metropolis* bezieht sich auf die Monumentalität New Yorks, ihre rasend schnelle Veränderung, ihre übermächtigen in die Höhe schießenden Gebäude.

le der Menschen gegenüber der modernen Architektur und den wuchernden neuen Großstädten zum Ausdruck. Der Wolkenkratzer, Synonym des »Neuen Bauens«, wird zum Sinnbild von Trostlosigkeit und Kälte in der modernen Großstadt. Fritz Lang wollte »das Wesen der Zeit durch das Wesen des Films ausdrücken«. Der Film ist ein Ausstattungswunder: Wolkenkratzergebirge, gläserne Kuppeln und leuchtende Glastürme kommen darin vor – als sei versucht worden, die Monumentalität New Yorks in der Filmkulisse noch zu überbieten. Durch den architektonischen Gegensatz der nicht minder gigantischen Unterweltkulisse werden die sozialen Fronten von Ober- und

■ Fritz Lang (1890–1976), Porträtaufnahme um 1925.

»Nägelaufsammler, ein nie gehörter Beruf, wird sich mancher wundern!! Doch es gab ihn eine Zeit lang in den Filmateliers wirklich, nämlich in den Nachkriegsjahren. Die damals herrschende Materialknappheit machte die Beschaffung von Nägeln und Schrauben jeder Art nicht nur schwierig, sondern auch teuer. Die nach dem Entnageln kiloweise in den Ateliers oder draußen im Sand liegenden Nägel zu sammeln, sie wieder gerade zu klopfen lohnte sich, als wir Metropolis drehten, schon.«

Erich Kettelhut, Erinnerungen,
in: Architektur im Film

> *Metropolis* sprengte so ziemlich alle Maßstäbe – und machte bekanntlich die Ufa fast bankrott: Er war die teuerste Ufa-Produktion der Stummfilmzeit, man benötigte zwei Jahre Drehzeit, 310 Aufnahmetage, 620 000 Meter Negativfilm, 750 kleinere Rollen, 750 Kinder, 1100 Kahlköpfe, 3500 Paar Schuhe, 75 Perücken, 50 Phantasie-Autos und nicht zuletzt 500 bis 600 Wolkenkratzer zu je 70 Etagen (Miniatur-Nachbildungen).

Unterschicht ausgedrückt. Die Bauten sind mehr als ein stummer Rahmen für die Handlung: Die Filmarchitektur übernimmt durch ihre suggestive Metaphorik eine psychologische Funktion. *Metropolis* war der erste Spielfilm, in dem die moderne Großstadt die Hauptrolle spielte, und *Metropolis* ist nach wie vor der wohl faszinierendste Architekturfilm, den es je gegeben hat.

Lang berichtet, *Metropolis* sei aus seinem ersten Eindruck von New York im Oktober 1924 entstanden, als die Ufa ihn nach Hollywood geschickt hatte, um die amerikanischen Produktionsmethoden zu studieren. Er war überwältigt von dieser Metropole. Nach seiner Rückkehr schrieb er mit seiner Frau Thea von Harbou das Drehbuch. Schon 1926 begannen die Drehar-

■ Standphoto aus *Metropolis*. Die Menschen sind nur noch Sklaven. Gegen die allmächtigen, riesigen, lärmenden und dampfenden Maschinen erscheinen sie winzig.

beiten zu seinem wahrscheinlich besten und wohl auch berühmtesten Film. Langs Filmarchitekten Kettelhut, Vollbrecht und Hunte hatten bei *Metropolis* wahrlich keine leichte Aufgabe zu bewältigen: Sie mussten sich Wolkenkratzerfluchten mit Autostraßen dazwischen, Lustgärten, unterirdische Fabrikhallen, eine mittelalterliche Kirche, ein Grusel-Laboratorium, eine Maschinenhalle, eine gotische Kathedrale, eine Herzmaschine und geheimnisvolle technische Apparate ausdenken. Man arbeitete mit einem neuartigen Vergrößerungsverfahren, das mit Hilfe von Einspiegelungen kleiner Atelierbauten in die real gedrehten Szenen diese Bauten übergroß erscheinen ließ. Den Architekten gebührt sicher ebenso viel Anteil am Erfolg des Films wie dem Regisseur. »Den Filmarchitekten ... gelang ein gewaltiges Bild, in dem die verschiedensten Zitate miteinander verschmelzen: Antonio Sant' Elias Futurismen sind hier präsent, Hans Scharouns gläserne Kathedralen, die damals aktuellsten Beispiele der US-amerikanischen Architekturavantgarde, und natürlich lebt hier auch die Erinnerung an den *Turmbau zu Babel*, wie ihn Pieter Bruegel 1563 gemalt hat. Und im Moloch der Maschine war ein monströser ›Gott der Stadt‹ (Georg Heym) gewachsen, der seinen Blutzoll forderte«, schreibt Karin Leydecker in der *Süddeutschen Zeitung*.

Stellt man die Architektur und Kunst der Jahrhundertwende und der frühen Moderne der Atmosphäre, die Lang in seinen Filmbauten erschafft, gegenüber, wird klar, wie zeitgenössische Einflüsse in seine Filme integriert wurden. Es finden sich Ähnlichkeiten oder gar direkte Zitate zu Architekturen von Bruno Taut, Otto Wagner, Peter Behrens oder Erich Mendelsohn. Das Interesse am Visuellen, am Gebauten, lässt sich bei Lang weit zurückverfolgen – sein Kunststudium war wohl eine wesentliche Vor-

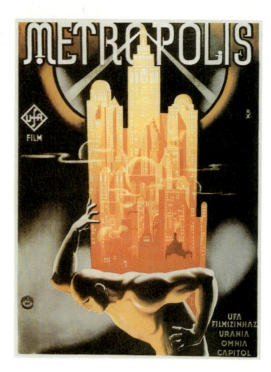

■ oben Das ungarische Filmplakat zu *Metropolis*. Auf dem Rücken des Menschen wird die neue Welt ausgetragen.

■ unten Das französische Verleihplakat zu *Metropolis* von Boris Bilinsky. Häusermassen, höher als das Auge blicken kann.

■ Die Anleihen der Architektur in *Metropolis* bei der Skyline von New York sind unverkennbar.

Lang sollte, gerade wegen seines für nationalsozialistische Propagandazwecke gut verwertbaren Filmes *Metropolis*, von Goebbels die Leitung des deutschen Filmwesens übertragen werden. Lang erbittet 24 Stunden Bedenkzeit, eilt schnurstracks nach Hause, steckt sein goldenes Zigaretten-Etui, einige Schmuckstücke und 500 Reichsmark ein und nimmt den Nachtzug nach Paris. So die Legende. In Wirklichkeit dauerte es wesentlich länger, bis Lang Deutschland verließ. Aber er liebte es, diese Geschichte zu erzählen.

aussetzung für das spätere Filmwerk. Er war ein umfassender Kenner der europäischen Kunst. In all seinen Filmen verwertet er entsprechende Anregungen, zum Beispiel tauchen Schlemmers Figurinen auf oder Zitate des Berliner Konstruktivismus sowie der Expressionismus in Gestalt der sozialkritischen Darstellungen von Käthe Kollwitz. Ebenso lassen sich Spuren der Filmavantgarde, von Sergej Eisenstein, Alexandr Rodtschenko über Luis Buñuel bis hin zu Charlie Chaplin in Langs Babelsberger Filmen der 1920er und der frühen 1930er Jahre finden.

Lang erfand in *Metropolis* nicht nur die Stadt der Zukunft, er prophezeite auch die Auflösung des Individuums durch Menschenmaschinen und Maschinenmenschen. Der versöhnliche sozialkitschige Schluss des Films war freilich ein Kompromiss, über den sich Lang später selbst lustig machte: Er sagte, »Fräulein von Harbou« habe sich damit aus der Affäre gezogen, um sich bei den neuen Machthabern anheischig zu machen.

Der Konflikt zwischen Mensch und Maschine, den Maschinenkult jener Jahre, soziale Unterschiede, kapitalistische und sozialistische Elemente – alles drückt Lang in diesem Film aus und unterstützt und verstärkt es durch seine Architektur. Nur wenige Filme reichen bis heute an die künstlerische Größe und Ausdruckskraft dieses frühen Schwarzweiß-Stummfilms heran. Fast möchte man meinen, Lang vermochte durch die Filmarchitektur von *Metropolis* die urbane Katastrophe heutiger Großstädte schon damals zu ahnen.

FRITZ LANG UND OTTO HUNTE

 ## LEBEN UND WERK

Friedrich Christian Anton Lang kommt am 5. Dezember 1890 als Sohn des Architekten Anton Lang und dessen Frau Paula, geborene Schlesinger, in Wien zur Welt. Er besucht die Realschule und beginnt 1907 auf Wunsch seines Vaters, an der Technischen Hochschule Wien Bauingenieurwesen zu studieren. 1908 wechselt er an die Akademie der Graphischen Künste und studiert Malerei. 1911 geht er nach München an die Kunstgewerbeschule. 1913/14 lebt er in Paris. Dort ist der Maler Maurice Denis sein Lehrmeister. 1914 meldet sich Lang freiwillig zum Kriegsdienst. Bei einem Genesungsurlaub nach einer Kriegsverletzung 1916 knüpft Lang in Wien die ersten Kontakte zur Filmbranche. Er beginnt, Drehbücher zu verfassen. 1917 wird er wieder an die Front geschickt. Nach einer zweiten Verletzung wird er 1918 für kriegsuntauglich erklärt. In der Truppenbetreuung arbeitet er erstmals als Regisseur. Im selben Jahr zieht er nach Berlin und gibt 1919 sein Regiedebut mit dem Stummfilm *Halbblut*. Es folgt der Mehrteiler *Die Spinnen*, bei dem er das Drehbuch schreibt und Regie führt. Mit *Der müde Tod* etabliert sich Lang 1921 international. 1922 heiratet er die Autorin Thea von Harbou (1888–1954). 1924 bringt er das Nibelungenepos auf die Leinwand. 1926 folgt *Metropolis*. Mit *M – Eine Stadt sucht einen Mörder* (1931) dreht er seinen ersten Tonfilm. 1931 trennen sich Lang und Harbou. 1933 wird die Ehe geschieden. Lang geht nach Paris, dreht dort *Liliom* (1933/34) und emigriert anschließend in die USA. 1935 wird er dort eingebürgert. Er produziert 22 Filme in Hollywood. 1956–1960 versucht er mit Filmen wie *Der Tiger von Eschnapur* und *Das indische Grabmal* (1958) an die alten Erfolge anzuknüpfen, was ihm aber nicht gelingt. Am 2. August 1976 stirbt Fritz Lang fast erblindet in seinem Haus in Beverly Hills. Otto Hunte wird 1881 in Hamburg geboren. Er besucht die Kunstgewerbeschule, um Schildermaler zu werden. Sein Debüt als Filmarchitekt hat er 1919 in Fritz Langs Mehrteiler *Die Spinnen*. Huntes Hauptwerk entsteht in der Zeit des expressionistischen deutschen Stummfilms. Ein technisches Meisterwerk ist *Metropolis*: Um den Verkehr auf der Hauptstraße tricktechnisch darzustellen, müssen Modelle von Bauten und Fahrzeugen her. Die Flugzeuge hängen an zusammengeklebten Haaren und werden pro Kameraeinstellung einen Zentimeter, die Autos einen dreiviertel Zentimeter und die Fußgänger nur minimal vorwärts bewegt, damit die Bewegung im Film flüssig wirkt. Für zweimal sechs Minuten Film wird fast sechs Wochen lang gedreht. *Der blaue Engel* ist Huntes erster Tonfilm. Er muss in den 1940er Jahren erkennen, dass die Filmarchitektur durch den Ton an Bedeutung verliert. 1948 zieht er sich aus dem Filmgeschäft zurück. Er stirbt 1960.

 ## DATEN

Metropolis:
Entstehung: Deutschland 1926
Filmgesellschaft: Ufa
Abgedrehte Filmmeter: 1 300 000
Anzahl der Komparsen: 36 000
Arbeitslöhne: 1 600 000 Reichsmark
Gesamtkosten: 5 Millionen Reichsmark

Bekannteste Filme:
Lang:
Der müde Tod, Deutschland 1921.
M – Eine Stadt sucht einen Mörder, Deutschland 1931.
Rancho Notorious (Engel der Gejagten), USA 1952.

Hunte:
Die Nibelungen, Deutschland 1924.
Der blaue Engel, Deutschland 1930.
Die Drei von der Tankstelle, Deutschland 1930.

Lesenswert:
Alfons Arns/Hans-Peter Reichmann (Hg.): *Otto Hunte. Architekt für den Film*. Kinematograph Nr. 10, Frankfurt 1996.

Thomas Elsaesser: *Metropolis*, Hamburg 2001.

Dietrich Neumann (Hg.): *Filmarchitektur, von Metropolis bis Blade Runner*, München 1996.

 ## KURZWERTUNG

Metropolis wurde, gewissermaßen als Nebeneffekt, zum beeindruckendsten Architekturfilm aller Zeiten. New York hatte Pate gestanden für den Moloch Großstadt, den Fritz Lang in seinem Film als Pappkulisse erstehen lässt.

Hufeisensiedlung

Berlin-Britz (1925–1931), BRUNO TAUT

1933 drohte Bruno Taut die Verhaftung als Kulturbolschewist. Er verließ Deutschland am 10. März 1933. 1936 wurde er Leiter der Architekturabteilung an der Akademie der Schönen Künste in Istanbul. Dort traf er auch Ernst Reuter wieder. Taut baute unter anderem das Universitätsgebäude in Ankara, einen weit von der Straße zurückgesetzten Bau mit einer schönen Halle und einer großartigen breiten Treppe.

Bruno Taut gilt heute gleichermaßen als sozialutopischer Visionär wie als revolutionärer Siedlungsbauer des frühen 20. Jahrhunderts. In der Architekturgeschichte figuriert er als Galionsfigur des Expressionismus, als Utopist, der durch seine Projekte eine zweckfreie Schönheit in die Welt bringen wollte, und als poesietrunkener Architekturphantast. Dass er im Alltag ein sozial engagierter, leidenschaftlich mit den Wohnbedürfnissen der Menschen beschäftigter, ungeheuer fruchtbarer Stadt- und Siedlungsbaumeister war, hat man allzu schnell vergessen. Er war überzeugt von der persönlichkeitsbildenden und gesellschaftsethischen Kraft, die von der Wirkung des Außen- und Innenraumes ausging. Sein Architektur- und Menschenideal setzte sich deutlich ab von gleichzeitigen Postulaten der Weimarer Bauhaus-Avantgarde.

■ Bruno Taut (1880–1938), Porträtaufnahme.

Tauts frühe expressionistische Phase, in die als Hauptwerk sein Glaspavillon von 1914 für die Werkbundausstellung in Köln fällt, wurde vom Ersten Weltkrieg unterbrochen. Der Krieg unterbrach nicht nur Tauts Arbeit, er machte auch die Unzulänglichkeit aller reformerischen Ideen und Bewegungen deutlich. Taut hatte kaum Aufträge, er lebte recht und schlecht vom Schreiben, bis er 1921 zum Stadtbaumeister von Magdeburg berufen wurde. Nun begann die Zeit des aktiven Bauens. Mit ihm rückte die Stadt in den Mittelpunkt des allgemeinen Interesses. Durch Farbe bekam sie gegen den heftigen Widerstand konservativer Gruppen ein neues Antlitz. Der Magdeburger Bürgermeister Ernst Reuter hielt später schützend die Hand über Tauts Arbeit. Dennoch war der Stadtbaumeister für die Magdeburger ein Bürgerschreck. Er wollte in diesen Jahren große Architektur für kleine Leute schaffen, nach seiner Devise: »Wir müssen die Farbe absolut gleichberechtigt neben der Form anerkennen. Gab uns die Natur dazu dieses köstliche Geschenk, dass wir es verachten?«

Ab Herbst 1923 lebte Taut wieder in Berlin. Er wurde beratender Architekt der größten Wohnbaugesellschaft der Gewerkschaften in Berlin, der GEHAG, und baute im Verlauf von sieben Jahren mehr als 10 000 Wohnungen: Er wurde zum Pionier des Kleinwohnungs- und Siedlungsbaus; so entstanden die Waldsiedlung Zehlendorf, eine Wohnstadt am Prenzlauer Berg, die Siedlung Schillerpark in Reinickendorf, die Freie Scholle in Waidmannslust, die Hufeisensiedlung Britz, die Gartenstadt Falkenberg, Onkel Toms Hütte in Zehlendorf und die Friedrich-Ebert-Siedlung im Wedding. Neunzehn Siedlungen waren es insgesamt, alle von unterschiedlicher Größe und Konzeption. Neben allen anderen seiner Großsiedlungsprojekte kann die Hufeisensiedlung als vorbildlich und signalgebend gelten. Taut war sich, wie sein Kollege Martin Wagner, stets der Verantwortung gegenüber dem Menschen bewusst, auch wenn die Aufgabe Massenwohnungsbau hieß. Er war immer bedacht auf menschenwürdiges Bauen und er war imstande, dies auch unter bescheidensten materiellen Bedingungen zu realisieren.

■ Die Hufeisensiedlung in Berlin-Neukölln, Gesamtansicht, Luftaufnahme. Die Reihen von Einfamilienhäusern und schmalen Gärten, die strahlenförmig von der Mitte aus nach außen angelegt sind, werden in der Hufeisenform durch eine mehrgeschossige Bebauung abgeschlossen.

Die Hufeisensiedlung an der Fritz-Reuter-Allee in Britz war vom Umfang her eine Unternehmung, die den bisherigen Rahmen derartiger Bauvorhaben sprengte. Taut nutzte dieses Projekt gewissermaßen als Experimentierfeld. Die Bauarbeiten begannen 1925 und dauerten bis 1930. Gemeinsam mit Martin Wagner hatte Bruno Taut hier tausend Wohnungen zu realisieren. Die Anlage sollte ein Beispiel der Überlegenheit des typisierten Bauens, der neuesten Technik und der Großproduktion werden. Erstmals wurden Erdbagger und Transportbänder eingesetzt. Es war die erste Baustelle in Deutschland mit derart fortgeschrittener Technik. Die Bauzeit konnte auf ein Minimum von vier Monaten für ein Einfamilienhaus und auf drei Monate für einen dreistöckigen Gebäudeteil mit sechs Wohnungen reduziert werden. Taut beschränkte sich bei seinen Entwürfen auf eine eingegrenzte Zahl von Haustypen und bemühte sich, der Uniformität doch Individualität angedeihen zu lassen. Das Hufeisen selbst hat einen Umfang von 350 Metern, und es kommt nur ein einziger Haustyp darin vor. Das Beeindruckende der Anlage war die hohe künstlerische Qualität der Ausführung aller Außen- und Innendetails inklusive der Gestaltung des gesamten Geländes. Die Wiederholung des gleichen Haustyps gibt dem Rund des Hufeisens eine rhythmische Gliederung. Monotonie vermeidet Taut durch eine optische Unterteilung des Rings in vier größere Abschnitte. Auch hier setzt Taut Farbe ein: Zum schlichten weißen Putz der Häuser kommt die rote Einfassung der Türen und das Blau der Loggien. Hier vermittelt sich seine Vorstellung vom naturnahen und gesunden Massenwohnungsbau – vom schönen Wohnen für den arbeitenden Menschen. Trotz radikaler Vereinfachung und Sparsamkeit hatte Taut wie in seinen anderen Siedlungen auch seinen Gestaltungswillen nicht hintangestellt. Die Einfamilienreihenhäuser, die um das Hufeisen herum das Straßenbild prägen, waren ebenfalls architektonisch einfach gehalten, hatten aber dennoch ihren individuellen Charakter. Noch während sich die Anlage im Bau befand, strömten Besucher herbei und besichtigten die Großzügigkeit des Ganzen und die neue Tech-

■ Außenansicht der Wohnhäuser in der Fritz-Reuter-Allee/Ecke Parchimer Allee.

■ Blick auf die Wohnhäuser, vom Innenhof aus gesehen.

nik, die hier zum Einsatz kam. Durch das Rund des Hufeisens war ein Platz für gemeinschaftsbezogenes Leben entstanden. Taut war es gelungen, aus der Baukunst eine politische Kunst zu machen. Die Hufeisensiedlung wurde zum Symbol für den neuen Siedlungsbau. Nicht nur was die Außengestaltung der Häuser anbelangt, sondern auch die Sorgfalt, die Taut auf die Innenräume verwandte, war von revolutionierender, tonangebender Beispielhaftigkeit. Die Angaben über die unterschiedliche Farbgebung der einzelnen Räume variieren in verschiedenen Quellen und lassen sich nicht überprüfen, da das gesamte Archiv Tauts verloren gegangen ist. Sicher ist jedoch, dass er ein Farbdiktat für die Räume vorgegeben hat – bekanntermaßen haben seine Siedlungen sich dafür oft diffamierende Namen wie Tuschkasten oder Papageiensiedlung eingehandelt. Taut ging es jedoch bei seiner Farbgestaltung um Vermeidung von Eintönigkeit

■ Außenansicht des Wohnhauses Fritz-Reuter-Allee 65.

> *Mit Bruno Taut kehrte die Farbe zurück in die Stadtarchitektur. Dennoch spottete man: »Schaut, schaut, was wird denn da gebaut, ist denn keiner, der sich's traut und dem Taut den Pinsel klaut?«*

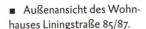

■ Außenansicht des Wohnhauses Liningstraße 85/87.

einerseits und um sinnliches Erfahren von Architektur andererseits. »Das Haus muss seinem Bewohner passen wie ein gut sitzender Anzug, es muss ihn ebenso kleiden. ... Wie die Räume ohne den Menschen aussehen, ist gleichgültig, wichtig ist nur, wie die Menschen darin aussehen«, lautet sein berühmtester Satz zu diesem Thema.

Seine Siedlungen sind Meilensteine in der Architekturgeschichte. Viele Architekten heute scheinen diese humanitären Grundsätze des Bauens, die Taut zu seinem Prinzip machte, vergessen zu haben. Er wusste, dass es nicht genügen kann, nur ein Dach über dem Kopf zu haben. Er schaffte es, statt dunkler Massenkasernen heitere Großstadtsiedlungen zu bauen. Noch heute sind Onkel Toms Hütte und die Hufeisensiedlung Britz Beispiele für einen »heiteren Städtebau« mit sparsamen formalen Mitteln, sicheren Proportionen, niedrigen Höhen und räumlicher Sensibilität. Kurz nach ihrer Fertigstellung galten die Siedlungen Bruno Tauts bereits als Ausdruck »vaterlandsloser Gesinnung«, und seine Aufklärungsarbeit versickerte in der völkischen Ideologie.

BRUNO JULIUS FLORIAN TAUT UND MARTIN WAGNER

 ## LEBEN UND WERK

Im preußischen Königsberg wird Taut am 4. Mai 1880 als zweiter Sohn des Kaufmanns Julius Taut geboren. Nach seiner Architekturausbildung ist er in Berlin bei Bruno Möhring tätig (1903/04). Danach geht er nach Stuttgart, wo er bis 1908 bei Theodor Fischer studiert. 1909 schließt er sich mit seinem Bruder Max und Franz Hoffman zu einer Bürogemeinschaft zusammen. Bei Ausbruch des Ersten Weltkriegs übernimmt Taut die Bauleitung einer Pulverfabrik in Brandenburg, damit er als unabkömmlich gilt und nicht eingezogen wird. Er verfasst utopische Schriften und steht nach dem Krieg an der Spitze der utopischen Expressionisten. 1919 gründet er mit 13 anderen Architekten die Organisation »Gläserne Kette«, um untereinander Zeichnungen, Ideen und Phantasien auszutauschen. In der Korrespondenz wurden Pseudonyme verwendet. Ab den 1920er Jahren tendiert er mehr zum Rationalismus. 1921–1923 ist er Stadtbaumeister in Magdeburg. 1924–1932 arbeitet er als beratender Architekt für die gemeinnützige Wohnungsbaugesellschaft GEHAG. Es entstehen unter anderem die Hufeisensiedlung und die Großsiedlung Zehlendorf. Taut gelingt es auf vorbildliche Weise, Massenwohnraum zu schaffen, ohne seinen gestalterischen Anspruch aufzugeben. 1930–1932 lehrt er an der Technischen Hochschule Berlin-Charlottenburg. 1933 geht er in die Emigration nach Japan und arbeitet am Crafts Research Institut in Sendai. 1936 wird er als Professor an die Kunstakademie in Istanbul gerufen. Nach seinen Plänen entstehen zahlreiche Schulen und Universitätsgebäude und sein eigenes Haus (1937/38). Taut stirbt am 24. Dezember 1938 in Istanbul. Es heißt, er sei als einziger Westeuropäer auf dem dortigen Friedhof Edirne Kapi bestattet. Martin Wagner wird am 5. November 1885 in Königsberg geboren. Er studiert an der Technischen Hochschule Berlin-Charlottenburg und in Dresden Architektur. Schon als Student arbeitet er bei dem Architekten Hermann Muthesius, einem Gründungsmitglied des Deutschen Werkbundes. Nach dem Studienabschluss ist Wagner in verschiedenen Bauverwaltungen tätig; von 1918–1920 fungiert er als Stadtbaurat von Schöneberg. In seine Amtszeit fällt die mit Bruno Taut realisierte Siedlung Lindenhof. 1926–1933 fördert Wagner als Stadtbaurat von Berlin den öffentlichen Wohnungsbau. 1925–1926 plant er mit Taut die Hufeisensiedlung und die Waldsiedlung Zehlendorf, mit Hans Poelzig das Messegelände (1928–1930) und mit Hans Scharoun die Siedlung Siemensstadt (1929). Wagner emigriert 1935 in die Türkei, wo er bis 1938 als Städtebauberater der Regierung tätig ist. Von dort geht er in die USA. 1938–1950 lehrt er an der Universität Harvard Städtebau. Am 28. Mai 1957 stirbt Martin Wagner in Cambridge.

 ## DATEN

Hufeisensiedlung:
Bauherr: Stadt Berlin
Bauzeit: 1925–1930
Wohneinheiten gesamt: 2400
Einfamilienhäuser: 472
Umfang des Hufeisens: 350 m
Besonderheit: Das Hufeisen ist um einen eiszeitlichen Kolk herum angelegt.

Bekannteste Bauwerke:
Glaspavillon, 1914, Köln
Siedlung Zehlendorf (Onkel Toms Hütte), 1926–1931, Berlin (mit Wagner)

Lesenswert:
Kurt Junghanns: *Bruno Taut, 1880–1938*, Leipzig 1998.

Ludovica Scarpa: *Martin Wagner und Berlin. Architektur und Städtebau in der Weimarer Republik*, Braunschweig und Wiesbaden 1986.

Bruno Taut: *Bezirk Zehlendorf, Siedlung Onkel Tom*, Berlin 1998.

Ian Boyd White/Romana Schneider (Hg.): *Die gläserne Kette. Eine expressionistische Korrespondenz über die Architektur der Zukunft*, Stuttgart 1996.

Sehenswert:
A. Engelbert/M. Ramershoven/A. Thiekötter: *Bauen im Licht. Der Glaspavillon des Bruno Taut*, CD-ROM, 1997.

 ## KURZWERTUNG

Bruno Taut hatte für die GEHAG, eine gemeinnützige Wohnungsbaugesellschaft in Berlin, Tausende von Wohnungen in Reihenhaussiedlungen zu bauen mit bescheidenem technischem Aufwand und ohne allzu große Gelegenheiten zu künstlerischer Entfaltung. Die Hufeisensiedlung ist nur eine davon. Weitere sind die Siedlung Schillerpark in Reinickendorf, die Freie Scholle in Waidmannslust, die Siedlung Eichkamp, Onkel-Toms-Hütte in Zehlendorf und die Friedrich-Ebert-Siedlung im Wedding – um nur die wichtigsten zu nennen.

Weißenhofsiedlung

Stuttgart (1925–1927), Gesamtplan und künstlerische Oberleitung
LUDWIG MIES VAN DER ROHE

»Denn die Ausschtellung ist wirklich mischtergiltig, und die Siedlung, wenn auch problematisch, eine groschtche Tat«, schrieb Kurt Schwitters 1927, nachdem er die Weißenhof-Siedlung in Stuttgart in Augenschein genommen hatte, in der Amsterdamer Zeitschrift *Internationale Revue*. Er war nicht etwa der deut-

> Am 30. März 1925 entschied sich in Berlin der Gesamtvorstand des Deutschen Werkbundes für Stuttgart als Standort der Ausstellung *Die Wohnung*. Auf dem Weißenhof, einem leicht abfallenden Gelände in nördlicher Hanglage der Stadt, sollten Häuser mit Inneneinrichtung nach neuen Wohnvorstellungen entstehen. Die Ausstellung, die am 23. 7. 1927 eröffnet wurde, führte dem staunenden Publikum drei Monate lang das Wohnen von morgen vor Augen.

schen Sprache plötzlich nicht mehr mächtig, sondern er versuchte, den landesüblichen Dialekt, der ihm dort entgegenschlug, nachzuahmen. Auch der russische Korrespondent Ilja Ehrenburg war ganz angetan: »Was die moderne Architektur anbelangt, so ist Stuttgart ein Amerika. Diese Stadt besitzt mehr wirklich zeitgemäße Häuser als Paris.« Was war geschehen? Ein kleines Wunder: Das Stuttgart der Weimarer Republik war die heimliche Hauptstadt des 1907 in München gegründeten Werkbundes. Die Stadtväter stellten für ein Ausstellungsprojekt über modernes Wohnen ein Grundstück auf dem Killesberg zur Verfügung. Unter der künstlerischen Leitung von Ludwig Mies van der Rohe, der damals stellvertretender Leiter des Werkbundes war, entstand hier eine Siedlung von insgesamt einundzwanzig Häusern, gebaut von sechzehn Architekten aus fünfzehn Ländern.

Sechzig Wohnungen zu Versuchszwecken sollten auf dem stadteigenen Gelände entstehen. Mies van der Rohe ersann einen Formenkatalog und gab die Gestaltungsvorschriften für das Projekt vor: Flachdach, Offenheit, variable Grundrisse, Türen –

■ Ludwig Mies van der Rohe (1886–1969), Altersbild.

WEISSENHOFSIEDLUNG

■ links Weißenhofsiedlung, Haus Max Taut, Bruckmannsweg 12, Entwurf Max Taut, Bauzeit 1925–1927.

■ rechts Weißenhofsiedlung, Haus Le Corbusier und Jeanneret, Rathenaustraße 1–3, Entwurf Le Corbusier und Pierre Jeanneret, Bauzeit 1927.

aber nicht, um sie zuzumachen. Auch hier hat Kurt Schwitters Bedenken: »Ich kann mir nicht denken, dass man durch diese Türen einfach gehen soll, sondern man schreitet hindurch. Große, edle Gestalten schreiten durch die Türen, voll des neuen Geistes. Hoffentlich wenigstens ... Es kann vorkommen, dass nachher die Einwohner nicht so reif und frei sind wie ihre eigenen Türen. Aber hoffen wir, dass das Haus sie adelt.« Man hat dann später auch hören müssen, dass es nicht so ganz geklappt hat, das schwäbische Kehrwochenritual von dieser Edelsiedlung fernzuhalten ...

Neben Mies van der Rohe beteiligte sich die damalige Crème de

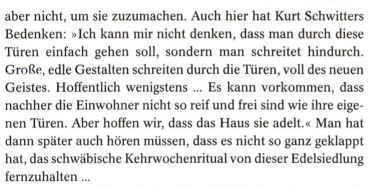

Selbst Paul Bonatz, der Erbauer des Stuttgarter Hauptbahnhofs und ein großer Kritiker der Siedlung sagte: »*Die gegliederten Kuben ergeben malerische Überschneidungen und die hellen Farbtöne ein freundliches Gesamtbild. In derartig zusammengestellten Kuben ist es schlechterdings nicht möglich, eine hässliche Gesamtwirkung zu erzielen (...). Wenn man sich vorstellt, dass ganz Stuttgart über Nacht in diesem Sinne umgestaltet wäre, anstelle verkrüppelter und hässlicher Dächer, (...) nur gegliederte Kuben in sauberen Farben, so wäre das ein phantastisch schönes Stadtbild.*«

■ *Weißenhofsiedlung*, Haus Scharoun, Hölzelweg 1, Entwurf Hans Scharoun, Bauzeit 1925–1927.

la crème der zeitgenössischen Architektur: Walter Gropius, Jacobus Johannes Pieter Oud und Mart Stam aus Rotterdam, Victor Bourgeois aus Brüssel, Josef Frank aus Wien, Hans Scharoun und Adolf Rading, damals Breslau, Peter Behrens, Hans Poelzig, Ludwig Hilbersheimer, die Brüder Bruno und Max Taut aus Berlin, der Schweizer Le Corbusier und schließlich die Stuttgarter Richard Döcker und Adolf Gustav Schneck.

Nach den Vorarbeiten blieben für die Ausführung knappe acht Monate. Vielfältig und modellhaft waren die Haustypen: Mehrgeschossig bauten Mies van der Rohe und Peter Behrens, flache Reihenhäuser Mart Stam und J.J.P. Oud, Doppelhäuser Le Corbusier und Josef Frank. Le Corbusier wollte an seinen Häusern tragende und nichttragende Bauweise demonstrieren und damit die Möglichkeiten der Grundrißgestaltung zeigen. Walter Gropius nutzte die Gelegenheit, vorgefertigte Elemente einzusetzen.

Nach Beendigung der Ausstellung am 31. Oktober zogen nicht etwa Arbeiterfamilien ein, für die die Siedlung eigentlich konzipiert war, sondern Akademikerfamilien. Die Siedlung auf dem Weißenhof entstand sechs Jahre vor der Austreibung der Moderne aus Deutschland. Die Stimmung im Lande begann schon zu kippen, und so lässt sich denken, dass es auch heftige Kritik gegen diese Stadt aus Würfeln gab: »Die Brutalität der hohen, völlig ungegliederten, klotzhaften, auf dünnen Eisenstielen stehenden Baumassen wirkt wie der Schrei eines an der Hässlichkeit der Welt verbitterten Künstlers, der aus einer im Grunde grausamen Zivilisation die verlogenen Polster herausreißt und den zivilisierten Stall baut für die Menschenbestie, wie sie ist oder wie er sie sieht«, schrieb der Architekt Gustav Langen in der *Deutschen Bauzeitung*. Aber damit noch nicht genug: »Gebrodel von Pfahlbaukunst, orientalische Dachlosigkeit, kunstfeindliche Bilderstürmerei, Talmi-Sozialismus« hieß es aus der braunen Ecke – und dass sich »der Deutsche, der seine Heimat liebt, sie nicht zum Versuchsfeld fanatischer Weltverbesserer« machen lassen dürfe. Auch aus Architektenkreisen kam heftige Kritik: »Italienische Bergnester«, schimpfte Paul Schmitt-

■ *Weißenhofsiedlung*, Haus Stam, Am Weißenhof 24–28, Entwurf Mart Stam, 1925–1927.

■ *Weißenhofsiedlung*, Haus Behrens, Hölzelweg 3–5, Entwurf Peter Behrens, Bauzeit 1925–1927.

■ *Weißenhofsiedlung*, Haus Mies van der Rohe, Am Weißenhof 14–20, Entwurf Ludwig Mies van der Rohe, Bauzeit 1925–1927.

henner, als »unsachlich, kunstgewerblich, dilettantisch, Vorstadt von Jerusalem« schmähte Paul Bonatz die Siedlung. Mies van der Rohe jedoch hatte die Vorstellung, diese Musteranlage könne eine ähnliche Bedeutung erlangen wie einst die Künstlerkolonie auf der Mathildenhöhe in Darmstadt.

Unter den nationalsozialistischen Machthabern war die Siedlung als »entartet« bedroht. 1939 verkaufte die Stadt das gesamte Areal für 1,3 Millionen Mark ans Deutsche Reich. Am 1. April 1939 mussten die Mieter ausziehen und teilweise militärischer oder behördlicher Nutzung Platz machen. Die Bombenangriffe 1944 taten ihr Übriges. Acht der einundzwanzig Gebäude fielen den Bomben zum Opfer, darunter eines von Max Taut. Einiges wurde in der Nachkriegszeit abgerissen. Erst 1958 wurde der Rest von elf Häusern unter Denkmalschutz gestellt. Es sollte noch weitere 25 Jahre dauern, bis es zur Instandsetzung und Restaurierung kam. Erst 1987, zum 60. Geburtstag der Siedlung, wurde die Sanierung abgeschlossen.

■ *Weißenhofsiedlung*, Haus Oud, Gartenseite, Pankokweg 1–9, Entwurf Jacobus Johannes Pieter Oud, Bauzeit 1925–1927.

HANS POELZIG, JACOBUS JOHANNES PIETER OUD, MART STAM UND MAX TAUT

 ## LEBEN UND WERK

Poelzig wird am 30. April 1869 in Berlin geboren. Er studiert 1889–1894 Architektur an der Technischen Universität Berlin-Charlottenburg. Ab 1900 lehrt er an der Kunstgewerbeschule in Breslau. Er plädiert für das Zusammenwirken der Handwerkszweige und bildenden Künste. Er selbst baut, malt und gestaltet Bühnenbilder. 1916–1920 ist Poelzig als Stadtbaurat in Dresden tätig. Ab 1920 führt er ein Meisteratelier an der Preußischen Akademie der Künste, von 1923–1936 ist er Professor an der Technischen Hochschule Charlottenburg. Er stirbt am 14. Juni 1936, bevor er einem Ruf in die Türkei folgen kann. Oud wird am 9. Februar 1890 im niederländischen Purmerend geboren. Er besucht eine Schule für angewandte Kunst, sammelt erste Erfahrungen in einem Architekturbüro und studiert 1908–1910 Kunstpädagogik. Mit dem Maler Theo van Doesburg gründet er 1917 die Zeitschrift De Stijl. Eine gleichnamige, stark vom Kubismus beeinflusste Künstlergruppe formiert sich. Mit van Doesburg verwirklicht Oud einige architektonische Experimente. Als Stadtbaumeister in Rotterdam realisiert Oud 1918–1933 verschiedene Siedlungen. Die Arbeiterwohnungen für die Weißenhofsiedlung in Stuttgart sind sein einziges Projekt im Ausland. 1933 eröffnet er ein Büro in Rotterdam; 1953 zieht er nach Wassenaar um. Oud stirbt am 5. April 1963. Mart Stam wird am 5. August 1899 in Purmerend geboren. 1919–1924 ist er bei Marinus Jan Granpré Molière (Rotterdam), Max Taut und Hans Poelzig tätig. Er wird zum Mitbegründer eines radikalen Funktionalismus. Mit El Lissitzky entwirft er 1924/25 das Wolkenbügelprojekt: horizontale Baukörper, die auf stützenartigen Gebäudeteilen ruhen. Sein Ruf brachte ihm die Einladung, sich an der Weißenhofsiedlung zu beteiligen. 1930–1934 hielt er sich Moskau auf. 1939–1953 leitete er diverse Schulen für Gestaltung. Von 1966 bis zu seinem Tod am 23. Februar 1986 in Goldach lebt Stam in völliger Anonymität in der Schweiz. Max Taut wird am 15. Mai 1884 im preußischen Königsberg geboren. Seine Ausbildung erhält er an der Baugewerbeschule in Königsberg. 1911 eröffnet er sein eigenes Büro; 1913 schließt er sich mit seinem Bruder Bruno (siehe Seite 73) und Franz Hoffmann zusammen. Vor dem Ersten Weltkrieg baut er vor allem Schulen. Er interessiert sich früh für Betonkonstruktionen und baut zwei Bürohäuser in Berlin: für den Allgemeinen Deutschen Gewerkschaftsbund (1922/23) und für den Verband der Deutschen Buchdrucker (1922–1925). Die Nationalsozialisten geben Taut keine öffentlichen Aufträge. 1945–1954 ist er Professor an der Hochschule für bildende Künste in Berlin und leistet wichtige Beiträge zum Wohnungsbau. Taut stirbt am 26. Februar 1967 in Berlin.

 ## DATEN

Weißenhofsiedlung:
Initiator: Deutscher Werkbund
Finanzierung: Stadt Stuttgart
Bauzeit: 1927
Besucher 1927: 500 000
Besonderheit: seit 1956 unter Denkmalschutz

Bekannteste Bauwerke:
Hans Poelzig:
Verwaltungsgebäude der IG Farben, 1928–31, Frankfurt/Main
Haus des Rundfunks, 1929–1931, Berlin
J. J. P. Oud:
Shell-Gebäude, 1938–1948, Den Haag
Nederlands Congresgebouw, 1956–1969, Den Haag
Mart Stam:
Fabriek Van Nelle, 1926–1930, Rotterdam
Bürohaus Geillustreerde Pers, 1957–1959, Amsterdam
Max Taut:
Reuter-Siedlung, 1948–52, Bonn
August-Thyssen-Siedlung, 1955–1964, Duisburg
Lesenswert:
Umberto Barbieri: J. J. P. Oud, Zürich 1989.
Julius Posener: Hans Poelzig, Braunschweig, Wiesbaden 1994.
Simone Rümmele: Mart Stam, Zürich, München 1991.
Max Taut: Bauten und Pläne, Berlin 1996.

 ## KURZWERTUNG

Eine ganze Siedlung aus neuen, ungewöhnlichen Häusern entstand am Hang über dem Talkessel Stuttgarts für die Ausstellung des Werkbunds Die Wohnung. Alle namhaften Architekten – die Klassiker der Moderne von heute – waren an diesem Projekt beteiligt.

Villa Savoye

Poissy (1928–1931), LE CORBUSIER

»Sein künstlerisches Genie kannte wenig disziplinäre Grenzen: Seine Schriften sind brillant, seine Bilder und Lithographien bemerkenswert, seine Skulpturen überdurchschnittlich, seine Zeichnungen virtuos, und seine Architektur gehört zum Bedeutendsten, was das 20. Jahrhundert hervorgebracht hat.« Die Rede ist von Le Corbusier. Vittorio Magnago Lampugnani, Architekturkritiker und hin und wieder selbst Baumeister, huldigt so dem großen Vorbild aus Anlass seines 100. Geburtstages 1987. Dieser Corbusier war nicht nur großartig, er muss auch größenwahnsinnig gewesen sein – wer sonst als er hätte gewagt, sich einen Plan für die Stadterneuerung von Paris einfallen zu lassen, der eine radikale Kahlschlagsanierung vorsah, und die Stadt mit achtzehn vierflügeligen Wolkenkratzern wieder aufbauen wollte? Doch zunächst gab es Kleineres, Bescheideneres und durchaus Innovatives von Charles-Edouard Jeanneret alias Le Corbusier.

In Poissy, zwanzig Kilometer westlich von Paris, ließ sich ein reicher Versicherungsdirektor von dem jungen Architekten eine Wochenendresidenz entwerfen. Der Bauherr erteilte Le Corbu-

■ Das vierte von Le Corbusiers »Weißen Häusern«, die Villa Savoye: freistehend, ohne Eingangsseite, nach allen Seiten offen.

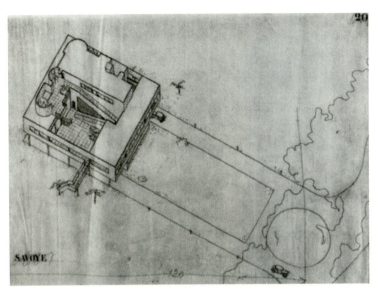

■ Axonometrie des Hauses: Durch die Parallelprojektion kann das Gebäude räumlich, aber auf einer Ebene dargestellt werden.

sier Carte blanche – er konnte freilich nicht ahnen, dass sein Architekt das vorgesehene Budget mit dieser vierten seiner sogenannten weißen Villen gleich um das Vierfache überschreiten würde. Le Corbusier entwarf ein luxuriöses Bauwerk mit allem erdenklichen Komfort, die Villa Savoye. Seine weiße, offene Villa des Lichts entstand von 1928 bis 1931. Später, als es sein Gesamtwerk zu beurteilen galt, waren viele Experten der Ansicht, dass seine Villen – allen voran die Villa Savoye – wohl seine größte Leistung waren. Programmatisches äußerte er schon 1920 über sein erstes eigenes Haus Citrohan: »Man muss gegen das Haus von früher handeln, das den Raum schlecht ausnutzte. Man muss das Haus wie eine Wohnmaschine auffassen oder wie einen Gebrauchsgegenstand.«

Die Villa Savoye wirkt wie die praktische Umsetzung eines Lehrbuchkapitels der modernen Architektur. Das Anwesen befindet sich inmitten einer hochgelegenen Wiese über dem Seine-Tal, von üppigen Laubwäldern umschlossen. »Das Haus wird

Mit humorvoller Kritik sieht Jacques Tati die moderne Architektur in seinem Film *Mon Oncle* (1958). Die eindeutig an Le Corbusier erinnernde Neubausiedlung entpuppt sich als Irrgarten tückischer Objekte; so karikiert der Film den Architekten als neurotischen Geschmacksdiktator.

auf dem Rasen stehen wie ein Gegenstand«, verkündete Le Corbusier. Das freistehende Gebäude hat keine Hauptfront, es öffnet sich nach allen vier Himmelsrichtungen. Das Wohngeschoss mit seinem Dachgarten ruht auf Säulen, unter denen die Autos durchfahren können. Sie werden bis zum genau berechneten Wendekreis zwischen Säulen und Eingangstür direkt unter der Beletage gefahren und anschließend in der integrierten Doppelgarage geparkt. Auf dieser Ebene befinden sich auch die Dienstbotenräume. Nicht etwa über eine Treppe, sondern über eine Rampe gelangt man ins obere Geschoss. Die Rampe ist ein Grundmotiv des Baus. Le Corbusier meinte, eine Treppe trenne die Etagen, während eine Rampe sie verbinde. Ein einziges Schiebefenster – ein sogenanntes Salonfenster, das sich Le Corbusier hatte patentieren lassen – umzieht wie ein Band alle vier Fassaden. Auf dem Dach hatte Le Corbusier ein natürliches Solarium eingerichtet, das man über eine zweite Rampe erreicht.

■ Innentreppe der Villa Savoye. Dort, wo Le Corbusier die offene Verbindung zweier Geschosse vermitteln wollte, zog er die Rampe vor.

Halbkreisförmige Windschutzwände lockern hier die strenge Geometrie des Hauses auf. Die Gesamtwirkung des Gebäudes ist die eines mächtigen, kantigen Raumschiffes in strahlendem Weiß. Die erste Etage lässt mit ihrer großzügigen Innenaufteilung den Bewohnern alle Freiheiten; durch ein lichtdurchflutetes Vestibül gelangt man in den Salon, von dem aus eine riesige Glasschiebetür auf eine Terrasse führt. Einbauschränke mit Metalltüren sind ein wesentliches innenarchitektonisches Merkmal und eine Folge von Le Corbusiers Obsession des leeren Raumes, er wollte das Mobiliar so weit wie möglich aus dem Wohnraum verbannen.

Heute gilt das Haus als ein Schlüsselwerk des »Neuen Bauens«. Le Corbusier kommentierte sein Werk wie folgt: »Das Einfache

> »André Malraux sagte in seiner Trauerrede bei der Totenfeier für Le Corbusier, niemand sei so lange und ausdauernd beleidigt worden wie er. Genauso hat sich Le Corbusier sein ganzes Leben lang gefühlt: als unverstandener Prophet einer besseren Wirklichkeit, als missachteter und verhinderter Vorkämpfer der Moderne, die früher oder später ohnehin anbrechen würde. (...) Er war der festen Überzeugung, das Zeug zum ›Supermenschen‹ zu haben«.
> Vittorio Magnago Lampugnani in *Die Zeit*, 1987

ist nicht einfach. Die Villa zeigt es: Sie verbindet größtmögliche Funktionalität mit dezenter Eleganz.« Hier experimentiert Le Corbusier bereits mit einer Abfolge von Innen- und Außenräumen, die sich sozusagen als »Promenade architecturale« erwandern lassen. Er verwirklicht so zwei der Grundprinzipien seines Bauens: die Rationalität der Wohnfunktion, die »machine à habiter«, sowie durch die Abfolge einer Sequenz von Bildern und Eindrücken eine »machine à émouvoir«. Die für Corbusier so charakteristische Konstruktion entsprach seinem Programm der »fünf Punkte der neuen Architektur«, das er erstmals mit der Villa Savoye vollständig umsetzte: Stützpfeilerkonstruktion, Dachgarten, freie Grundriss- und Fassadengestaltung sowie das typische Langfenster. Dank der Stahlbauweise konnte Le Corbusier auf tragende Wände verzichten und die Räume ohne große Rücksicht auf die Statik im Sinne einer

■ Le Corbusier (1887–1965), Porträtaufnahme um 1960.

■ Eine riesige Glastür führt auf die Terrasse hinaus, von der man über eine Rampe auf die Dachterrasse, das »natürliche Solarium«, gelangt.

Wohnlandschaft spielerisch anordnen. Er fasste dieses neue Gefühl in folgende Worte: »Niemand muss sich schämen, ein Haus ohne spitzen Giebel zu bewohnen, mit Wänden glatt wie Blech und Fenstern wie die einer Fabrik. Im Gegenteil, man kann stolz sein, ein Haus zu besitzen, das so schön ist wie die eigene Schreibmaschine.«

Im Lauf des Zweiten Weltkrieges wurde die Villa zum bevorzugten Quartier, bald für feindliche, bald für verbündete Truppeneinheiten.

Ende der 1950er Jahre war das Haus so heruntergekommen, dass der Abriss erwogen wurde. Man protestierte, vor allem das Ausland, es hagelte Berge von Telegrammen auf den Schreibtisch des damaligen Kulturministers André Malraux. 1965, noch zu Lebzeiten des Architekten, wurde die Villa Savoye, inzwischen in Staatsbesitz, unter Denkmalschutz gestellt und renoviert.

Erst seit 1986 sind die Restaurierungsarbeiten abgeschlossen, und das Haus ist wieder für Besucher geöffnet. Nun ist die Villa das, was sie eigentlich schon immer war: ein Museum des »Neuen Bauens«, so klar, schön und durchdacht, dass sie die Realnutzung beinahe überflüssig macht.

LE CORBUSIER

 ## LEBEN UND WERK

Am 6. Oktober 1887 wird Le Corbusier (siehe S. 135) als Charles-Edouard Jeanneret in La Chaux-de-Fonds in der Schweiz geboren. Der Vater ist Designer, die Mutter Musiklehrerin. 1900 beginnt er eine Lehre als Graveur-Ziseleur an der Ecole d'Art. Mit 18 Jahren baut er sein erstes Haus, das stark vom Jugendstil geprägt ist (Villa Fallet, 1905–1907). Das Architekturwissen eignet er sich autodidaktisch an. Er bereist ganz Europa und arbeitet 1908/09 im Atelier der Gebrüder Perret in Paris als Zeichner; dort wird er mit Stahlbetonkonstruktionen vertraut gemacht. 1910/11 schließt er sich für einige Monate Peter Behrens in Berlin an. 1911 reist er in den Orient. Nach der Rückkehr in die Schweiz unterrichtet er an der Ecole d'Art. Außerdem befasst er sich mit Architekturtheorien; er will ein Buch über Städtebau schreiben. *La construction des villes* erscheint postum. 1917 siedelt er endgültig nach Paris um, wo er Amédée Ozenfant kennenlernt. Der Künstler hat großen Einfluss auf ihn; Le Corbusier beginnt wieder zu malen. Die Malerei wird für ihn später zum Versuchsfeld architektonischer Lösungen. 1919 gründet er mit Ozenfant die Zeitschrift *L'Esprit Nouveau*, die sich mit ästhetischen und kulturellen Fragen auseinandersetzt. 1922 eröffnet er mit seinem Cousin Philip Jeanneret ein Architekturbüro. 1927 bauen die beiden zwei Wohnhäuser für die Weißenhofsiedlung, in denen das Fünfpunkteprogramm zeitgemäßer Architektur umgesetzt werden soll: Pfosten, Dachgärten, freier Grundriss, Langfenster und freie Fassadengestaltung. Le Corbusier interessiert sich aber nicht nur für das Bauwerk, sondern auch für die Objekte in dem Gebäude. Sein bekanntester Möbelentwurf ist wohl der Liegesessel von 1928. 1930 heiratet Le Corbusier Yvonne Gallis. Jeanneret verlässt das Büro 1940, um sich dem Widerstand anzuschließen. 1942–1948 entwickelt Le Corbusier »Modulor«, ein Proportionssystem, das sich an den Abmessungen des menschlichen Körpers orientiert. Nach dem Zweiten Weltkrieg wird er mit dem Bau der Unité d'habitation in Marseille beauftragt. Immer wieder entwirft er Stadterneuerungspläne, die wegen ihrer Radikalität nur zu einem Bruchteil realisiert werden. Den Auftrag zur Planung einer ganzen Stadt erhält er aus Indien; der Bundesstaat Punjab benötigt eine neue Hauptstadt. Mit dem Bau einer Wallfahrtskapelle erregt er Anfang der 1950er großes Aufsehen. Nach dem Tod seiner Frau 1957 entwirft er unter anderem ein Dominikanerkloster in Frankreich und ein Ausstellungsgebäude in Zürich. Le Corbusier ertrinkt am Vormittag des 27. August 1965 im Mittelmeer bei Cap Martin. Absichtlich, so heißt es, sei er der Sonne entgegen geschwommen.

 ## DATEN

Villa Savoye:
Bauzeit: 1928–1931
Baumaterial: Stahlbeton, Glas

Bekannteste Bauwerke:
Häuser in der Weißenhof-Siedlung, 1927, Stuttgart
Villa Savoye, 1928–1931, Poissy
Unité d'habitation, 1947–1952, Marseille
Wallfahrtskapelle Notre-Dame-du-Haut, 1950–1954, Ronchamp
Regierungsviertel von Chandigarh, 1952–1956, Punjab/Indien
Museum für Moderne Kunst, 1957, Tokio

Lesenswert:
Le Corbusier: *Der Modular. Darstellung eines in Architektur und Technik allgemein anwendbaren harmonischen Maßes im menschlichen Maßstab*, Stuttgart 1995.

George H. Marcus: *Le Corbusier. Im Inneren der Wohnmaschine*, München 2000.

Daniele Pauly: *Die Kapelle von Ronchamp*, Basel-Berlin 1997.

Sehenswert:
Die Schweizer 10-Franken-Note. Le Corbusiers Porträt ziert die Vorderseite.

Berühmtes Zitat:
»Die moderne dekorative Kunst hat kein Dekor.«

 ## KURZWERTUNG

Eine weiße Skulptur auf Stelzen auf der grünen Wiese, zu erwandern über Rampen: Auf diesem architektonischen Spaziergang eröffnen sich von Raum zu Raum neue Perspektiven.

Haus Tugendhat

Brünn (1928–1930), LUDWIG MIES VAN DER ROHE

■ unten Im Wohnbereich im Haus Tugendhat: Beistelltische aus Glas und Chromstahl; vor dem Fenster die Stufen zur Terrasse.
■ ganz unten Der Eingangsbereich des Haus Tugendhat, ein Flachdachbau, dessen Fassadengestaltung frei von tragenden Funktionen ist.

»Herr Tugendhat kam zu mir, er erhielt dieses Haus als Hochzeitsgeschenk. Er war ein sehr vorsichtiger Mann ... Er suchte einen Architekten ... und unterhielt sich mit mir. Ich ging hin und sah mir die Situation an. Ich entwarf das Haus. Ich erinnere mich, dass er den Entwurf am Heiligen Abend sah. Er fiel fast um! Aber seine Frau interessierte sich für Kunst; .... Sie sagte: ›Lass' es uns überdenken.‹ Tugendhat hätte sie am liebsten hinausgeschmissen. Aber am Silvesterabend kam er zu mir und sagte, er hätte es sich überlegt, und ich sollte mit dem Haus weitermachen.« So fing die Geschichte des Hauses Tugendhat, eines der schönsten der Baugeschichte des 20. Jahrhunderts, an. Ludwig Mies van der Rohe hat sie erst wesentlich später erzählt. Mies van der Rohe, wie auch Gropius und Le Corbusier ein Schüler von Peter Behrens, bekannte sich schon 1924 zu radikalen Formen des neuen Bauens: »Hoffnungslos ist der Versuch, die Formen der Vergangenheit in unserer Architektur zu verwenden. Auch die stärkste künstlerische Begabung muss daran scheitern.« Von 1928–1930 arbeitete Mies van der Rohe an der Villa für den jüdischen Textilfabrikanten. Es war sein letztes privates Bauprojekt in Europa.

Das Gebäude hat durch seine unsichtbare Stahlkonstruktion eine große Leichtigkeit und Helligkeit und war damit ein krasses Gegenstück zum damals noch üblichen bürgerlich-schweren Stil. Das in seiner radikalen Modernität hervorstechende Haus muss 1930 bei seiner Fertigstellung wie ein unerhörter Fremdkörper gewirkt haben. Geld spielte keine Rolle bei den Tugendhats, und so hatte der junge Architekt völlig freie Hand. Es entstand ein Haus mit 2000 Quadratmetern Fläche zu einem Preis, für den man dreißig Einfamilienhäuser hätte bauen können. Alle wesentlichen Charakteristika moderner Architektur sind im Haus Tugendhat bereits verwirklicht: ein auf Stützen stehender Bau mit Flachdach, freiem Grundriss und einer von den tragenden Funktionen unabhängigen Fassadengestaltung.

HAUS TUGENDHAT

Von der Straße her sieht man nur einen flachen, hell verputzten Quader. Eine gerundete Milchglaswand markiert den Eingangsbereich.

Das Obergeschoss auf Straßenniveau weist noch einen recht konventionellen Grundriss mit Schlafzimmern, Bädern und weiteren Wohnräumen auf. Das Haus liegt an einem Hang. Durch eine breite Wendeltreppe gelangt man ins Erdgeschoss, und hier erwartet einen das Wunder dieses Baus – der große »Allraum«: Er ist 24 Meter lang, 15 Meter breit, hat keine Türen und keine Wände. Die Süd- und Ostfassade sind voll verglast. Die Fensterfront zum Garten war ursprünglich absenkbar und gab den Blick auf die Altstadt Brünns frei. Wie im Deutschen Pavillon für die Weltausstellung in Barcelona 1929 hatte Mies van der Rohe eine sündhaft teure, massive Onyxwand als mondänen, geschwungenen Raumteiler zwischen Wohn- und Bibliotheksbereich in das Wohnzimmer gestellt. Eine andere Trennwand aus massivem Makassar-Ebenholz markierte den Essbereich.

Mies van der Rohe war nicht nur Baumeister, sondern auch einer der besten Designer seiner Epoche. Selbstverständlich überließ er auch die Innenausstattung des Hauses nicht dem Zufall. Vermutlich gemeinsam mit der Innenarchitektin Lilly Reich vollendete er das Gesamtkunstwerk: Nicht nur die Möbel, sondern selbst das Konzept für die Gartenbepflanzung stammt von ihm. Das Haus wurde zum Auslöser einer öffentlichen Kontroverse, in der der neue Baustil als solcher auf den Prüfstand kam: Der Architekturkritiker Justus Bier publizierte in der Zeitschrift

■ Die Wohnräume des Hauses Tugendhat befinden sich im Untergeschoss.

■ Ludwig Mies van der Rohe (1886–1969), Porträtaufnahme von 1951.

■ Ess- und Wohnbereich im Haus Tugendhat. Auch an der Inneneinrichtung war Mies van der Rohe beteiligt.

»Es ist wie der Parthenon. Photos sagen gar nichts über dieses Gebäude«, schrieb der junge Amerikaner Philip Johnson, nachdem er während einer Europareise 1930 das Haus Tugendhat in Brünn besichtigt hatte. Für ihn, der später selbst ein berühmter Architekt werden sollte, war diese Privatvilla von Mies van der Rohe »ohne Frage das schönste Haus der Welt«.

Die Form einen Artikel über das Haus und stellte die bange Frage: »Kann man in diesem Haus wohnen?« Man konnte – die Tugenhats liebten es, wiewohl sie sich manchmal gefühlt haben müssen wie Museumsinsassen. Grete und Fritz Tugendhat konnten ihr Haus nur kurz genießen. Von 1930–1938 lebten sie hier, dann mussten sie vor den Nationalsozialisten fliehen. Bald okkupierten die deutschen Besatzer das Anwesen – Ironie der Geschichte: Die Gestapo-Zentrale zog in das, was als Inbegriff der Dekadenz galt. Es blieb nicht bei diesem einen Albtraum allein. Noch viele Katastrophen waren durchzustehen: Bomben im Garten, Rote Armee und Pferde im Haus. Rettung nahte spät: Seit 1963 steht das Haus unter Denkmalschutz. Unsachgemäßen Restaurierungsarbeiten davor fielen jedoch die originalen Bäder, Fliesen und sogar ein noch erhaltenes versenkbares Fenster zum Opfer. Heute ist das restaurierte Anwesen in der Brünner Schwarzfeldgasse in Tschechien ein Museum und eines der berühmtesten Häuser der Klassischen Moderne.

Mies van der Rohe selbst hätte wohl die Instandsetzungsbemühungen um das Haus Tugendhat skeptisch verfolgt: Die Vorstellung eines seiner Gebäude als Kulturdenkmal war ihm zuwider. In einem Brief vom 2. Oktober 1968, ein knappes Jahr vor seinem Tod schrieb er: »Ich bin nicht daran interessiert, meine zerstörten Arbeiten wieder aufzubauen, ganz gleich, ob es sich um den Barcelona-Pavillon oder das Tugendhat-Haus … handelt.«

LUDWIG MIES VAN DER ROHE

 ## LEBEN UND WERK

Geboren wird er am 27. März 1886 in Aachen als Ludwig Maria Michael Mies. Van der Rohe, den Mädchennamen seiner Mutter, nimmt er dazu, als er sich als Architekt etabliert hat. Mit vierzehn beginnt er im Betrieb des Vaters eine Lehre als Maurer und Steinmetz. Von 1901–1905 ist er als Stuck- und Ornamentzeichner tätig. 1906/07 arbeitet er in verschiedenen Berliner Architekturbüros. Nebenbei studiert er an der Kunstgewerbeschule. 1908–1912 ist er bei Peter Behrens angestellt, von dem er entscheidende Impulse für sein späteres Schaffen bekommt. 1913 macht Mies van der Rohe sich in Berlin selbstständig. 1914 heiratet er Ada Bruhns. Aus der Ehe gehen drei Töchter hervor; eine, Georgia van der Rohe, wird später Filmregisseurin und dreht einen Film über ihren Vater. Von 1914–1918 ist er Soldat. 1919 eröffnet er sein Berliner Büro wieder. Neben eher traditionellen Wohnhausbauten glänzt er mit revolutionären Entwürfen für Hochhäuser, bei denen bereits eine voll verglaste Fassade vorgesehen ist. 1924 ist er Mitbegründer der Architektengruppe »Der Ring«, die sich für die avantgardistische Architektur der Moderne einsetzt. 1925 trennt er sich von seiner Frau; sie stirbt 1951. Mies van der Rohe übernimmt 1926 die Leitung der Werkbundausstellung *Die Wohnung* (Weißenhofsiedlung) in Stuttgart; die Ausstellung wird zum Triumph der neuen Architektur. Ab 1927 arbeitet er mit der Innenarchitektin Lilly Reich zusammen; gemeinsam schaffen sie das Konzept für den deutschen Pavillon der Weltausstellung in Barcelona. 1930 übernimmt Mies van der Rohe die Leitung des Bauhauses, das 1932 unter dem Druck rechtsradikaler Fraktionen im Dessauer Rathaus geschlossen wird. Er führt es noch ein Jahr als Privatschule in Berlin weiter; dann löst sich das Bauhaus aus Protest gegen die Nationalsozialisten auf. Wie viele Bauhausarchitekten emigriert auch Mies van der Rohe in die USA. 1938–1958 unterrichtet er Architektur am Armour Institute und dem Nachfolger, dem Illinois Institute of Technology. Daneben führt er ein eigenes Büro in Chicago. In vielen Bauten verwirklicht er sein Ideal des offenen Grundrisses, der Flexibilität erlaubt – ohne störende tragende Wände. Aufsehen erregen auch seine Hochhäuser in Skelettbauweise: Die Lake Shore Drive Appartments (1948–1951) und das Seagram Building (1954–1958, mit Johnson). Ein perfektes Beispiel für Mies' lichtdurchflutete Pavillons ist die Neue Nationalgalerie in Berlin (1962–1968). Mies van der Rohe, der in seinem letzten Lebensabschnitt nie vor zwei Uhr nachmittags zu arbeiten beginnt – und auch das erst nach zwei trockenen Martinis und einem leichten Mittagessen –, stirbt am 17. August 1969 in Chicago.

 ## DATEN

Haus Tugendhat:
Bauherr: Fritz & Grete Tugendhat
Bauzeit: 1928–1930
Straßenseite: eingeschossig, geschlossen. Gartenseite: zweigeschossig, verglast
Baumaterialien: Stahl, Glas, Onyx, Marmor, Mahagoni

Bekannteste Bauwerke:
Deutscher Pavillon auf der Weltausstellung, 1928–29, Barcelona
Farnsworth House, 1945–1950, Plano
Lake Shore Drive Apartments, 1948–1951, Chicago
Crown Hall des Illinois Institute of Technology, 1950–1956, Chicago
Seagram Building, 1954–1958, NY
Neue Nationalgalerie, 1962–1967, Berlin

Lesenswert:
Daniela Hammer-Tugendhat, Wolf Tegethoff (Hg.): *Ludwig Mies van der Rohe. Das Haus Tugendhat*, Wien 1998.
Franz Schulze: *Mies van der Rohe. Leben und Werk*, Berlin 1986.

Sehenswert:
Georgia van der Rohe: *Mies van der Rohe*. Film, 1979.

Kurioses:
Mies van der Rohes Credo »Weniger ist mehr« kommentierte Frank Lloyd Wright: »Aber nur, wenn weniger genug ist.«

 ## KURZWERTUNG

Mies van der Rohe baute dieses Wohnhaus für den Industriellen Tugendhat aus Breslau. Ein Haus wie ein Museum – immer wurden die Bewohner gefragt, ob man in so einer sterilen Umgebung wohnen könne? Ihr Kommentar lautete stets: Und ob man kann!

Chrysler Building

New York (1928–1930), WILLIAM VAN ALEN

■ Mit seinen 319 Metern Höhe war es höher als der Eiffel-Turm. Nur für einige Zeit das höchste Gebäude von New York, hat das Chrysler Building aber bis heute nichts von seiner majestätischen Ausstrahlung verloren.

Der Automobilbaron Walter Percy Chrysler erteilte dem Architekten William van Alen Ende der 1920er Jahre einen nicht ganz unbescheidenen Auftrag: Er sollte ihm das höchste Gebäude der Welt bauen. Chrysler: »Ich kam zu dem Schluss, dass meine Jungen etwas brauchten, wofür sie verantwortlich waren. Sie waren in New York aufgewachsen und würden vielleicht dort leben wollen. Sie wollten eine Arbeit, und daraus erwuchs die Idee, ein Gebäude zu bauen. Etwas, das ich in Paris gesehen hatte, fiel mir wieder ein. Ich sagte zu den Architekten: ›Machen Sie den Bau höher als den Eiffel-Turm.‹« Es sollte Chryslers Beitrag zum damaligen Wettlauf um das höchste Gebäude der Welt werden. Kurzfristig gelang es ihm, diesen Triumph zu erringen, wenn auch nur für einige Monate, bis das Empire State Building fertig war. Für viele ist das Chrysler Building trotzdem die Krönung der Wolkenkratzerarchitektur geblieben.

William van Alen befand sich im Wettstreit mit seinem ehemaligen Partner H. Craig Severence, der gleichzeitig mit dem Bau der Bank of Manhattan in der Wall Street Nr. 40 befasst war. Sie sollte 282 Meter hoch werden und hätte das Chrysler Building um einundsechzig Zentimeter übertroffen. Van Alen ließ die teleskopförmige Turmspitze im Feuerschacht des Gebäudes zusammenbauen und transportierte das ganze 27 Tonnen schwere

> Das Chrysler Building an der Ecke 42. Straße und Lexington Avenue gilt auch heute noch als eine der feinsten Firmenadressen New Yorks. Als sein Vorbesitzer Ende der 1990er Jahre starb, fanden sich gleich zwanzig neue Kaufinteressenten. Die begehrte Immobilie sollte immerhin die stattliche Summe von 200 Millionen US-Dollar kosten, wobei der neue Besitzer noch weitere 100 Millionen für Renovierungsarbeiten aufwenden musste. Es wurde schließlich versteigert.

■ *oben* Der untere Teil des Chrysler Building, der rechteckige Sockel, besteht aus zwanzig Stockwerken; die aufgesetzte Spitze am oberen Ende scheint den Himmel zu berühren.

■ *links* Der mittlere, rechteckige Teil des Chrysler Building misst 168 Meter, dann verjüngt sich seine Form zu dem von der Turmspitze gekrönten Helm aus Edelstahl.

Teil dann in einem Stück an seinen Bestimmungsort. Aus der Tiefe des Chrysler Building schob sich die Spitze herauf und erhöhte es auf 319 Meter. Nach nur eineinhalb Stunden Montagezeit konnten die New Yorker die Sensation bestaunen: Das höchste Gebäude der Welt ... wo doch eben erst die Bank of Manhattan dieses Privileg zwei Wochen lang innegehabt hatte. Van Alen hatte nicht nur seinen Gegner geschlagen, sondern auch den Eiffel-Turm überboten.

Die US-Amerikaner waren stolz auf ihre wachsende Zahl von rekordbrechenden Gebäuden. Das ebenfalls 1928 begonnene

■ Vom Art déco beeinflusst: die strahlenförmig gefächerten und stufenartig angeordneten Dreiecksfenster unter der Helmspitze. Darunter, auf Höhe des vierzigsten Geschosses, lauern vier gigantische Adler.

und 381 Meter hohe Empire State Building von Shreve, Lamb & Harmon, das 1931 fertiggestellt wurde, blieb das höchste Gebäude der Welt bis 1977 – länger als jeder andere Wolkenkratzer. Bedingt durch die Weltwirtschaftskrise und den Zweiten Weltkrieg gab es im Wolkenkratzerbau eine zwanzigjährige Pause.

Das äußere Erscheinungsbild des Chrysler Building ist ein Ausdruck der verrückten, wilden 1920er Jahre. Hochhäuser waren

An der Spitze unter der Turmnadel war ursprünglich ein Glaskasten mit Walter Chryslers ersten Werkzeugen eingebaut, der angeblich an dem Tag vermauert wurde, als das Empire State Building über die Höhe des Chrysler Building hinauswuchs.

■ William van Alen (1903–1963), Bronzetafel von Joseph P. Pollia.

die Statussymbole ihrer Bauherren, und für Chrysler war es ein Prestigebau für seinen Automobilkonzern. Eine Broschüre der Firma Chrysler aus dem Jahr 1930 hebt hervor, dass das Gebäude »allen Ansprüchen an Nutzbarkeit, Sanitäreinrichtungen, Komfort und selbst an Einfallsreichtum genügt, die der menschliche Geist ersinnen kann und die für Geld zu haben sind«.
William van Alen hatte eine Ausbildung an der Ecole des Beaux Arts in Paris absolviert und brachte von dort seine Ideen für die typische Art-déco-Gestaltung des Chrysler Building mit. Die New Yorker Hochhaus-Architektur am Übergang der 1920er zu den 1930er Jahren war vom Art déco beeinflusst, der sich durch seine ornamentalen, dekorativen Formen vom funktionalen Stil, wie er zu dieser Zeit in Europa vorherrschend war, deutlich absetzte.
Das Chrysler Building weist als eines der ersten Hochhäuser rostfreien Stahl bei der Außenverkleidung auf. Seine berühmte Helmspitze mit den auf gestuften Halbkreisen angeordneten, strahlenförmig gefächerten Dreiecksfenstern ist ein typisches Art-déco-Element. Der Bau kommt mit seiner Verbindung von technischem Gigantismus und spielerischen Stilelementen, vor allem aber mit seinen Anklängen an Kino- und Tanzpaläste dem Zeitgeschmack entgegen. Das Gebäude verklärt die Geschäftswelt und war Symbol für die hitzige Atmosphäre des Kapitalismus vor der Weltwirtschaftskrise. Der rechteckige Sockel umfasst zwanzig Geschosse. Der mittlere Abschnitt darüber ist weitere 168 Meter hoch und verjüngt sich zu einem Helm aus Edelstahl, der in die Turmspitze ausläuft. An den Ecken des vierzigsten Geschosses, an der Basis der Kuppel, stoßen vier gigantische Adler wie Wasserspeier in den Himmel. Das Vorbild dafür lieferten die Kühlerfiguren des Chrysler Plymouth von 1929. Ein Fries ab-

■ Nachbarn in Manhattan: das *Chrysler Building* und das *Chenin Building*.

■ Der Eingangsbereich: durchkomponierte Formen, glitzerndes Chrom, ungewöhnliche Lichteffekte.

■ Jede der Aufzugstüren im Innern ist mit unterschiedlichen Kirschholzintarsien verziert.

strahierter Autoräder mit riesigen silbrigen Bolzen als Radkappen umzieht das gesamte Gebäude. Das Firmenzeichen von Chrysler kehrt in der Backsteinverkleidung auf verschiedenen Ebenen wieder.

Die Fassade des Stahlskelettbaus ist mit dunkelgrauen Ziegeln gemustert, die sich gegen die silbrigen Flächen abheben. In der Mitte der Fassaden sind die Fenster so angeordnet, dass sie die Vertikaliät in der gesamten Höhe des Schaftes betonen. Das Chrysler Building zählte zweifellos zu den elegantesten Wolkenkratzern jener Zeit. Die Botschaft des Gebäudes war eindeutig: Es zelebrierte den durch Eigeninitiative erreichbaren Aufstieg im US-amerikanischen Wirtschaftssystem – eine typische Kathedrale des Kapitalismus.

Das Innere des Gebäudes ist genauso spektakulär wie sein Äußeres: Der dreieckige Eingangsbereich, früher ein Showroom für die Chrysler-Automobile, ist mit Marmor und Granit aus aller Welt ausgeschmückt – eine Märchenwelt mit Lichteffekten und spiegelndem Metall, die vage an eine Filmkulisse aus Hollywood erinnert. Alle Aufzüge haben unterschiedliche Kirschholzintarsien mit ornamentalen Motiven. Vier dieser Aufzüge erschließen 65 der insgesamt 77 Etagen dieser vertikalen Bürostadt. Der Architekt selbst quartierte sich mit seinem Büro im 65. Stockwerk ein.

Paul Goldberger schreibt 1979 in seinem Artikel *The City Observed*: »Die Besonderheit des Chrysler Buildings rührt daher, dass es romantisch und irrational ist, ohne dabei so albern zu werden, dass es lächerlich wirkt; es bremst sich zur rechten Zeit und behält dafür bei aller Phantastik einen Hauch von Glaubwürdigkeit – ganz wie New York selbst.« 1995 wurde die Turmspitze für 1,5 Millionen Dollar gereinigt und strahlt nun wieder wie in ihren Anfangszeiten. Wenn sie in der Abendsonne glitzert, schauen selbst alte New Yorker noch hoch und erfreuen sich des Anblicks.

WILLIAM VAN ALEN

 ## LEBEN UND WERK

Van Alen wird am 10. August 1882 in Brooklyn geboren. Nach seinem Schulabschluss besucht er die School of Architecture am Pratt Institute in Brooklyn. Während seiner Ausbildung arbeitet er bereits im Architekturbüro von Clarence True. Anschließend ist er bei verschiedenen New Yorker Firmen tätig. Zu van Alens Zeit, dem sogenannten Goldenen Zeitalter New Yorks (1880–1920), sind nicht nur Privatresidenzen, sondern auch öffentliche Gebäude sehr stark vom französischen Beaux-Art-Stil geprägt. 1908 erhält van Alen ein Lloyd-Warren-Stipendium, das ihm die Reise nach Europa ermöglicht. (Das Stipendium wird von der Society of Beaux Arts vergeben, die sich später Beaux-Arts-Institute of Design nennt. Der Modernismus in der Architektur führt 1956 zur erneuten Umbenennung in National Institute of Architectural Education. Heute heißt es Van Alen Institute. Das Lloyd-Warren-Stipendium wird immer noch vergeben; hinzugekommen ist das mit bis zu 6000 US-Dollar dotierte Van-Alen-Stipendium.) Van Alen geht nach Paris und studiert bei Victor Laloux an der Ecole des Beaux Arts. 1911 kehrt er nach New York zurück. Gemeinsam mit H. Craig Severance eröffnet er ein Büro. Die beiden Architekten arbeiten hauptsächlich für Firmen und werden durch ihre Hochhäuser bekannt. Um 1925 lösen Severance und van Alen die Bürogemeinschaft auf. Sie trennen sich im Streit. Walter P. Chrysler beauftragt van Alen Ende der 1920er Jahre, ihm ein Gebäude zu bauen, das den Himmel nicht nur »ankratzt«, sondern ihn »durchsticht«. 1930 ist das Gebäude fertig. Für kurze Zeit ist es das höchste Haus der Welt. Zwischen van Alen und Chrysler gibt es nach der Fertigstellung Unstimmigkeiten. Chrysler nutzt seine Macht, um der Karriere seines Architekten zu schaden. Van Alen stirbt am 24. Mai 1954 in New York. Mit Ausnahme des *Chrysler Building* sind kaum noch architektonische Spuren von ihm zu finden.

 ## DATEN

Chrysler Building:
Bauherr: Walter P. Chrysler
Bauzeit: 1928–1930
Höhe: 319 m
Anzahl Stockwerke: 77
Gewicht der Turmspitze: 27 t
Baumaterialien: Stahl, Stein und rostfreier Stahl

Bekanntestes Bauwerk:
Chrysler Building, 1928–1930, New York

Lesenswert:
Natalie Shivers: *Chrysler Building*, Princeton 1999.

Johann N. Schmidt: *William van Alen: Das Chrysler Building. Die Inszenierung eines Wolkenkratzers*, Frankfurt 1995.

Sehenswert:
Offizielle Website des Van Alen Institute:
http://www.vanalen.org

 ## KURZWERTUNG

»Die Schönheitskönigin der Skyline von Manhattan« wird dieser Wolkenkratzer genannt. Noch heute ist das Gebäude eines der ungewöhnlichsten und beeindruckendsten Exemplare dieses Bautyps – Art Déco in Reinform.

U-Bahn Moskau

Moskau (1931–1935), ALEXANDER DUSCHKIN u. a.

Im Jahre 1935 rollten die ersten Züge durch Moskaus Untergrund. Heute transportiert die Metro täglich neun Millionen Menschen in 9287 Zügen. Rein rechnerisch fährt also jeder Einwohner der Stadt einmal pro Tag mit der U-Bahn.

Am 15. Juni 1931 beschloss das Zentralkomitee der KPdSU den Bau der Untergrundbahn. Das Projekt war ein Bestandteil der Gesamtsanierung Moskaus. Die besten Architekten wurden mobilisiert, um – wie Brecht sagte – die Moskauer U-Bahn »nach den vollkommensten Mustern« zu errichten. Akademisch geschulte Baumeister suchten in alten Architekturalben die schönsten Details aus: antike Kapitelle, gotische Kreuzgänge, Renaissancegewölbe oder ägyptische Kolonnaden. 80 000 Arbeiter – Freiwillige, Soldaten und Zwangsarbeiter – wurden auf die Großbaustelle abkommandiert. Das Zukunftsprojekt forderte seinen Tribut: Hunderte von Menschen sollen bei den Bauarbeiten ums Leben gekommen sein. »Stalin hat für diesen überflüssigen Prunk das Volk ausgebeutet und geknechtet«, ereifert sich ein junger Stadrat. Etliche Baudenkmäler, unter anderem die größte Kirche Moskaus, fielen den Sprengungen zum Opfer, Dutzende Häuser über den Tunnels stürzten ein. Auch heute noch senken sich Fundamente, und es zeigen sich Risse in den Wänden. Prominentestes Beispiel: Die Lenin-Bibliothek musste einige Gebäudeteile schließen.

Fragt man heute Moskauer Schüler, wer Lenin war, bekommt man nicht selten zur Antwort: »Der Gründer der Moskauer Metro.« Tatsächlich trägt die Untergrundbahn seinen Namen, obwohl sie erst unter Stalin realisiert wurde. Die Bauzeit der Metro betrug nur vier Jahre: Am 15. Mai 1935 wurde der Betrieb auf der damals gerade mal 11,6 Kilometer langen Strecke zwischen Sokolniki-Kulturpark, Smolensker Platz und Gorki-Park aufgenommen. Damals wurden circa 177 000 Passagiere pro Tag befördert. In-

■ Kronleuchter und Stuckdecken: Die U-Bahnstationen der Moskauer Metro sind gestaltet wie Paläste.

zwischen ist das Streckennetz auf 262 Kilometer und 150 Stationen angewachsen. 30 000 Mitarbeiter sorgen für den reibungslosen Ablauf des Zugverkehrs.

Das bis zu 100 Metern unter der Erde liegende, weitverzweigte Tunnelsystem diente im Zweiten Weltkrieg bei Bombenangriffen teilweise als Zuflucht. Hier fühlten sich die Moskauer sicherer als in den Schutzbunkern. Zeitweise lebten Zehntausende hier unter Tage. Über zweihundert Babys sollen während der Kriegstage in den U-Bahn-Anlagen zur Welt gekommen sein.

Berühmt wurde die Moskauer Metro durch ihre prunkvoll gestalteten Bahnhöfe: Sie waren eher Paläste, Kathedralen und Tempel. Stationsnamen aus verschnörkelten Metallbuchstaben, Kronleuchter, rotgeäderter Marmor, Labradorstein, Kassetten-

■ Normaler Anblick: Eine Rolltreppe, die auf einen Bahnsteig führt. Doch hier unterstreicht sie den Eklektizismus der Stile – als würde man auf einer Rolltreppe in einen Schloss-Saal fahren.

■ Elemente der historisierenden Gestaltung: Bunte Glasfenster erinnern an Fenster einer Kathedrale.

■ Zwei der achtzehn Wandmosaiken aus der Station Kiewskaja. Beide stellen patriotische Szenen mit proletarischen Helden dar.

decken, Stuckdecken, Bilder, Mosaiken, Jugendstilornamente aus buntem Glas gehören zum Zierrat dieser historisierenden Stationen. Vierundvierzig architektonisch wertvolle Bahnhöfe, bekannt als Stalins »Paläste des Volkes«, gibt es heute noch. Zu den berühmtesten unterirdischen Bahnhöfen zählen die Belorusskaja oder die einer russisch-orthodoxen Kirche nachempfundene Station Komsomolskaja, gestaltet von Alexej Wiktorowitsch Schtschussew, dem Schöpfer des Lenin-Mausoleums. Sie droht unter der Last des pseudobarocken Zierrats zusammenzubrechen. Der Maler Pawel Korin entwarf für die Decke eine sozialistische Ikone: den *Großen Heerführer Generalissimus Stalin*. Sie wurde freilich nach dessen Tod unter Chruschtschow entfernt. Der Bahnhof Kiewskaja ist ähnlich eklektizistisch überladen. Das Thema, das hier künstlerisch gestaltet wurde, ist die »unverbrüchliche Freundschaft zwischen dem ukrainischen und dem russischen Volk«, dargestellt in achtzehn Wandmosaiken. Der Bildhauer Maniser erhielt 1938 den Auftrag, die Station Platz der Revolution auszugestalten. Er schuf achtzig proletarische Heldenfiguren. Nur eine einzige Station bildete eine Ausnahme, die Majakowskaja. Die strenge Innendekoration und die Pfeiler aus rostfreiem Stahl wurden nur toleriert, weil die Station die Überlegenheit sowjetischer Technik repräsentieren sollte. Sie hatte die Eroberung des Luftraums darzustellen. Ihr Architekt, Alexander Duschkin, erhielt für diesen Entwurf auf der Weltausstellung 1939 in New York eine Auszeichnung. Er schuf drei der interessantesten Bahnhöfe: Platz der Revolution, Majakowskaja und Nowoslobodskaja. Prunk zu Propagandazwecken, sozialistischer Realismus, Polit-Ikonen, Frontkämpfer, Sportler, martialische Partisanen und glückstrahlende Proletarier – das war das ikonographische Ausstattungsprogramm der Moskauer Metro. Bertolt Brecht reiste eigens an, um der Eröffnung beizuwohnen. Auch er ließ sich von der Schönheit der unterirdischen Paläste beeindrucken, glorifizierte das Bauwerk und trieb – aus heutiger Sicht – heftige Sozialismusverklärung: »Es waren da Tausende, die herumgingen / die riesigen Hallen besichtigend, und in den Zügen / fuhren große Massen vorbei, die Gesichter strahlend wie im Theater ... Immerfort / wiesen Männer und Frauen auf Stellen, wo sie gearbeitet hatten ... Und keine andere Bahn der Welt / hatte je so viele Besitzer. / Denn es sah der wunderbare Bau, / was keiner seiner Vorgänger in vielen Städten und Zeiten / jemals gesehen hatte: / als Bauherren die Bauleute.« Die Metro wurde bis zu Stalins Tod 1953 Jahr für Jahr immer prunkvoller ausgestattet, es war ein Stalinsches Gesamtkunstwerk.

> Während des Kalten Krieges entstand ein bis heute weitgehend geheim gehaltenes zweites U-Bahn-Projekt: eine in 80 Metern Tiefe gelegene Privat-Metro für die Parteifunktionäre, die Kreml und Verteidigungsministerium verbindet und den Politikern ermöglichen sollte, die Stadt bei einem Atombombenangriff unterirdisch zu verlassen. Angeblich verfügt die »geheime« Metro über ein Streckennetz von 330 Kilometern und schallgedämpfte Züge. Ein Heer von 8500 Angestellten ist zum Stillschweigen verpflichtet – sicherlich die größte Meisterleistung.

Heute hat der Einzug des Kapitalismus auch vor der Metro nicht Halt gemacht. In den neuen Bahnhöfen ist schon westliches Lebensgefühl in Gestalt von Werbetafeln eingezogen. Die neueste, zeitgemäße Attraktion hat die Station WDNCh zu bieten: Hier auf dem Gelände der ehemaligen Allunionsausstellung ist ein gigantisches Einkaufszentrum entstanden. Es gibt buchstäblich alles, was das Herz begehrt – aber in der Regel der Geldbeutel nicht bezahlen kann.

Vorbei sind die Zeiten von Prunk und Glanz, davon zeugen nicht nur die Bettler, die überall an den Stationen ihre letzten Habseligkeiten verkaufen, sondern auch die Metro selbst liegt buchstäblich in den letzten Zügen

■ Die Station Majakowskaja: eine der vierundvierzig architektonisch wertvollen U-Bahnstationen, die im Vergleich zu den meisten anderen schlicht gestaltet ist.

> Es gibt sogar ein Metro-Museum: Es liegt im zweiten Stockwerk über der Erde in der Station Sportiwnaja. In vier Ausstellungsräumen werden seit 1968 Geschichte und Technik der Moskauer Metro dokumentiert.

– sie galt und gilt noch immer als schönste U-Bahn der Welt, jedoch ist sie heute ziemlich verrottet. Das Geld für den Ausbau und die Sanierung des technisch völlig maroden Verkehrsnetzes fehlt, obwohl schon vor einigen Jahren die Privatisierung beschlossen wurde. Seit 1997 ist kein einziger Gleiskilometer mehr gebaut worden, die Waggons sind hoffnungslos veraltet, das Lüftungssystem – ebenfalls ein Relikt aus den 1930er Jahren – ist unzulänglich und höchst gesundheitsschädlich, da die Luft praktisch kaum gefiltert wird.

Obwohl die Metro kein preiswertes Verkehrsmittel mehr ist, sind die Züge voll ausgelastet. Die Preise wurden seit dem Ende der Sowjetunion, wo eine Fahrt verbürgte fünf Kopeken kostete, auf das Zigfache erhöht, dennoch decken die Einnahmen nur einen Bruchteil der Betriebskosten.

Viel hat die Moskauer Metro schon erlebt und überlebt: den Stalin-Terror, den Zweiten Weltkrieg, die Entstalinisierung, den Kalten Krieg, die Perestroika. Heute ist Stalins Metro ein Anachronismus.

Trotz Geldmangels wird der Ausbau des Untergrundnetzes weiter geplant. Bis 2010 soll sich das Schienennetz um weitere 123 Kilometer verlängert haben und zehn neue Stationen sollen hinzugekommen sein.

■ Verrottet, marode, sanierungsbedürftig: Die Moskauer Metro ist trotzdem noch die schönste U-Bahn der Welt.

DIE ARCHITEKTENKOLLEKTIVE DER MOSKAUER METRO

 ## PLANUNG UND BAU

Erste Planungen für die U-Bahn gab es bereits 1902. Sie scheiterten nicht nur am Protest der Droschkenkutscher, die um ihre Arbeit fürchteten. Auch die russisch-orthodoxe Kirche stellte sich gegen das Projekt. Der Mensch gehöre erst dann unter die Erde, so ließ sie verlauten, wenn er tot sei. Als das Zentralkomitee der KPdSU 1931 den Beschluss zum Bau der Moskauer Metro fasste, konnte die Kirche keinen Einfluss mehr geltend machen. Mineningenieur Nikita Chruschtschow, damals zweiter Sekretär der Moskauer KP und Projektleiter, ließ aus allen Republiken der Sowjetunion Ingenieure nach Moskau holen, damit sie gemeinsam – eben als Kollektiv – an dem Großprojekt arbeiteten. Außerdem wurden Materialien aus allen Winkeln des Landes eingesetzt. Damit sollte die Akzeptanz der Metro bei der Bevölkerung erhöht werden. Die Pläne für den Bau stammten von einem Ingenieurkollektiv des Instituts Metrogiprotans. Die Mitarbeiter sahen die Streckenführung so vor, dass die Linien kreuz und quer durch die Stadt führen und sich an Umsteigebahnhöfen kreuzen. Um das Zentrum Moskaus führt eine ringförmige U-Bahnlinie (Braune Linie), die wiederum von den anderen gekreuzt wird. Bei der Einweihung 1935 war nur ein Teil der Roten Linie fertig. Der 11,6 km lange Streckenabschnitt führte vom Ploschtschad Swerdlowa nach Sokolniki. An dieser Strecke liegen auch die Stationen Majakowskaja und Awtosawodskaja, die dem Architekten Alexander Duschkin (1903–1977) zugeschrieben werden. Mit Ja. Lichtenberg gemeinsam hat er auch die Station Kropotkinskaja (1935) gestaltet. An den 1935 insgesamt eröffneten Stationen waren folgende Architekten beteiligt: A. Gonzkewitsch, S. Sulin, A. Teplizkij, S. Andrijewski, G. Makarewitsch, G. Krutikow, W. Popow, Ju. Rewkowskij, N. Borew, G. Samskij, I. Fomin, I. Lowjeko, D. Friedman, N. Kolli und Nikolai Alexandrowitsch Ladoswkij (1881–1941). Ladoswkij war der führende Kopf der Rationalisten und spielte eine bedeutende Rolle in der sowjetischen Avantgardearchitektur.

 ## DATEN

Moskauer Metro:
Bauzeit: ab 1932
Inbetriebnahme: 15. Mai 1935
Streckennetz: 262 km
Anzahl der Stationen: 150
Mitarbeiter: 30 000
Anzahl der Rolltreppen: 550
Länge der Rolltreppen: bis 100 m
Gesamtlänge der Rolltreppen: circa 50 km

Lesenswert:
Selim O. Chan-Magomedow: Avantgarde II 1924–1937. Sowjetische Architektur, Stuttgart 1996.

Dietmar Neutatz: Die Moskauer Metro. Von den ersten Projekten bis zur Großbaustelle des Stalinismus (1897–1935), Wien, Köln 2001.

Sehenswert:
Das Moskauer Metro Museum über der Station Sportiwnaja. Seit 32 Jahren werden hier Geschichte und Technik der Metro dokumentiert.

 ## KURZWERTUNG

1935 rollten die ersten Züge durch Moskaus prunkvoll gestalteten Untergrund. Die Moskauer Metro gilt noch immer als eine der schönsten der Welt.

Golden Gate Bridge

San Francisco (1933–1937), JOSEPH BAERMANN STRAUSS

Kurz bevor die Tausend voll waren, wurden die Sicherheitsvorkehrungen auf der Golden Gate Bridge verstärkt, um niemand zu ermutigen, durch den tausendsten Sprung ins *Guinness-Buch der Rekorde* gelangen zu wollen. Inzwischen weist die traurige Statistik längst über tausend Selbstmörder seit dem Bestehen der Brücke aus.

Ihre magische Anziehungskraft für Todessehnsüchtige hat vielleicht – so absurd es klingen mag – mit ihrer Schönheit zu tun. Welcher Lebensmüde würde sich nicht einen solchen letzten Augen-Blick gönnen wollen, der als einer der schönsten der Welt gilt? Zudem ist die Golden Gate Bridge gewissermaßen todsicher: Der Aufschlag aus siebzig Meter Höhe mit einer Geschwindigkeit von circa 140 Stundenkilometern hat etwa den Effekt, als würde man auf Beton fallen. Da man die architektonische Schönheit der Brücke nicht mit Stacheldraht verschandeln will und man über das knapp brusthohe Geländer viel zu leicht klettern kann, ist die neueste Überlegung, Patrouillen einzusetzen, die Tag und Nacht im Einsatz sind. Ein siebzigjähriger Selbstmörder soll die lapidare Notiz hinterlassen haben: »Warum macht ihr es einem so leicht ...?« Doch genug von diesen Schattenseiten.

Die am schönsten gelegene und berühmteste Hängebrücke der Welt ist nicht golden, wie der Name vermuten ließe, sie ist vielmehr rot – rostschutzrot – gestrichen. Das Wahrzeichen San Franciscos hat eine Gesamtlänge von 2150 Metern, eine Spannweite von 1280 Metern, und ihre beiden Brückentürme ragen an die 300 Meter in die Höhe. Seit mehr als sechzig Jahren verbindet die Brücke San Francisco mit dem Bezirk Marin. 120 000 Autofahrer passieren die Brücke täglich – dazu kommen zwei Millionen Touristen jährlich.

Konzipiert wurde die Golden Gate Bridge in den dunklen Jahren der Wirtschaftsdepression von dem visionären Brückenbauer Joseph Baermann Strauss. Ihm gelang es in jahrelanger Arbeit, die Behörden von der Notwendigkeit und Machbarkeit einer derartigen Konstruktion zu überzeugen. 6 Bezirke hatten schließlich die Summe von 35 Millionen US-Dollar mobilisiert,

■ Joseph Baermann Strauss (1870–1938), San Francisco, 1933.

die der Bau kosten sollte. Nicht die Stadt San Francisco brachte das Geld auf, sondern die Landgemeinden: Für sie bedeutete die Brücke Zugang zu den städtischen Abnehmern ihrer Waren. Der Bau revolutionierte die Wirtschaft der Region zu einer Zeit, als das ganze Land in einer ökonomischen Krise steckte. Die Bauarbeiten dauerten von Winter 1933 bis Frühjahr 1937.

Das Brückenbaukommittee stellte Strauss einen Mitarbeiter an die Seite, der den profitsüchtigen Chefingenieur überwachen sollte. Es war Othmar Hermann Ammann, ein Schweizer, der bereits 1931 am Bau der Washington Bridge in New York betei-

■ Auch heute noch eine ingenieurtechnische Meisterleistung: Die Golden Gate Bridge wirkt leicht und elegant, trotz der für den Bau verwendeten zigtausend Tonnen Stahl und Beton.

> »Auf der ganzen Welt gibt es keinen schöneren Weg zur Arbeit.«
> Der Chefredakteur des *San Francisco Chronicle*

ligt gewesen war – einen besseren und erfahreneren Mitarbeiter hätte sich Strauss nicht wünschen können. Als gestalterischer Berater fungierte der bis dahin eher unbekannte Architekt Irving Foster Morrow. Er steuerte Details für die Feinheiten der Brückenstruktur bei sowie den roten Anstrich. Ihm kommt wohl letztendlich die Ehre zu, diesem Meisterwerk der Brückenbaukunst ihre einzigartig schlanke und elegante Form gegeben zu haben. Am 5. Januar 1933 war Baubeginn. 83 000 Tonnen Stahl und 389 000 Tonnen Beton wurden benötigt. Die beiden Trägerkabel wurden aus über 27 000 Drähten im Luftspinnverfahren hergestellt und haben einen Durchmesser von fast einem Meter. Die beiden markanten Art-déco-Türme sind 277 Meter hoch – das entspricht 65 Stockwerken.

Strauss war kein Neuling im Brückenbau, er hatte zu diesem Zeitpunkt schon vierhundert Brücken auf der ganzen Welt am Reißbrett entworfen. Doch diese Aufgabe war schwieriger. Er hatte selbst einen etwas plumpen und uneleganten Entwurf angefertigt, der dann von Charles Alton Ellis zur heutigen Golden Gate Bridge umgearbeitet wurde. Sie gilt noch immer als ingenieurtechnische Meisterleistung. Dank neuer Technik, stärkerer Metall-Legierungen und besserer Dynamikkenntnisse war eine Konstruktion ohne bauliche Schwerfälligkeit und mit einer Spannweite möglich, die man bis dahin nicht für möglich gehalten hatte. Die sprudelnden Wasser in der Bucht verwandeln den Naturhafen fast in offene See. Die Wassertiefe beträgt hier

■ Für Feinheiten, Details sowie die Wahl der Farbe war Irving Foster Morrow verantwortlich. Erst dieser Auftrag machte ihn berühmt.

■ Die Golden Gate Bridge von Westen aus gesehen: verbindendes Element und Symbol für die Ankunft in der Neuen Welt.

zum Teil neunzig Meter, was die Bauarbeiten extrem schwierig und risikoreich gestaltete. Der nördliche Marin-Turm konnte noch relativ einfach bei geringer Wassertiefe mittels eines traditonellen Kofferdamms gebaut werden. Am südlichen San-Francisco-Turm musste man in eine Tiefe von 34 Meter hinab. Der Felsuntergrund wurde mit Unterwasserbomben gesprengt, um dann aus Stahlgestellen, die mit Unterwasserbeton ausgegossen wurden, einen massiven Fender rund um das eigentliche Fundament zu bauen, auf dem dann erst die stählernen Pylonen errichtet werden konnten. Größte Vorsichtsmaßnahmen konnten nicht verhindern, dass zehn Männer trotz Sicherheitsnetzen bei einem Sturz ums Leben kamen. Arbeit war rar in diesen Jahren der Depression, viele hatten keine andere Wahl, als Brückenarbeiter zu werden. Offizieller Einweihungstermin der Golden Gate Bridge war der 28. Mai 1937.

Zum fünfzigsten Geburtstag der Brücke hatte sich San Francisco eine Feier vorgenommen, die mindestens so prunkvoll sein sollte wie die Hundertjahrfeier der Freiheitsstatue in New York im Juli 1986, haben beide Bauwerke doch ähnliche symbolische Funktion: Für viele Einwanderer bedeuten sie die Ankunft in der Neuen Welt. Aus diesem Anlass wurde die Brücke 1987 zum dritten Mal seit ihrer Öffnung für den Verkehr gesperrt. 1960 gestattete man dem französischen Staatspräsidenten Charles de Gaulle, sie allein zu befahren, und in den frühen 1980er Jahren fegte ein Sturm mit mehr als 160 Stundenkilometern über den Bau hinweg. Da die Fahrbahn bei solchen Windgeschwindigkeiten bis zu neun Meter ausschwingen kann, hielt man eine Schließung für die sicherere Variante.

Seit 1997 ist man damit beschäftigt, die Brücke erdbebensicherer zu machen – ein guter Plan, wenn man sich im Bereich des And-

»Die Nachmittagssonne ließ die Stadt in weiß und gold erstrahlen ... Ich hielt an, um sie zu betrachten, sie und die Brücke, dieses Schmuckstück, das das Meer überspannt, um ihre Teile zusammenzufügen.«
John Steinbeck

■ Die zwei Türme der Brücke: Extrem schwierig war es, sie in festem Grund unter Wasser zu verankern; ihre Höhe entspricht fünfundsechzig Stockwerken.

reas-Grabens befindet, möchte man meinen. Die Baumaßnahmen werden sich auf 175 Millionen US-Dollar belaufen, danach wird die Brücke einem Beben bis zu 8,3 auf der Richterskala standhalten können.

Die Golden Gate Bridge wird wegen ihrer Schönheit Majestät genannt oder mitunter, wegen der Pflege, die sie erfordert, auch Diva. Weit über hundert Menschen sind damit beschäftigt, sie zu warten: Techniker, Elektriker, Schlosser, Klempner, Maler und Bauarbeiter. Inspektoren sind ständig im Einsatz, um Schäden vorzubeugen. Wenn man mit dem neuen Farbanstrich auf der einen Seite fertig ist, fängt man auf der anderen wieder von vorn an.

Tausende von Passanten versammelten sich zum fünfzigjährigen Jubiläum Ende Mai 1987, um den Geburtstag der Brücke zu feiern und den traumhaften Blick auf die Bucht, die Stadt, die Gefängnisinsel Alcatraz, die Berkeley Hills und auf den offenen Ozean zu genießen. Angesichts der Ingenieursleistungen, die heute im Brückenbau möglich sind, ist die Golden Gate Bridge vielleicht kein achtes Weltwunder mehr, wie sie oft bezeichnet wurde, doch die schönste Hängebrücke der Welt ist sie an diesem unvergleichlichen Ort wohl immer noch.

Erdbebensicherheit: Bei den neuen Baumaßnahmen sind größere Fundamente vorgesehen, und die Stützpfeiler werden ausgetauscht. Für das Projekt wurden eigens neue Verfahren entwickelt. Seismische Isolatoren sollen nicht zulassen, dass die Kraft der Erdstöße auf die Brücke übertragen wird, oder zumindest ihre Stärke reduzieren. Eine Art großer Stoßdämpfer soll zudem verhindern, dass die Hängebrücke ins Schwingen kommt. Die geschätzten Kosten von 175 Millionen Dollar für dieses Projekt liegen immerhin noch weitaus niedriger, als wenn man die Brücke nach einem Einsturz wieder aufbauen müsste.

JOSEPH BAERMANN STRAUSS

 ## LEBEN UND WERK

Der Bauingenieur Joseph B. Strauss wird am 9. Januar 1870 in Cincinnati geboren. Nach Abschluss seines Studiums an der University of Cincinnati 1892 macht er eine kurze Ausbildung zum Konstruktionszeichner. Danach wird er Assistent des Brückenbauingenieurs Ralph Modjeski. Strauss gründet schließlich seine eigene Firma, die Büros in Chicago und San Francisco unterhält. Er spezialisiert sich auf bewegliche Brücken und erfindet eine besondere Art der Zugbrücke. Als er die Bauleitung über das Golden-Gate-Bridge-Projekt erhält, hat er bereits 400 Brücken gebaut. Da er die Oberaufsicht über den Bau der Golden Gate Bridge hatte, wird er in den meisten Quellen als Erbauer angegeben. Als Lohn für seine Arbeit erhält er eine Million US-Dollar und einen Brückenpass auf Lebenszeit. Lange nutzen kann er ihn jedoch nicht: Strauss stirbt am 16. Mai 1938 in Los Angeles. Othmar Ammann wird am 26. März 1879 in Schaffhausen in der Schweiz geboren. 1904 wandert er in die USA aus und findet Arbeit als Brückenbauingenieur. 1905 stellt ihn die Pennsylvania Steel Company ein, für die er an der Queensboro Bridge in New York arbeitet. Als rechte Hand des bekannten Brückenbauingenieurs Gustav Lilienthal ist er 1912–1923 unter anderem an der Entstehung der Hell Gate Bridge in New York und der Ohio River Bridge in Scotioville beteiligt. 1923 gründet Ammann seine eigene Firma. 1931 baut er im Auftrag der Stadt New York die George Washington Bridge. 1930–1937 ist er für die Stadt New York in leitender Funktion als Brückenbauingenieur tätig. 1939 kehrt er in die Selbstständigkeit zurück. 1946 schließt er sich mit Charles S. Whitney zusammen. Gemeinsam sind sie an Projekten wie dem Dulles International Airport und dem Lincoln Center for the Performing Arts beteiligt. Ammann stirbt am 22. September 1965 in Rye, New York. Der Architekt Irving F. Morrow und seine Frau Gertrude, eine Absolventin des San Francisco Art Institute, steigen erst später in die Planung der Golden Gate Bridge ein. Sie gestalten die beiden Art-déco-Türme. Irving Morrow wählt auch die Farbe für den Schutzanstrich aus: »International Orange«, das in den Lichtverhältnissen der Bucht fast wie Gold wirkt. Wäre es nach der US-Marine gegangen, hätte die Brücke einen schwarzen Anstrich mit gelben Streifen bekommen. Der Farbton ist bis heute geblieben; die Zusammensetzung der Farbe in den einzelnen Schichten wird immer wieder auf den neuesten chemischen Stand gebracht. Morrow hat auch das Beleuchtungssystem entworfen, das aus Kostengründen beim Bau nur teilweise verwirklicht wurde. Anlässlich des 50. Brückengeburtstages wurde die ursprünglich von Morrow vorgesehene Lichtanordnung erstmals komplett installiert.

 ## DATEN

Golden Gate Bridge:
Bauzeit: 1933–1937
Spannweite: 1280 m
Gesamtlänge: 2150 m
Größte Turmhöhe: 277 m
Farbe: International Orange
Baumaterialien: Stahl (83 000 t), Beton (389 000 t)

Lesenswert:
Stephen Cassady: *Spanning the Gate*, Santa Rosa 1986.

Tom Horton/Baron Wolman: *Superspan: The Golden Gate Bridge*, Santa Rosa 1998.

John van der Zee: *The Gate: True Story of the Design and Construction of the Golden Gate Bridge*, USA 2000.

Sehenswert:
Offizielle Website der Golden Gate Bridge: http://www.goldengatebridge.org

Virtueller Gang über die Brücke: http://www.goldengatebridge.org/photos/bridgewalk.html

Kurioses:
Der Originalhandlauf der Brücke aus den 1930er Jahren wurde 1993 ersetzt. Die Golden Gate Design & Furniture Co. zerlegte ihn in Stücke und baut mit diesen Originalteilen Möbel – in limitierter Auflage, versteht sich. Maßanfertigungen sind möglich.

 ## KURZWERTUNG

Die schönste Hängebrücke der Welt verdankt ihren Ruf nicht allein ihrer architektonischen Pracht und der ingenieurtechnischen Meisterleistung, die hier vollbracht wurde, sondern auch der atemberaubenden Landschaft, in die die Brücke eingebunden ist.

Fallingwater

Bear Run (1934–1937), FRANK LLOYD WRIGHT

■ Weit herausragende Betonterrassen kreuzen sich über dem Wasserfall bei Wrights Haus Fallingwater in Bear Run. Die geschlossenen Formen des Kubus sind durchbrochen, die horizontalen Ebenen gegeneinander gedreht.

Scharen von Architekturbegeisterten wollen wenigstens einmal im Leben das Wunder über dem Wasserfall bestaunen: Fallingwater – das spektakulärste Eigenheim, das es vielleicht je gegeben hat. Es stammt von Frank Lloyd Wright, dem unzweifelhaft wichtigsten US-amerikanischen Architekten des 20. Jahrhunderts. Sein Leben liest sich wie ein Kriminalroman, und nicht weniger spannend sind viele seiner Bauten. Und dieser Mann wusste, dass er gut war. Er nannte sich völlig unbescheiden den »größten Architekten aller Zeiten«. Er ist zwar schon seit mehr als vierzig Jahren tot, doch mit dem zeitlichen Abstand wird erkennbar, dass er vielleicht gar nicht so unrecht hatte mit seinem Eigenlob: Viele seiner Bauten sind inzwischen Legende – allen

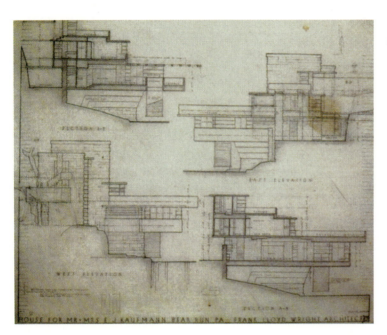

■ Aufrisse und Schnitte von *Fallingwater*.

voran das Guggenheim-Museum in New York und eben Fallingwater.

Wright, 1867 in Richland Center, Wisconsin geboren, ging nach nur einem Jahr auf dem College nach Chicago, arbeitete erst bei Joseph Lyman Silsbee und dann beim berühmten Louis Henri Sullivan. Dort machte er rasch Karriere und war bereits 1910, mit 43, so berühmt, dass ihn ein deutscher Verlag einlud, sein Gesamtwerk zu veröffentlichen. Ausgerechnet die sogenannte Moderne, die durchaus nicht unbeeinflusst war von Wrights Frühwerk, brachte ihm den Karriereknick ein. Die US-Amerikaner umjubelten die strengen, nüchternen Glas-, Stahl- und Betonbauer – Wright wurde als unmodern diffamiert. Der »Silberprinz« Gropius, Mies van der Rohe und Le Corbusier fanden in den USA Zuflucht vor den Nationalsozialisten. Das Museum of Modern Art richtete ihnen eine Ausstellung mit dem Titel *International Style* aus – Wright kam darin nicht vor. Kurator war der junge Philip Johnson. Später sah Johnson seinen Irrtum ein und äußerte sich wie folgt über Wright: »Es kommt bei jedem Architekten darauf an, wie sehr einen seine Architektur und Persönlichkeit anspricht. In seinem Fall ist es beides. Natürlich hasste ich ihn – aber das ist nur normal, wenn jemand so großartig ist.« Wright zog sich Ende der 1920er Jahre mehr und mehr auf seinen Landsitz Taliesin in Wisconsin zurück. Er hasste die

■ Frank Lloyd Wright (1869–1959), Porträtaufnahme von 1957.

■ *links* Der überdachte Weg, der zum Gästehaus führt.

rechts Detailaufnahme: eine Mischung aus Beton, rohem Mauerwerk, großen Fenstern und rotem Stahl.

europäische Avantgarde, sie war ihm zu seelenlos – Wohnmaschinen interessierten ihn nicht.

1932 gründete er in Taliesin, seine »Fellowship« und die Architekturstudenten folgten ihm wie Jünger in Scharen. Von 1928 bis 1935 entstanden nur zwei Häuser und seine Autobiographie. Doch dann schien er genügend Wut gesammelt zu haben und schüttelte ein Meisterwerk nach dem anderen aus dem Ärmel. Er baute sein legendäres Fallingwater – das Haus über dem Wasserfall. In einem bewaldeten Tal in den Bergen des westlichen Pennsylvania bei Pittsburgh liegt das Haus, das unzweifelhaft das berühmteste Wohnhaus der Vereinigten Staaten ist. 1934 erhielt Wright den Auftrag, für den Herrenkonfektionshändler Edgar J. Kaufmann ein Wochenendhaus zu bauen. »Vor meinem geistigen Auge hat Ihr Haus schon Gestalt angenommen – ganz im Einklang mit der Musik des Bachs«, sagte Wright zu seinem Auftraggeber, nachdem er das Grundstück gesehen hatte. Das Ergebnis schockte sowohl seinen Kunden als auch das Architekturestablishment. Es war kein Haus, das da entstanden war, sondern eine architektonische Skulptur, unter der sich die Wasser des Bear Run ergossen. Wrights Schöpfung machte sofort seine Auffassung des organischen Bauens verständlich: Das Haus bildete eine unauflösliche Einheit mit der es umgebenden Natur. Darüber hinaus war es ein mustergültiges Beispiel der Moderne, wenn auch nach den Spielregeln Wrights. Der Künst-

> Frank Lloyd Wright war auf einige seiner Kollegen nicht gut zu sprechen. Angeblich nannte er die Fliegen, die ihn beim Zeichnen am Reißbrett störten, »Mies« oder »Corbu«.

> »Wenn ich noch fünfzehn Jahre Zeit hätte, könnte ich das gesamte Land architektonisch neu gestalten, ich könnte die ganze Nation verändern. Da nun 769 fertiggestellte Gebäude hinter mir liegen, ist es einfach für mich, neue aus dem Ärmel zu schütteln und ich könnte erstaunlich viel für dieses Land tun.«
>
> Frank Lloyd Wright einige Jahre vor seinem Tod in einem Interview

ler katapultierte sich mit diesem Bauwerk an die Spitze der internationalen Architekten zurück. Es muss ihm ein diebisches Vergnügen bereitet haben, den Vertretern des *International Style* auf diese Weise die Leviten gelesen zu haben.

Bevor man das Haus sieht, hört man das Rauschen des Wasserfalls. Wright sagte zu Kaufmann: »Ich möchte, dass Sie mit dem Wasserfall leben, nicht, dass Sie ihn bloß anschauen. Er soll Bestandteil Ihres Lebens werden.« Das Kaufmann House ist streng vom rechten Winkel bestimmt und verbindet sich mit dem Hügel und dem Fluss zu einem Dreieck. Das Erdgeschoss besteht aus dem Wohnraum, der frei über dem Wasser schwebt, und vier weiteren Zimmern mit jeweils einer Terasse davor, die größer ist als der Innenraum selbst. Ins Hausinnere gelangt man auf einer Brücke über den Wasserfall, die in die Gesamtarchitektur integriert ist. Die berühmte Hauptansicht mit dem Wasserfall im Vordergrund zeigt die sechs Meter weit auskragenden

■ Das Gästehaus von *Fallingwater*.

■ Außenansicht von Fallingwater im Winter. Seinen Bezug zur Natur erhält es sich in jeder Jahreszeit.

darüberliegenden Terassen und den verglasten Pavillon, der die Gegend überragt. Als die Statiker Zweifel an der Konstruktion anmeldeten, konterte Wright auf seine berüchtigte arrogante Art: Er forderte den Bauherrn auf, die Pläne zurückzuschicken, denn er habe sein Haus offensichtlich nicht verdient. Man konnte sich einigen, wie das Resultat zeigt.

Wright verwendet eine Mischung aus rohem Mauerwerk für den Kamin sowie die vertikalen Hausmauern und glatte Betonwände für die auskragenden horizontalen Terrassen. Drei Stockwerke liegen versetzt übereinander. »Das Ergebnis ist ein Bau von spielerischer Leichtigkeit, ein fast akrobatischer Balanceakt von höchster Form und Schönheit«, schreibt der Kritiker Kurt Gustmann.

Heute wird das Haus über dem Wasserfall nicht mehr bewohnt. Nun ist es das schönste Architekturmuseum der Welt.

FRANK LLOYD WRIGHT

 ## LEBEN UND WERK

Schon vor seiner Geburt am 8. Juni 1869 in Richland Center (Wisconsin) hatte seine Mutter beschlossen, dass er Architekt werden würde. Früh lenkt sie seinen Spieltrieb in diese Richtung. Der Vater verlangt, dass er Klavierspielen lernt und bestraft falsche Töne mit Schlägen auf die Finger. Als Wright achtzehn ist, trennen sich die Eltern. Er sieht den Vater nicht mehr wieder und geht auch später nicht zu seiner Beerdigung. Von 1885–1887 studiert er in Madison Ingenieurwesen und arbeitet gleichzeitig als Zeichner. 1888 tritt er in das Büro von Adler & Sullivan ein. 1889 heiratet er Catherine »Kitty« Tobin. Die beiden bekommen sechs Kinder: Frank Lloyd jr., John, Catherine, Frances, David und Llewelyn. Anfangs ist Wright ein interessierter Vater, dann aber überlässt er Kitty die Verantwortung. Wright verlangt, dass jedes seiner Kinder ein Instrument lernt; mehr Ansprüche stellt er an ihre Ausbildung nicht. In Oak Park, einem noblen Vorort von Chicago, baut Wright 1889–1890 sein eigenes Haus. Um die Rechnungen zu bezahlen, nimmt er ohne Wissen seines Arbeitgebers Aufträge an und muss deshalb 1893 die Firma verlassen. Wenig später macht er sich selbstständig und richtet sich in einem Anbau von Oak Park ein Studio ein. 1897 eröffnet er ein Büro in Chicago. Hier entstehen die Prairie Houses in der Tradition amerikanischer Bauernhäuser.

1909 verlässt Wright Kitty. Seine »wilde Ehe« mit der Autorin und Übersetzerin Mamah Cheney verursacht einen Skandal, der auch seinem Geschäft schadet. Wright versteht die Aufregung nicht; er glaubt, als kreativer Geist nicht an Konventionen gebunden zu sein. Cheney und er gehen für ein Jahr nach Europa. 1911 baut Wright sich ein neues Haus, Taliesin. 1914 werden Cheney und sieben andere dort ermordet; das Gebäude brennt nieder. Wright ist erschüttert, baut das Haus aber wieder auf. 1923 wird er von Kitty geschieden. Er heiratet Miriam Noel, die ihn nach einem Jahr verlässt. 1925 heiratet er Oligivanna Hinzenberg, mit der er eine Tochter, Iovanna, hat. Sie ziehen nach Taliesin, wo Wright Schüler um sich schart und mit ihnen fast ohne Kontakt zur Außenwelt lebt. Erst jetzt, mit über 60, erhält er regelmäßig Aufträge, verärgert die Bauherren jedoch häufig mit einer unberechenbaren Mischung aus Charme und Arroganz und der maßlosen Überschreitung des Budgets. (Fallingwater war mit 30 000 US-Dollar veranschlagt und kostete 145 000.) In den 70 Jahren seiner Tätigkeit zeigt Wright eine erstaunliche Vielfalt von Formen und Konzepten. Er stirbt am 9. April 1959 in Phoenix und wird unweit von Taliesin bestattet.

 ## DATEN

Fallingwater:
Bauherr: Edgar J. Kaufmann
Bauzeit: 1934–1937
Geplante Kosten: 30 000 US $
tatsächliche Kosten: 145 000 US $
Besucher pro Jahr: 150 000
Baumaterialien: Beton, Mauerwerk aus Bruchstein

Bekannteste Bauwerke:
Siehe Seite 129

Lesenswert:
Briefe von Frank Lloyd Wright an Architekten, Schüler, Bauherren. Übersetzt von Ria Stein. Basel, Berlin, Boston 1992.

R. C. Bolon, R. S. Nelson, L. Seidel (Hg.): *The Nature of Frank Lloyd Wright,* Chicago, London 1988.

Edgar Kaufman, jr.: *Fallingwater – A Frank Lloyd Wright Country House,* New York, London, Paris 1986.

Sehenswert:
Offizielle Website der Frank Lloyd Wright School for Architecture: http://www.taliesin.edu

Offizielle Website der Taliesin Preservation Stiftung: http://www.taliesinpreservation.org

Berühmtes Zitat:
»Architektur ist erstarrte Musik.«

 ## KURZWERTUNG

Fallingwater – das vielleicht spektakulärste Eigenheim, das es je gegeben hat. Es stammt von Frank Lloyd Wright, dem unzweifelhaft wichtigsten Architekten, den Amerika im 20. Jahrhundert hervorgebracht hat.

Reichsparteitagsgelände

Nürnberg (Baubeginn 1935), ALBERT SPEER

■ Albert Speer (1905–1981), Porträtaufnahme um 1940.

Wieviel Erinnerung vertragen wir? Was wollen wir lieber vergessen? So gut wir auch sind, wir Deutschen, im Radieren, im Verschwindenlassen – oft mit dem Argument, ein Denkmal ändere auch nichts an der moralischen Bilanz –, ein paar Bauten sind doch geblieben aus der Zeit der nationalsozialistischen Herrschaft. Nun erst, mehr als fünfzig Jahre nach Ende des Zweiten Weltkrieges, beginnt man sich intensiver mit der Frage zu befassen, wie mit diesen Altlasten umgegangen werden kann. Was soll aus diesen »Orten der Täter« werden? Es liegt auf der Hand, dass es nicht um museale Verklärung gehen kann. Die Monumentalbauten der Nazizeit zeugen auch ohne Erläuterung vom wahnsinnigen Machtdenken jener Tage – und genau hier liegt eines der Probleme. Die Wurzeln der damaligen Architekturvorstellungen und ihre martialische Ästhetik gehen auf antike Vorbilder zurück. Hitler entwarf oft selbst, er sah sich gern als Künstler. Ein Tross von Architekten war mit der professionellen Umsetzung seiner Skizzen befasst – allen voran Albert Speer.

»Anfang 1934 überraschte mich Hitler mit meinem ersten

■ Blick auf die Kongresshalle, Architekten: Ludwig Ruff und Franz Ruff, Luftaufnahme von 1998.

Großauftrag. In Nürnberg sollte auf dem Zeppelinfeld die provisorische Holztribüne durch eine steinerne Anlage ersetzt werden. ... Unsicher bat ich Hitler, sich das Modell anzusehen – zaudernd, da der Entwurf weit über den gestellten Auftrag hinausging. Der große Steinbau hatte eine Länge von 390 Metern und eine Höhe von 24 Metern. Er übertraf die Länge der Caracalla-Thermen in Rom um 180 Meter, betrug also fast das Doppelte. ... Hitler ließ lediglich ein knappes ›Einverstanden‹ hören und verabschiedete sich«, schildert Albert Speer in seinen Erinnerungen die Anfänge der Entstehung des Parteitagsgeländes, dessen Gesamtplanung ihm übertragen worden war. Der von Speer ausgearbeitete endgültige Plan umfaßte eine Fläche von zehn mal sechs Kilometern. Auf der »weltgrößten Baustelle« sollten folgende Mammutbauten entstehen: das größte Stadion der Welt, das Deutsche Stadion mit 400 000 Plätzen; die Luitpold-Arena sollte 200 000 Menschen aufnehmen; das Märzfeld hätte mit einer Innenfläche von 610 mal 995 Metern 500 000 Zuschauern Gelegenheit geboten, Kampfspiele der Wehrmacht zu beobachten. Die Großanlagen sollten durch eine mehrere Kilometer lange und über hundert Meter breite Straße miteinander verbunden werden. Die Bauarbeiten begannen im Frühjahr 1935, sie wurden während des Krieges eingestellt.

■ Die Ästhetik der nationalsozialistischen Architektur ging auf antike Vorbilder zurück.

> Mehr als alle anderen architektonischen Relikte des Nationalsozialismus ist das Reichsparteitagsgelände in Nürnberg mit seiner Gigantomanie ein abschreckendes Beispiel der baulichen Hinterlassenschaften jener Zeit.

Speer erinnert sich weiter: »Hitler liebte zu erklären, dass er baue, um seine Zeit und ihren Geist der Nachwelt zu überliefern. Letztlich würden an die großen Epochen der Geschichte doch nur noch deren monumentale Bauwerke erinnern, meinte er.« Das bringt Speer auf die Idee, eine »Theorie vom Ruinenwert« zu entwickeln. »Die Verwendung besonderer Materialien sowie die Berücksichtigung besonderer statischer Überlegungen sollte Bauten ermöglichen, die im Verfallszustand, nach Hunderten oder (so rechneten wir) Tausenden von Jahren etwa den römischen Vorbildern gleichen würden. ... Hitler fand die Überlegung einleuchtend und logisch; er ordnete an, dass in Zukunft die wichtigsten Bauten seines Reiches nach diesem Ruinengesetz zu errichten seien.« Mit der Erblast, die aus dem Ehrgeiz resultierte, für die Ewigkeit zu bauen, muss Nürnberg heute noch leben. Die Speerschen Bauten sind »unkaputtbar« – eine Sprengung würde in die Millionen gehen.

Das Reichsparteitagsgelände ist seit 1973 unter Denkmalschutz gestellt. Dieser Aufmarschort der Nationalsolzialisten mit seinen gigantomanischen Ausmaßen diente nur wenige Jahre lang einmal pro Jahr der Machtdemonstration bei den Reichsparteitagen; dennoch verhalf er der Stadt Nürnberg bis heute zu zweifelhaftem Ruhm. Lange versuchte man sich in Nürnberg mit Verdrängen und Wegschauen – wiewohl sich der Koloss der sogenannten Kongresshalle mit dem Zeppelinfeld beim besten Willen nicht übersehen lässt. Oder es wurden krude Umnutzungsideen verfolgt, beispielsweise die eines Einkaufszentrums

■ 1935 begannen die Bauarbeiten; durch den Zweiten Weltkrieg Krieg wurden sie beendet, doch das bis dahin Fertiggestellte war für eine Haltbarkeitsdauer von Tausenden von Jahren konzipiert.

oder gar eines Amüsiergeländes à la Disneyland, bis man sich endlich entschloss, einen Wettbewerb für die Einrichtung eines Dokumentationszentrums auszuschreiben. Den ersten Preis errang der Grazer Architekt Professor Günther Domenig für seinen Entwurf, der das Gebäude dekonstruiert, um ein Modewort zu verwenden – das hier jedoch angemessen und passend ist. Der Architekt erzählt, es sei ihm eiskalt über den Rücken gelaufen, als er die NS-Gebäude besichtigt hat: »Es gibt dort nur rechte Winkel und Achsen, es ist eine architektonische Übersetzung des Machtwahnsinns. Das hat mir Horror und Angst gemacht.« Domenig schießt einen architektonischen Pfeil diagonal durch alle Stockwerke des nördlichen Kopfbaus der Kon-

■ 9. Parteitag der NSDAP, dem *Parteitag der Arbeit*, der in Nürnberg vom 7. bis 13. September 1937 stattfand: Appell der Politischen Leiter auf dem Zeppelinfeld am 10. September; hinter den Tribünen Lichtdome, ein »virtuelles« Element der Speerschen Architektur, für die er Flag-Scheinwerfer verwendete.

Der Wettbewerbssieger Professor Günther Domenig sieht es als Geschenk, diesen Auftrag erhalten zu haben, ist er doch selbst traumatisiert durch eine vom Nationalsozialismus überschattete Kindheit: »Als Architekt kann man im positiven Sinne auf so einen Wahnsinn reagieren und eine neue Hoffnung hineinbringen.«

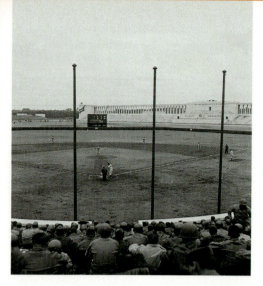

■ Das Zeppelinfeld, Architekt: Albert Speer. Photographie aus der Serie: »Leben im Nachkriegsdeutschland«, Baseballspiel der US-Besatzungstruppe auf dem Zepelinfeld.

■ Architekturmodell des Entwurfs von Günther Domenig für das neue Dokumentationszentrum *Reichsparteitagsgelände.*

gresshalle, erbaut nach einem Entwurf von Ludwig Ruff und dessen Sohn Franz. Mit dieser Durchbohrung – einem Schnitt in die Ewigkeit gewissermaßen – gelingt ihm die Brechung der akkuraten Symmetrie und der Monstrosität des Gebäudes einerseits, andererseits erschließt der begehbare Pfahl aus Stahl und Glas alle Stockwerke mit ihren Dokumentationseinrichtungen. Die Innenräume belässt Domenig in ihrem Rohzustand. »Es ist mir klar gewesen, dass ich ein Konzept entwickeln muss, diese Macht zu zerstören. Mit dem Pfahl störe ich die rechtwinklige und achsiale Architektur. Ich mag das Wort dekonstruktivistisch nicht – aber das Resultat ist das Gegenteil dieses Machtausdrucks.« Sein Schuss durch das Gebäude, sein Pfahl, reicht auch hinein in den u-förmigen Innenhof und dient später als Aussichtsplattform, wobei noch nicht feststeht, was in Zukunft mit dieser Arena geschehen soll. Domenigs Entwurf sieht vor, über die drei Geschosse verteilt folgende Einrichtungen unterzubringen: eine ständige und eine Wechselausstellung, einen Multivisionsraum, einen Vortrags- und Kinosaal, ein Café sowie ein auf das Dach aufgesetztes Schulungszentrum – um am Ort der Täter zu lernen. Hier soll das Innenleben der gigantischen Motivationsmaschinerie der Nationalsozialisten nachvollziehbar gemacht werden. Hier soll begriffen werden, wie sich die suggestive Macht totalitärer Propaganda entwickelte. Staat, Land und Stadt haben die veranschlagte Summe für das Projekt von knapp zehn Millionen Mark zusammengetragen.

Zur Zeit sind die Bauarbeiten in vollem Gang. Trotz enormer Schwierigkeiten – die Bauarbeiter mussten sich durch bis zu elf Meter dickes Mauerwerk bohren – ist man im Zeitplan. Am 4. 11. 2001 soll die Eröffnung stattfinden. Die Einschüchterungsarchitektur von einst wird zur Aufklärungsstätte von heute umfunktioniert: ein durchaus vorbildhafter Umgang mit Altlasten des Nationalsozialismus.

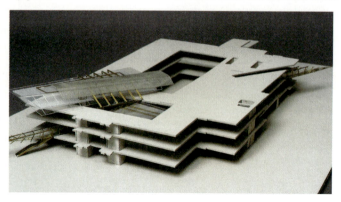

ALBERT SPEER

 ## LEBEN UND WERK

Speer wird am 19. März 1905 als Sohn des Architekten Albert Speer in Mannheim geboren. Auf Wunsch des Vaters studiert er Architektur; erst in Karlsruhe (1923), dann an der Technischen Universität München (1924) und schließlich in Berlin (ab 1925). Nach bestandenem Diplom 1928 ist er als Universitätsassistent tätig. An der Universität hört er zum ersten Mal eine Rede Adolf Hitlers. Speer ist von ihm beeindruckt; Hitlers Visionen für Deutschlands Zukunft überzeugen ihn. 1931 lässt er sich in Mannheim als selbstständiger Architekt nieder. Er tritt der NSDAP und der SA bei und erhält 1932 von der Partei erste Aufträge. 1933 wird er mit dem Umbau des Propagandaministeriums und der Reichskanzlei betraut. Außerdem plant und gestaltet er Großkundgebungen der NSDAP wie die Nürnberger Reichsparteitage. Nach dem Tod von Hitlers Lieblingsarchitekten Troost übernimmt Speer 1934 die Planung zahlreicher klassizistischer Repräsentativbauten. Er steigt zum Leiter des Amtes »Schönheit der Arbeit« in der Deutschen Arbeitsfront auf und gehört Rudolf Heß' Stab als Städtebaubeauftragter an. Für die Weltausstellung 1937 baut er den Deutschen Pavillon. Hitler macht ihn zum Generalbauinspekteur für die Neugestaltung der Reichshauptstadt. 1937 wird Speers Sohn Albert geboren. 1938/39 erarbeitet Speer den Generalplan für den Umbau Berlins zur Welthauptstadt Germania. Hitler sichert ihm unbegrenzte finanzielle Mittel zu. Ab Kriegsbeginn konstruiert Speer zunehmend Wehrbauten. 1942 wird er zum Reichsminister für Bewaffnung und Munition, Generalinspekteur für das Straßenwesen und für Wasser und Energie. Trotz Bombenangriffen und schlechter Rohstoffversorgung steigert er die Rüstungsproduktion durch den Einsatz von Zwangsarbeitern und Häftlingen aus Konzentrationslagern. 1944 erkrankt Speer und kann sein Amt mehrere Wochen nicht ausüben. Die Kriegswirtschaft steht durch Rohstoffmangel kurz vor dem Zusammenbruch. Speer spricht sich für eine Beendigung des Krieges aus, bleibt aber im Amt. 1945 sabotiert er Hitlers Politik der verbrannten Erde; er weigert sich, die deutsche Industrie und Landwirtschaft zu zerstören. Am 23. Mai 1945 wird Speer verhaftet und im selben Jahr angeklagt. Er gehört zu den wenigen, die ihre Schuld eingestehen. 1946 verurteilt das Internationale Militärtribunal in Nürnberg Speer zu 20 Jahren Haft. Er verbüßt sie im Militärgefängnis Berlin-Spandau, wo er sein Buch *Erinnerungen* schreibt. 1966 wird er entlassen. Das Buch erscheint 1969. 1975 folgen die *Spandauer Tagebücher*, 1981 die Studie *Der Sklavenstaat*, in dem Speer die Strukturen des nationalsozialistischen Regimes aus der Sicht eines Beteiligten analysiert. Im selben Jahr, am 1. September, stirbt Speer während eines Besuchs in London.

 ## DATEN

Reichsparteitagsgelände:
Bauzeit: ab 1934
Geplante Gesamtfläche: 25 km²
Errichtete Bauten: Luitpoldarena (150 000 Plätze), Zeppelintribüne (70 000 Plätze), SS-Kaserne
Unvollendete Bauten: Kongresshalle (circa 55 000 Plätze), Deutsches Stadion (405 000 Plätze), Manövergelände Märzfeld

Bekannteste Bauwerke:
Neugestaltung des NSDAP-Hauptquartiers, 1932, Berlin

Aufmarschgelände Zeppelinfeld, 1934–1937, Nürnberg

Deutscher Pavillon, 1937, Paris

Neue Reichskanzlei, 1938/39, Berlin

Lesenswert:
Joachim Fest: *Speer. Eine Biographie*, Berlin 1999.

Lars Olof Larsson: *Die Neugestaltung der Reichshauptstadt. Albert Speers Generalbebauungsplan für Berlin*, Stuttgart 1978.

Ulrich Schlie (Hg.): *Albert Speer. Alles was ich weiß. Aus unbekannten Geheimdienstprotokollen vom Sommer 1945*, München 1999.

Albert Speer: *Erinnerungen*, Berlin 1989.

 ## KURZWERTUNG

Das Aufmarschgelände der Nazis zur Demonstration ihrer Macht und Stärke ist nur eines der größenwahnsinnigen Bauprojekte, die uns als eine Geschichtslast erhalten geblieben sind; ein anderes ist die ähnlich klotzige »Kraft-durch-Freude-Anlage« in Prora auf Rügen.

Casa Malaparte

Capri (1938–1940), ADALBERTO LIBERA und CURZIO MALAPARTE

■ Curzio Malaparte (1898–1957)

Bei den Capresen war die Casa Malaparte lange Zeit als die »Villa des Verrückten« verschrieen. Ihr exzentrischer Nachbar war den Insulanern nicht ganz geheuer, und sein sogenanntes Haus mochte ihnen schon gar nicht gefallen. Der Bauherr hingegen, der Schriftsteller Curzio Malaparte, war es seinem Größenwahn schuldig, sich selbst eine »casa come me«, ein Haus wie ich, zu bauen – auch wenn er im Leben nie zuvor einen Bauplan gezeichnet, keine Kelle in der Hand gehalten hatte und auch nichts von Statik verstand.

Vielleicht war er ja doch ein bisschen verrückt, dieser Malaparte, der überall aneckte und während seines Lebens zigmal die Farbe wechselte wie ein Chamäleon: Erst sympathisierte er mit den Faschisten, dann mit den Kommunisten, dann wurde er Taoist und später auch noch Katholik. Bereits im Alter von dreizehn Jahren publizierte er seine ersten Gedichte – ein Wunderknabe offenbar ...

Curzio Malaparte wurde 1898 als Erich Kurt Suckert in Prato geboren. Sein aus Sachsen stammender Vater war nach Italien ausgewandert. Der Sohn fand diesen Namen wohl nicht geeignet, um den Gipfel des Ruhms zu erstürmen, und wandelte ihn – als Gegensatz zu Bonaparte – kurzerhand in Malaparte um. Er durchlief etliche Berufe und Gesinnungsstadien, er war Journalist, Schriftsteller, Chefredakteur, Regisseur, Opportunist, Dandy – und Architekt.

Für lächerliche 360 Lire, was damals etwa einem Gegenwert von

> Bruce Chatwin erzählt, Malaparte sei absolut stilsicher gewesen und habe sich daher immer gerne über Mussolinis hässliche Krawatten mokiert. Mussolini bestellte Malaparte nach Rom. Nach der Unterredung schritt Malaparte über den kalten Marmorboden, dreht sich um und sagte: »Lassen Sie mich ein letztes Wort zu meiner Verteidigung sagen.« »Nur zu«, sagte Mussolini und hob die Augen. »Sogar heute tragen Sie eine schreckliche Krawatte.«

Das Wohnhaus des Schriftstellers Curzio Malaparte; zu erreichen ist die Casa Malaparte nur mit dem Boot oder zu Fuß.

65 Reichsmark entsprach, erstand Malaparte den Felsengrund Capo Masullo, fünf Kilometer vom Zentrum Capris entfernt. Gebaut werden durfte dort nicht. Doch auch das ließ sich regeln. Allüberall hatte Malaparte seine Kumpel: Mussolinis Schwiegersohn besorgte die Baugenehmigung.

Das Haus liegt atemberaubend schön. Auf einem meerumtosten Felsvorsprung ist es den Unbilden des Wetters schutzlos ausgeliefert. Man muss sich das Erlebnis, das Haus zu sehen, erwandern; es ist nur zu Fuß oder per Boot von der fast unzugänglichen Bucht aus zu erreichen.

In virtuoser Abwandlung der Pläne des Architekten Adalberto Libera, von dem der ursprüngliche Entwurf stammte, entwickelte Malaparte seine »casa come me«. Was hier aus einer Laune des Bauherrn heraus entstand, war ein modernes Haus gegen die Moderne. Dandy, der er war, musste Malaparte nahezu zwanghaft gegen alle Regeln anbauen. Das Haus sollte sein Porträt in Stein werden »triste, duro, severa« – traurig, hart und streng. War er wirklich so? Aus seiner Biographie ergibt sich eher der Eindruck eines schillernden und bunten Lebens und das einer exzentrischen und gleichermaßen verschlossenen Persönlichkeit.

Adalberto Libera (1903–1963).

■ Ein Teil des Daches als Treppe, ein Sichtschutz hält neugierige Spaziergänger ab. Auf dem Flachdach ist genug Platz zum Fahrrad fahren.

Eigentlich ist das Haus auf dem Felsen, erbaut von 1938–1940, ein Container in Rot. Ein rechteckiger Kasten ist auf dem Fels gelandet – schleierhaft bleibt, wie das Baumaterial dorthin gelangt sein könnte. Eine Freitreppe, als gälte es, über sie eine Bühne zu erreichen, führt auf das Flachdach. Und richtig: Hier pflegte der Hausherr Rad zu fahren; aber auch Hubschraubern diente es als Landeplatz. Ein segelartiger Sichtschutz hält neugierige Blicke ab. Im Inneren bildet der riesige Salon von hundert Quadratmetern Größe den Mittelpunkt des Hauses. Dieser

> Malaparte musste seinem sperrigen Wesen noch mal Genugtuung verschaffen: Auf einer Fernostreise 1956 überschrieb er sein Haus auf den Klippen den Rotchinesen, aus Dankbarkeit für die Gastfreundlichkeit während seines dortigen Aufenthalts. Seine Geschwister fochten das Testament an und mussten sich mit einem Jahre dauernden Rechtsstreit abplagen.

überdimensionierte Wohnraum liegt im zweiten Geschoss und hat eine große offene Terrasse. An der Rückwand des Kamins ist eine Art surreales Fenster ins Freie eingebaut, und auch die anderen Fenster des Raumes rahmen die Landschaft mit einer immer anderen Aussicht ein. Asymmetrisch sind sie über die Fassade verteilt, als hätte der Bauherr sich gesagt, ich pfeife darauf, wie man es macht – I do it my way. Er hat sich seine Fenster aus der Fassade geschnitten, da, wo sie die ergiebigsten Blicke freigaben. Darüber hinaus beherbergt das Haus eine Bibliothek, ein Schlafzimmer für den Hausherren, eines für die Favoritin – seine jeweilige Lieblingsfrau –, eine Kammer für deren Zofe, eine Wohnug mit vier Zimmern für Gäste. Und die kamen zuhauf: Cocteau, Moravia, Camus und auch Italiens Kommunistenführer Palmiro Togliatti sollen hier zu Besuch gewesen sein. Es scheint auch nicht so ganz zu Malapartes bisher geführtem Leben im Mittelpunkt zu passen, plötzlich ein Lob der Einsamkeit und Abgeschiedenheit zu bauen und sich wie in eine Höhle von der Welt zurückzuziehen. Oder doch? Hier lebte der Dichter sechs Monate pro Jahr, und hier entstand sein autobiographischer Roman *Kaputt* sowie der Folgeband *Die Haut*, die ihn weltberühmt machten.

Das merkwürdige Gebäude hat etwas Archaisches, es widersetzt sich jeglicher Einordnung, es wirkt trutzig, trotzig und bizarr. Professionelle Architekten der ganzen Welt haben dieses Bauwerk mit unverhohlener Bewunderung überschüttet, darunter

■ Malaparte wünschte sich ein »casa come me«, ein Haus wie er selbst, und realisierte es auf diesem Felsen.

■ Blick auf die Dachtreppe – mittlerweile ist das Haus der Öffentlichkeit zugänglich.

■ Standphoto aus dem Film *Le Mépris* (Die Verachtung) von Jean-Luc Godard: Brigitte Bardot und Michel Piccoli.

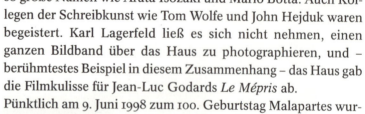

so große Namen wie Arata Isozaki und Mario Botta. Auch Kollegen der Schreibkunst wie Tom Wolfe und John Hejduk waren begeistert. Karl Lagerfeld ließ es sich nicht nehmen, einen ganzen Bildband über das Haus zu photographieren, und – berühmtestes Beispiel in diesem Zusammenhang – das Haus gab die Filmkulisse für Jean-Luc Godards *Le Mépris* ab.

Pünktlich am 9. Juni 1998 zum 100. Geburtstag Malapartes wurde das baufällige Haus restauriert und zieht seither Neugierige aus aller Welt und Modephotographen an. Auch dank dieser Tatsache erlebt Capri, die Fischerinsel von einst und eines der ersten Paradiese des Massentourismus, ein spätes Revival.

CURZIO MALAPARTE UND ADALBERTO LIBERA

 ## LEBEN UND WERK

Malaparte wird am 9. Juni 1898 in Prato als Kurt Erich Suckert geboren. Die Mutter ist Italienerin, der Vater Deutscher. Mit 16 Jahren tritt Malaparte den »Garibaldini« bei und kämpft bis 1915 an der französischen Front. Dann schließt er sich einem Alpenjägerkorps der italienischen Armee an. Nach dem Ersten Weltkrieg beginnt seine Karriere als Journalist. Malaparte, der sich in den 1920er Jahren zum Faschismus bekennt, gründet 1924 in Rom die Zeitschrift *La Conquista* und 1926 mit Massimo Bontempelli die vierteljährliche Literaturzeitschrift *900*. 1928–1931 leitet er die Tageszeitung *La Stampa* in Turin. Anfang der 1920er Jahre erscheinen seine ersten Bücher. In dem 1931 veröffentlichten *Technique du Coup d'Etat* greift er jedoch Hitler und Mussolini an. Er wird verhaftet und wegen seiner Haltung von 1933–1938 auf die Liparischen Inseln verbannt. Im Zweiten Weltkrieg arbeitet Malaparte als Korrespondent für den *Corriere della Sera*. Mit seinen polemischen Kriegs- und Nachkriegsromanen *Kaputt* (1944) und *La Pelle* (1950; deutsch: *Die Haut*) wird er zu einem der einflussreichsten italienischen Autoren dieser Zeit. 1947 lässt Malaparte sich in Paris nieder und schreibt Theaterstücke. *Du Côté de chez Proust* basiert auf dem Leben von Marcel Proust, *Das Kapital* spielt im Dezember 1859 in der Londoner Wohnung des Emigranten Karl Marx und seiner Familie. *Christo Prohibito* wird unter seiner eigenen Regie zu einem einigermaßen erfolgreichen Film (deutsch: *Der verbotene Christus*, 1950). Im letzten Abschnitt seines Lebens fühlt Malaparte sich zum Kommunismus chinesischer Prägung hingezogen. Eine Chinareise muss er jedoch wegen einer Erkrankung abbrechen. Sechs Jahre später erscheint sein letztes Buch, *Maledetti Toscani*. Malaparte stirbt am 19. Juli 1957 in Rom an Lungenkrebs. Auf dem Totenbett konvertiert er zum Katholizismus. Adalberto Libera wird 1903 in Villa Lagherina bei Trient geboren. Er macht eine Ausbildung an der Scuola superiore di Matematica und am Istituto statale d'Arte in Parma. Anschließend studiert er in Rom Architektur. 1927 tritt er der Gruppo 7 bei, der ersten offiziellen Gruppierung des italienischen Rationalismus. 1928 ist er Mitveranstalter einer Ausstellung rationalistischer Architektur. 1930 wird er Sekretär der Bewegung Movimento Italiano per l'Architectura Razionale (M.I.A.R.), die den Rationalismus zur faschistischen Staatsbaukunst erheben will. Neben seiner Bautätigkeit beginnt Libera Ende der 1940er mit den Vorbereitungen für ein Buch über modernen Wohnungsbau, das er jedoch nie vollendet hat. Libera stirbt 1963 in Rom. Er gilt als der herausragendste Architekt der italienischen Moderne.

 ## DATEN

Casa Malaparte:
Bauherr: Curzio Malaparte
Bauzeit: 1938–1940
Grundstückspreis: 360 Lire
Größe des Salons: 100 qm

Bekannteste Bauwerke (Libera):
Postgebäude, 1933/34, Rom (mit Mario de Renzi)
Palazzo dei Congressi, 1937–1942, Rom
Casa Malaparte, 1938–1943, Capri
Olympisches Dorf, 1957–1960, Rom (mit anderen)

Lesenswert:
F. Garofalo, L. Veresani: *Adalberto Libera*, Princeton 1992.

Karl Lagerfeld: *Casa Malaparte*, Göttingen 1998.

Curzio Malaparte: *Die Haut*, Karlsruhe 1950.

Curzio Malaparte: *Kaputt*, Karlsruhe 1964.

Curzio Malaparte: *Technik des Staatsstreichs*, Berlin 1990.

Michael McDonough (Hg.): *Malaparte. Ein Haus wie ich*, München 2000.

Sehenswert:
Jean-Luc Godard: *Die Verachtung*, (Le Mepris) Frankreich 1963.

 ## KURZWERTUNG

Das Haus des Dichters Curzio Malaparte, das er für sich selbst entwarf und mit erbaute, steht hoch auf den Klippen Capris in einer atemberaubend schönen Landschaft, umtost von den Wellen des Mittelmeers.

Guggenheim-Museum

New York (1943–1959), FRANK LLOYD WRIGHT

> »Amerika ist das einzige Land, das aus dem Zustand der Barbarei direkt in den Zustand der Dekadenz übergegangen ist.«
>
> Frank Lloyd Wright über seine Landsleute

Frank Lloyd Wright sitzt vor seinem Zeichenpult in der Wüste von Arizona. Beelzebub tritt an ihn heran und fragt ihn, wer er sei. »Ich bin der größte lebende Architekt, und ich habe alles bereits erforscht, was es in meinem Beruf zu erforschen gibt«, antwortet Wright. Wir schreiben das Jahr 1929, das Jahr der Depression. Frank Lloyd Wright ist bereits 62 Jahre alt und ahnt wohl kaum, dass ihm eine zweite Karriere, noch bedeutender als die erste, bevorsteht. So begann vor einigen Jahren das Theaterstück *Geometry of Miracles* des Kanadiers Robert Lepage über das Leben des großen US-amerikanischen Architekten. In Lepages Stück ist es der Pakt mit dem Teufel, der den Karriereaufschwung ermöglicht. Er verspricht, Wright seine Jugend zurückzugeben, wenn er ein einfaches Rätsel zu lösen imstande ist: »Wie kann man aus einer geraden Linie eine dreidimensionale Form machen?« »That's easy«, antwortet Wright und zeichnet eine Spirale – die Form, die eines seiner späteren Meisterwerke, das Guggenheim-Museum, haben wird. Zu einem Zeitpunkt, als er seine Memoiren schon geschrieben hat und die Nachrufe auf ihn bereits in den Schubladen liegen, fängt Wright noch mal von vorne an.

Anfang der 1940er Jahre erteilte Solomon R. Guggenheim Frank Lloyd Wright den Auftrag, ein Haus, wie es die Welt noch nicht gesehen hat, für seine Bilder zu bauen. Selbstverständlich fand Wright diese Aufgabe äußerst reizvoll und sagte zu. Als sein spiralförmiger Entwurf publik wurde, eiferten sich Künstler, unter ihnen Willem de Kooning, es sei ihnen nicht möglich, ihre Bilder an gekrümmten Wänden zu präsentieren. Kritiker befürchteten damals, nun sei Wright doch etwas senil geworden, und sahen in dem Entwurf etwas Comicartiges und Futuristisches. Solche und andere Polemiken musste Wright sich gefallen lassen: »Jemand hat gesagt, das Museum

■ Blick von oben: die spiralförmige Galerie im Innern des Guggenheim-Museums.

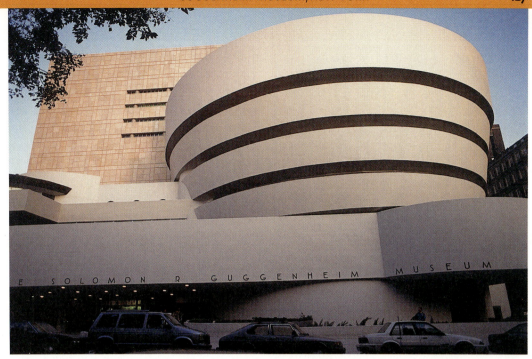

Außenansicht: Hauptseite und Eingang des Guggenheim-Museums.

hier an der Fitfth Avenue sehe aus wie eine Waschmaschine. Ich habe eine Menge solcher Reaktionen gehört und habe mir vorgenommen, sie einfach zu ignorieren.«

Der Zweite Weltkrieg unterbrach die Bauarbeiten, es gab kein Baumaterial. Solomon R. Guggenheim starb, und die ganze Museumspolitik wandelte sich. Insgesamt musste Wright seinen Entwurf siebenmal ändern. Es dauerte sechzehn Jahre, bis das Gebäude endlich stand. Unter den Aberhunderten von Projekten, die Wright zeitlebens realisiert hat, war das Museum das härteste. Noch zwei Monate vor seinem Tod schrieb Wright an Harry Guggenheim: »Ich kann Dir gar nicht sagen, wie viel mir Dein Rückhalt in diesen letzten Tagen der gewaltigen Anstrengung, die mit dem Museum verbunden war, bedeutet. Dass Du bereit bist, zu der Philosophie zu stehen, die dem Gebäude seine gegenwärtige Gestalt verliehen hat. Es steht jetzt da, wohlgeformt, und funktioniert aller Unbill zum Trotz, derer Du Dich selbst zu erwehren hattest ...«

Als hätte er gewusst, dass der Bau des Museums sein letztes Werk sein würde, hat er wie in einem Testament hier noch einmal seine Philosophie des organischen Bauens hinterlassen: »Lass' Wände, Decken und Böden ineinanderfließen, jedes Teil des anderen werden.«

Die elegante Hülle der spiralförmig ansteigenden Galerie, eine

Frank Lloyd Wright (1869–1959), Photographie um 1950.

■ *ganz oben* Blick durch die Mitte der Spirale zur Tageslicht spendenden gläsernen Kuppel.

oben Entlang der Spirale erwandern sich die Besucher die Kunstwerke – ein körperlich vermittelter Zugang, der sich aus der Konstruktion ergibt.

außen strahlend weiße schraubenförmige Skulptur, ist innen von einer gläsernen Kuppel mit Art-déco-Muster überwölbt. Der gesamte Bau ist – wenn man so will – eine Höhle, die sich um einen Brunnen in der Eingangszone herumwindet. Wie in einem Wandelgang bewegt man sich auf der sanft ansteigenden Spirale von unten nach oben – oder umgekehrt. Die ungewöhnliche Form der Präsentation und der leise Zwang, sich die an den Außenwänden angebrachten Bilderwelten zu erwandern, faszinieren jeden Besucher. Wright hat sich mit diesem spektakulären Bau selbst ein Denkmal gesetzt.

Trotz der Bewunderung, die das Gebäude stets in aller Welt erntete, zeigte sich doch im Lauf der Zeit die Untauglichkeit der Spiralform für großformatige Kunst. Auch fehlten Verwaltungs- und Lagerräume, sodass man sich entschloss, einen Erweiterungsbau in Auftrag zu geben. Das Gebäude, 1992 von Charles Gwathmey und Robert Siegel fertiggestellt, schuf neue Büroflächen, sodass freiwerdende Räume im alten Gebäude nun auch für Ausstellungen genutzt werden können.

Wright war ein einsames Genie; er war sich dessen bewusst und verhielt sich auch so. Seine Bauten schöpfte er gleichsam aus sich selbst, weitab von irgendwelchen Verbündeten, Moden und Schulen. Er war beides: Praktiker und Visionär. Zu seinen Studenten soll er gesagt haben: »Weil ich mit beiden Beinen auf der Erde stehe, beratschlage ich mich mit den Sternen.« Frank Lloyd Wright starb 1959 im Alter von 92 Jahren, nach 70-jähriger Tätigkeit als Architekt – ein halbes Jahr, bevor eines seiner größten Werke, das Guggenheim-Museum, eröffnet wurde. In einem der letzten Interviews, die er gegeben hat, wurde er gefragt, ob er an die Unsterblichkeit glaube. Seine Antwort war: »Ja – das, was unsterblich an mir ist, wird unsterblich bleiben.«

»Ich brauche einen Kämpfer, einen Liebhaber von Räumen, einen Organisator, einen experimentierfreudigen und weisen Mann ... Ich möchte einen Tempel des Geistes, ein Monument.«
Guggenheims Kuratorin Hilla von Rebay, eine passionierte Sammlerin, in einem Brief an Frank Lloyd Wright

FRANK LLOYD WRIGHT ALS LEHRER

 ## LEBEN UND WERK

Ursprünglich baute Frank Lloyd Wright (siehe S. 113) das Haus Taliesin für sich und seine Familie. Er lebte und arbeitete von 1911 bis zu seinem Tod 1959 dort. In den 1920er Jahren, als Amerika dem »International Style« huldigte und Wright in Vergessenheit geriet, gründete er mit seiner Frau Olgivanna die »Taliesin Fellowship«. Um an diesem Programm teilnehmen zu können, zahlten seine Anhänger US $ 650 pro Jahr. Die 23 Studenten des ersten Jahres erwartete allerdings wenig Architektur und jede Menge Garten- und Hausarbeit. Dennoch waren die meisten glücklich, einfach in der Nähe des Meisters sein zu können. Auf Außenstehende wirkte die Wrightsche Gemeinschaft mehr wie eine Sekte als eine Architekturschule. Eleanor Pettersen, eine Schülerin von Wright, beschrieb ihr Leben in Taliesin so: »Manchmal kam ich mir vor wie in einem Kloster ... es waren ja fast ausschließlich junge Männer ... aber Sie müssen sich das mal vorstellen, wir waren dort 24 Stunden am Tag zusammen. Wir arbeiteten zusammen, gruben gemeinsam den Garten um ... Immer dieselben Leute. Und wenn wir eine Party gefeiert haben, waren es auch dieselben Gesichter. Es war eine ganz eigene Welt, als ob wir auf dem Mond lebten. Als ich wieder ging, floss mein Blut anders. Alles war anders. Ich musste erst mal wieder in die richtige Welt zurückkehren. Dort draußen lebten wir in der Wüste. Wir bekamen keine Zeitung zu sehen. Kaum mal eine Zeitschrift. Radio hörten wir fast nie.« Zu den Schülern von Wright gehörte ab Oktober 1934 auch Edgar Kaufmann jr., dessen Eltern ihn in Taliesin besuchten. Wenige Monate später beauftragte Kaufmann Wright mit dem Bau von Fallingwater. Harmonie zwischen Mensch, Haus und Natur war eines der Prinzipien Wrights. Er war ein Mensch voller Widersprüche, und das drückte sich auch in seiner Lehrtätigkeit aus. Einerseits erklärte er, dass ein Künstler unabhängig sein muss, um seine Unverwechselbarkeit weiterzuentwickeln. Andererseits entwickelte er selbst keinen unverwechselbaren Stil, forderte im Alltag Konformismus und ließ seine Studenten keinen Spielraum, künstlerische Vision zu verwirklichen. Einerseits propagierte er, der Architekt solle das Haus so entwerfen, dass es die Individualität des Eigentümers widerspiegelt. Andererseits behauptet er, die Bauherren kennten ihre eigenen Bedürfnisse gar nicht und deshalb sei es ihre Pflicht, »die Grundidee eines Hauses zu verstehen, dafür dankbar zu sein und sich ihr anzupassen.« Lange nach Wrights Tod wird in Taliesin immer noch gelehrt. Aus der Taliesin Fellowship wurde die Frank Lloyd Wright School of Architecure. Ein Studienjahr kostet mittlerweile US $ 10 200.

 ## DATEN

Guggenheim-Museum:
Bauherr: Solomon R. Guggenheim
Baubeginn: 1943
Baupause: 1947–1955
Fertigstellung: 1959
Form: Spirale mit Glaskuppel
Baumaterial: Beton

Bekannteste Bauwerke:
Oak Park Home and Studio, 1889/1890, Chicago
William H. Winslow House, 1893, River Forest, Illinois
Frederick C. Robie House, 1906, Chicago
Johnson Wax Building, 1936–1939, Racine, Wisconsin
Taliesin West, 1937–1959, Scottsdale, Arizona
Solomon R. Guggenheim Museum, 1943–1959, New York

Lesenswert:
David G. De Long: *Frank Lloyd Wright – Die lebendige Stadt*, 1987.

Frank Lloyd Wright und das Solomon R. Guggenheim Museum, Ostfildern-Ruit 1995.

Hörenswert:
Simon & Garfunkel: *So long, Frank Lloyd Wright*.

Sehenswert:
Daron Hagen: *Shining Brow*, Oper.

Robert Lepage: *Geometry of Miracles*, Theaterstück.

 ## KURZWERTUNG

Das Guggenheim-Museum in New York ist das letzte von Hunderten von Bauwerken, die Frank Lloyd Wright Zeit seines Lebens realisiert hat. Es ist dasjenige, dessen Bauzeit am längsten gedauert hat, und es ist vielleicht sein Genialstes: Ein Museum in Gestalt einer Spirale.

Unité d'habitation

Marseille (1947–1952), LE CORBUSIER

■ Le Corbusier (1887–1965), Porträtaufnahme um 1960.

Es steht ein Haus in Marseille. Es steht auf Stelzen und es ist blau. Der Volksmund hat es »Le grand bleu« getauft. Es handelt sich um das 1994 von den Architekten Alsop & Störmer vollendete Verwaltungsgebäude für das Département Bouches-du-Rhône. Was hat das zu tun mit Le Corbusiers Unité d'habitation? Folgendes: Beide Gebäude befinden sich in derselben Stadt, und beide haben exakt dieselben Ausmaße. Das frühere dürfte ein Vorbild für das spätere gewesen sein – vielleicht sogar eine Hommage. Dabei gibt es kaum ein kontroverser diskutiertes Projekt als eben diese Wohnmaschine aus den Jahren 1947 bis 1952. Für den Erfinder war sie damals das non plus ultra des modernen Wohnens. Es war Le Corbusiers wichtigster Beitrag zum Thema sozialer Wohnungsbau und ein Versuch, die Wohnungsproblematik der Nachkriegszeit in einem Rundumschlag zu lösen. Es kann aber auch als Anfang einer fatalen Entwicklung von stereotypen Wohnblocks verstanden werden ...

Die Baubeschreibung fängt ausnahmsweise beim Dach an – dem sympathischsten, weil einfallsreichsten Detail der Wohn-

> »Zahlreiche Besucher warfen mir vor: »Ihr Haus ist schön, aber wie schlecht ist es ausgeführt!« Ich antwortete ihnen: »Wenn ihr die Kathedralen und Schlösser besichtigt habt, habt ihr nie den rohen Behau der Steine und die Fehler gesehen? Wo habt ihr denn eure Augen? Wenn ihr Männer und Frauen anseht, seht ihr denn nicht, dass sie Runzeln, Warzen, krumme Nasen und unzählige andere Fehler haben? Die Fehler sind menschlich ... Die Menschen verstehen nicht zu beobachten ... und vergessen, dass das Leben ein Spiel ist und dass die Befriedigung nicht aus einer passiven Betrachtung der Dinge, sondern aus einer gewonnenen Schlacht, gegen was auch immer, hervorgeht.«
>
> Le Corbusier

maschine: Dort oben befindet sich eine Art Vergnügungsland-
schaft – ein äußerst origineller Einfall, möchte man meinen –,
doch das Gebot der Stunde hieß Platzsparen. Da am Boden kein
Platz war, musste der Mensch eben auf dem Dach seinen Auslauf bekommen. Kurz nach dem Krieg herrschte große Woh-
nungsnot, Millionen von Menschen waren ohne Unterkunft. Le
Corbusiers »Wohneinheit« – sein erster Auftrag für den französischen Staat – war zu ihrer Entstehungszeit ein vielumstritte-
nes, verwegenes Experiment. Schon immer löste sie kontroverse Gefühle aus, man fand sie abstoßend und sympathisch
zugleich. Von Le Corbusier hieß es oft, er fühle mit dem Kopf
und denke mit dem Herzen: Die Unité d'habitation ist das Ergebnis seiner Studien auf dem Gebiet massenhaften und
zeitgemäßen Wohnens. 1922 schon zeigte er Pläne seiner
»vertikalen Stadt« in Paris. Seine Entwürfe wurden ver-
lacht, boykottiert und in Schubladen verwahrt. Dreißig
Jahre später war sie in Marseille tatsächlich entstanden: »Ich danke dem französischen Staat, dass er
dieses Experiment gewagt hat«, sagte Le Corbusier 1952 in seiner Eröffnungsrede. Der Bau in
Marseille war das Resultat einer jahrzehnte-
langen Forschungsarbeit über den Versuch,
das Spannungsverhältnis von Individuum
und Gemeinschaft rationell und frucht-
bar aufzulösen, dem einzelnen und seiner Familie Privatheit zu gestatten
und gleichzeitig Gemeinschaft zu
bieten.
Mit späteren menschenverach-
tenden Wohnblocks ist das
Haus nicht zu vergleichen.
Es hat einen humanitären
Anspruch und es löst ihn
auch ein. Das Gebäude am
Boulevard Michelet, diese
vertikale Stadt, unterschei-
det sich erheblich von anderen Wohnhochhäusern: Der
Bau steht mitten in einer
parkähnlichen Grünan-
lage. Das Haus steht auf

■ Die Ästhetik der Unité
d'habitation wird äußerlich
im Wesentlichen vom »béton
brut« (Rauhbeton) bestimmt,
innerlich von der Idee, alle Facetten des Lebens für das Individuum und die Gemeinschaft
in einem Haus zu vereinen.

■ Jede der Wohnungen hat zu beiden Seiten eine Loggia, zur einen mit Blick auf die Alpen, zur anderen mit Blick auf das Meer.

Stelzen, unter denen Fußwege und Parkpätze liegen. Seine Maße sind: 165 Meter lang, 24 Meter breit und 56 Meter hoch. Heute würde man angesichts dieser Höhe zwar nicht mehr von einem Hochhaus sprechen, aber 1952 war es noch fast ein Wolkenkratzer. In dem siebzehn Stockwerke umfassenden Betonbau wurden die einzelnen Wohnungen als geschlossene Einheit eingefügt. Insgesamt sind 337 Wohnungen in 23 verschiedenen Typen untergebracht. Jede für Familien gedachte Wohnung ist zweigeschossig und hat den Wohnwert eines Einfamilienhauses. Alle Wohnungen sind nach Ost-West orientiert und haben nach beiden Seiten Loggien mit Blick auf die Alpen oder das Meer. Die heute normal erscheinende Ausstattung der Wohnungen mit

> »Ich gab dem Begriff Wohnhaus seine grundlegende Bedeutung, indem ich es als Wohnmaschine bezeichnete und von ihm damit die vollständige und umfassende Antwort auf eine exakt formulierte Frage forderte.«
>
> Le Corbusier

Bad und Extradusche, Wandschränken und eingebauter Komfortküche war für damalige Verhältnisse luxuriös, zumal die Bewohner einfache Leute waren, die im Krieg alles verloren hatten. Zusätzlich bietet das Haus alle Einrichtungen einer in sich geschlossenen Stadt. Auf der siebten und achten Ebene befindet sich eine Ladenstraße mit Geschäften aller Art, Hotelzimmern und zur Freude der Damen sogar mit einem Friseur. Das bereits erwähnte Dach ist eine Welt für sich – voller kühner Farben und Formen und abgezirkelter Flächen. Hier befinden sich ein Freilichttheater, ein Kindergarten, ein Spielplatz, ein Schwimmbassin, eine Bahn für Jogger, eine Bar, eine Sonnenterasse und ein Aussichtsturm.

Die Pfeiler, auf denen das Gebäude ruht, geben ihm eine gewisse Leichtigkeit, und die roh belassene Fassade mit ihrem Licht- und Schattenspiel von abwechselnden Fenster- und Wandteilen lässt es wie eine Skulptur erscheinen. Le Corbusier hatte keinen allzu umfänglichen Etat zur Verfügung. An allen Ecken und

■ Die Dachterrasse: ein Ort der Gemeinschaft mit sozialen Einrichtungen und hohem Freizeitwert.

■ Ventilationsschächte und Kamine auf dem Dachgarten, Aufnahme von 1956.

Enden musste gespart werden. Die Bausumme betrug damals 33,5 Millionen Mark. Dennoch wollte er das ideale Wohnhaus einerseits und eine revolutionäre »Sinfonie aus Beton, Stahl und Glas« erbauen – und es scheint ihm gelungen zu sein. Das Haus liegt wie das Modell eines Vergnügungsdampfers als Pendant zu den Schiffen im Hafen zwischen Meer und Alpen. Für damalige Verhältnisse ist diese »Wohnmaschine« ein wirklich bemerkenswertes Experiment.

LE CORBUSIER ALS DESIGNER

 ## LEBEN UND WERK

Charles-Edouard Jeanneret, besser bekannt als Le Corbusier (siehe Seite 85), war nicht nur als Architekt tätig, sondern auch als Maler und Designer. Le Corbusier lernt die Arbeit eines Designers durch seinen Vater kennen. Anfangs wendet er sich jedoch der Architektur zu. Während einer ausgedehnten Deutschlandreise 1910 arbeitet Le Corbusier einige Monate bei Peter Behrens in Berlin. Er lernt Mitglieder des Deutschen Werkbunds kennen und die späteren Gründer des Bauhauses. Stark beeinflusst hat Le Corbusier auch Adolf Loos' 1908 erschienenes Werk *Ornament und Verbrechen*, in dem Loos die Jugendstilidee des Gesamtkunstwerks verspottet. 1918 lernt Le Corbusier in Paris den Maler Amédée Ozenfant kennen. Die beiden stellen gemeinsam aus und veröffentlichen ein Manifest mit dem Titel *Après le cubisme*. Darin bezeichnen sie den Kubismus als Modeströmung, die man hinter sich lassen müsse. Stattdessen propagieren sie die rationale Logik des Purismus. In seinem Buch *L'Art décoratif d'aujourd'hui* wendet sich Le Corbusier 1925 vehement gegen jegliche Art von Verzierung. Er geht so weit zu behaupten, dass bei der modernen Massenproduktion die Verzierungen lediglich dazu dienten, die mangelnde Qualität zu verbergen. Dabei steht Le Corbusier den neuen Produktionsmethoden durchaus positiv gegenüber. Die Neue Sachlichkeit erfordert keine individuellen Möbelstücke, sondern standardisierte Serienprodukte. Stahlrohr gilt dabei als Material der Zukunft. Hauptsächlich Marcel Breuer hat bis 1928 ein komplettes Sortiment von Stahlrohrmöbeln entwickelt, die in Deutschland von der Firma Thonet in Serie gebaut wurden. Thonet übernimmt anfänglich auch die Produktion von Le Corbusiers Stahlrohrmöbeln. Vermutlich hat der französische Zweig der Firma bereits die Prototypen gebaut, die Le Corbusier mit Pierre Jeanneret und Charlotte Perriand 1929 beim Pariser Herbstsalon erstmals vorstellt. Dazu zählen der *Sessel L02* und die *Chaiselongue LC4*, die, dem Zeitgeschmack entsprechend, mit Fell bezogen ist. Le Corbusier verwendet die Möbel auch zur Innenausstattung der von ihm entworfenen Privathäuser, darunter auch in der Villa Savoye in Poissy. Le Corbusier hat sich hauptsächlich in seiner frühen Schaffensphase mit Möbeldesign beschäftigt, aber sein Einfluss macht sich heute noch bemerkbar. Die berühmtesten Stücke werden seit 1971 von der italienischen Firma Cassina als Alleinvertreterin der Rechte gebaut. Zur standardisierten Massenproduktion eignen sie sich allerdings nicht. Jedes Stück wird mit einer eigenen Seriennummer und einem Stempel versehen, nicht zuletzt, um es deutlich von den unlizensierten Kopien auf dem Markt abzuheben.

 ## DATEN

Unité d'habitation:
Bauherr: Französisches Ministerium für Wiederaufbau
Bauzeit: 1947–1952
Breite: 24 m
Länge: 165 m
Höhe: 56 m
Stockwerke: 17
Wohnungen: 337
Geplante Anzahl der Bewohner: ca. 1600
Bausumme: 33,5 Millionen DM

Bekannteste Möbel:
Sessel L02 »Grand comfort«, 1928
Liege LC4, 1928

Lesenswert:
Design! Das 20. Jahrhundert, München 2000.

Volker Fischer: *Die Liege LC4 von Le Corbusier, Pierre Jeanneret und Charlotte Perriand*, Frankfurt 1997.

Renato de Fusco: *Le Corbusier, designer: Furniture 1929*, o. J.

Charles-Edouard Jeanneret: *L'Art decoratif d'aujourd'hui*, Paris 1925.

Adolf Max Vogt: *Le Corbusier, der edle Wilde. Zur Archäologie der Moderne*, Braunschweig, Wiesbaden 1996.

 ## KURZWERTUNG

Für die einen eine seelenlose Wohnmaschine, für die anderen eine sensationelle zeitgemäße Erfindung für massenhaftes Wohnen: So ist die Unité d'Habitation in die Architekturgeschichte eingegangen.

Seagram Building

New York (1954–1958), LUDWIG MIES VAN DER ROHE und PHILIP JOHNSON

■ Perspektivischer Blick durch den glasüberdachten Durchgang des Seagram Building zu seinem dahinterliegenden Quertrakt.

Der in Kanada ansässige multinationale Whiskey-Konzern Seagram beschloss zum hundertjährigen Bestehen der Firma, einen repräsentativen Firmensitz in der Park Avenue in New York bauen zu lassen. Eigentlich war der Auftrag schon dem Architekturbüro Luckman & Pereira erteilt worden, doch der Tochter des Firmeninhabers, Phyllis Lambert, mochte der mittelmäßige Entwurf nicht gefallen. Gemeinsam mit dem damaligen Leiter der Architekturabteilung des Museum of Modern Art,

> »Less is more« war das berühmte Credo des Architekten Mies van der Rohe. Henry Russell Hitchcock soll beim Anblick des fertigen Seagram-Gebäudes gesagt haben: »I have never seen more of less.«

dem Architekten Philip Johnson, suchte sie nach einem fähigen anderen Kandidaten, der der Aufgabe gewachsen sein würde. In die engere Auswahl kamen Marcel Breuer, Walter Gropius, Eero Saarinen und Frank Lloyd Wright. Das Rennen machte der noble und elegante Entwurf von Mies van der Rohe. Er hatte seine Pläne aus dem Jahr 1921 für das Glashochhaus in Berlin wieder aufgegriffen. Damals konnte er es nicht realisieren, doch seit dieser Zeit hatte er sich kontinuierlich theoretisch mit dem Bau eines Wolkenkratzers beschäftigt. Erst 1954 sollte er wieder die Chance bekommen, ein Hochhaus zu bauen. Sein damaliger Entwurf eines verglasten Bürogebäudes in der Friedrichstraße hätte nicht prophetischer sein können, zu einem Zeitpunkt, als es konstruktiv noch nicht zu realisieren war. Fünfunddreißig Jahre später war es dann möglich, seine Idee von damals in die Tat umzusetzen – das Ergebnis war das Seagram Building. Es verkörpert wie kein anderes Hochhaus den Begriff der schlichten Eleganz. Es hatte Vorbildcharakter und wurde häufig kopiert. Der *International Style* mit seinem Gebot der extremen Einfachheit fand weltweit Verbreitung. Weitere Baubeispiele sind: das SAS-Gebäude in Kopenhagen von Arne Jacobsen (1958–1960) oder das CBS Building von Eero Saarinen in New York (1960–1964) sowie Mies van der Rohes Lake Shore Drive Apartments (1948–1951) in Chicago.

Das Seagram Building in der Park Avenue machte damals Furore, nicht nur seiner einfachen Schönheit wegen, sondern weil der Architekt so mutig war, gegen ein ehernes Prinzip des bisherigen Hochhausbaus zu verstoßen: Bisher hatten alle Gebäude in Manhattan so gebaut werden müssen, dass auch der letzte Zentimeter des Grundstücks ausgenutzt war. Mies van der Rohe hatte die Chuzpe, einen Vorplatz mit zwei Bas-

■ Gesamtansicht des Seagram Building mit seiner 160 Meter hohen Glasfassade.

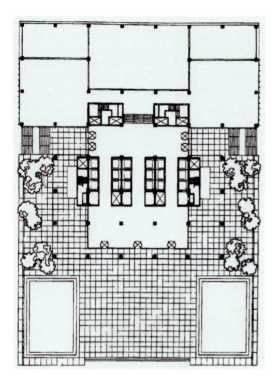

■ Grundriss mit großräumiger Platzgestaltung.

sins zu planen und das Gebäude auch noch auf Stützen zu stellen – welche Platzvergeudung! Zwar hatte das zuvor entstandene Rockefeller Center ebenfalls eine Plaza, einen offenen Vorplatz, doch da es sich hierbei um ein City-Center und nicht um einen reinen Geschäftskomplex handelt, erschien dieser Luxus nicht als allzu großer Frevel.

Charakteristisch für bisherige Hochhausbauten war gewesen, dass zumindest das Erdgeschoss das gesamte Grundstück ausfüllte und erst in den oberen Stockwerken Gebäuderücksprünge eingeplant wurden. Das Seagram Building hingegen war etwas völlig Neues: Es war ein Monolith – ein Gebäude aus einem Guss, ein rechteckiger, 38 Stockwerke hoher Kasten mit einer verglasten Fassade; von vorn betrachtet eigentlich eine fast 160 Meter hohe Scheibe ohne jegliche Struktur bis auf die der Fensterraster. In den obersten fensterlosen Stockwerken ist die Haustechnik untergebracht. Die Fassade ist mit bronzefarbenen T-Profilen verkleidet – die Wahl der Farbe darf wohl als Anspielung auf das Whiskey-Imperium des Besitzers verstanden werden. Das Gebäude vermittelt den Eindruck einer geometrischen Einheit, wobei der Grundriss aber aus zwei sich überlagernden Baukörpern besteht. Der Hauptkörper zur Straße hin

■ Das auf Stützen gestellte Gebäude schafft Platz und Licht, statt beides zu verbrauchen.

verdeckt einen Quertrakt, der bis zum sechsten Stockwerk reicht. Von Philip Johnson stammt der Entwurf eines glasüberdachten Querdurchgangs und die Gestaltung des berühmten Restaurants Four Seasons, das er 1957/58 realisierte.

Der Kritiker Lewis Mumford schrieb damals im New Yorker: »Das Seagram Building hebt sich von dieser Ansammlung, dieser erstarrten Überfülle hässlicher, einer grellen Mode ent-

■ Das Seagram Building reflektiert den Himmel und die umliegenden Gebäude wie ein großer Spiegel.

links Detailaufnahme der Fassade.
rechts Detailaufnahme an der Verbindung zum Fenster.

sprungenen Neubauten wie ein Rolls-Royce von seiner Motorrad-Eskorte ab. Mehr noch als sein eleganter Nachbar, das Lever House, hat es Atmosphäre. Von drei Seiten völlig sichtbar und zu Fuß zugänglich, schafft es Raum, statt welchen zu verbrauchen. Die Geste, es von den Nachbargebäuden abzusetzen, war die kühnste seines Haupterfinders Mies van der Rohe, durch ein schweres Opfer an gewinnbringender Bürofläche gelang es ihm, eine Wirkung zu erzielen, die nur erreicht wird, wenn wie beim Rockefeller Center mehrere Gebäude gemeinsam auf ein Gelände gestellt werden, das größer als ein einzelner Straßenblock ist.«

Mies van der Rohe war bereits 68 Jahre alt, als er den Auftrag für das Seagram Building erhielt. Das Gebäude gilt als vollkommenstes Beispiel des *International Style* und sein Erbauer als Vater dieser Stilrichtung.

Ist weniger tatsächlich mehr? Auf diese Streitfrage scheint das Seagram Building eine endgültige Antwort geben zu können. Auf jeden Fall trug es dazu bei, Mies van der Rohes Ruf als eines kalten Architekten zu beseitigen. Er hatte ein durch seine Bronzetöne äußerst warm wirkendes Gebäude geschaffen, und er hatte den New Yorkern eine Idee in den Kopf gesetzt, die sich allmählich immer mehr durchsetzte: Durch den Verzicht eines Teils des Grundstücks zugunsten einer Plaza schenkte er den Großstädtern mehr Licht.

Philip Johnson (geb. 1906).

PHILIP CORTELYOU JOHNSON

LEBEN UND WERK

Am 8. Juli 1906 wird Johnson als Sohn einer wohlhabenden Familie in Cleveland geboren. Der Vater ist Rechtsanwalt. Der junge Johnson ist nach eigener Aussage ein »verzogenes Balg«. Nach dem Schulabschluss weiß er nicht, was er mit sich anfangen soll. Er beginnt ein Philosophiestudium in Harvard, das er 1927 abschließt. Weder eine Laufbahn als Lehrer noch eine als Theoretiker sagt ihm zu. Sein Interesse gilt Kunst und Architektur. 1930 gründet er am Museum of Modern Art eine Architektur- und Designabteilung, die er bis 1936 leitet. 1932 veröffentlicht er mit dem Architekturhistoriker Henry-Russell Hitchcock *The International Style: Architecture Since 1922* über die gleichnamige Ausstellung. Die gezeigten Werke von Mies van der Rohe, Gropius, Le Corbusier und anderen beeinflussen die US-amerikanische Architekur auf Jahrzehnte. 1932–1940 ist Johnson politisch aktiv. Er fährt nach Deutschland, begeistert sich für Hitler und engagiert sich nach seiner Rückkehr in die USA für rechtsgerichtete Politiker. Johnson, der sich selbst als »typischen Heldenverehrer« einschätzt, bezeichnet dies später als den schlimmsten Fehler seines Lebens. 1940 beginnt er in Harvard sein Architekturstudium, unter anderem bei Marcel Breuer. Der Kurs über den Internationalen Stil, in dem sein eigenes Buch die Grundlage ist, wird ihm jedoch erlassen. 1946–1954 leitet er noch einmal die Architekturabteilung des Museum of Modern Art. Nach Studienabschluss und freiwilligem Militärdienst widmet sich Johnson in den 1940er Jahren aktiv der Architektur. Sein Glass House in New Canaan (1945–1950) ist noch stark von Mies van der Rohe beeinflusst. Es folgen viele schlichte Bauten. Ende der 1950er weitet er sein architektonisches Spektrum aus und baut häufig historisierend. Gleichzeitig arbeitet er mit Mies van der Rohe an dem puristischen Seagram Building (1954–1958). 1967 tut sich Johnson mit John Burgee zusammen (siehe Seite 199); diesmal wechselt sein Stil zu postmodern. 1988 veranstaltet er mit Mark Wigley die Ausstellung *Deconstructivist Architecture*. Während die einen Johnson als kreativen Geist verehren, halten andere ihn für einen Machtmenschen, der mehr gute Beziehungen als Begabung hat. 1998 erklärt ihn das *American Heritage Magazine* zum »am meisten überschätzten Architekten«. Johnson denkt nicht an den Ruhestand. 1992 sagt er in einem Interview: »Ich werde arbeiten, bis ich umfalle. Aber bis dahin ist es noch lang.« Und bis dahin führt er regelmäßig Besuchergruppen über sein Anwesen und zieht weiterhin Aufträge an Land. Biographie von Ludwig Mies van der Rohe siehe Seite 89.

DATEN

Seagram Building:
Bauherr: Seagram Inc.
Bauzeit: 1954–1958
Höhe: 160 m
Arkadenhöhe: 8,5 m
Anzahl der Stockwerke: 38
Baumaterialien: Stahl, Bronze, Glas
Baukosten: US $ 41 Millionen

Bekannteste Bauwerke:
Glass House, 1947–1949, New Canaan
Kneses Tifereth Israel Synagoge, 1954–1956, Port Chester
AT&T Building, 1979–1984, New York

Lesenswert:
Peter Blake: *Philip Johnson*, Basel, Berlin, Boston 1996.

Philip Johnson, Henry-Russel Hitchcock: *Der internationale Stil*, Braunschweig, Wiesbaden 1985.

Philip Johnson, Mark Wigley: *Dekonstruktivistische Architektur*, Ostfildern-Ruit 1988.

Franz Schulze: *Philip Johnson: Leben und Werk*, Wien 1996.

Berühmtes Zitat:
»Ich bin gern ein *enfant terrible*, auch wenn ich für ein *enfant* schon zu alt bin.«

KURZWERTUNG

Warum ist die eine Kiste aus Glas und Stahl eben nur eine Kiste und warum ist eine andere, nämlich das Seagram-Building, das eleganteste Hochhaus der Welt? Auf diese Frage pflegte Mies van der Rohe zu antworten: »Less is more.« Das Seagram Building gilt als das vollkommenste Beispiel des *International Style*.

TWA-Terminal/JFK

New York (1956–1962), EERO SAARINEN

■ Die Form des TWA-Terminals erinnert sofort an die Flügel eines Vogels.

Heute lässt sich nur noch erzählen, was der TWA-Terminal einmal war, sein ursprünglicher Glanz ist längst zerstört. Eine Reise in die Vergangenheit: Der Standort des Terminals, der John F. Kennedy International Airport (JFK), dessen Fläche von zwanzig Quadratkilometern halb Manhattan bedecken würde, ist der größere der drei New Yorker Flughäfen. Der ursprünglich Idlewild genannte Flugplatz wurde 1963, nach dem tödlichen Attentat auf den damaligen Präsidenten, in JFK umbenannt. 1941 begann die Planung für den Flughafen, 1948 wurde er in Betrieb genommen. Zwanzig Millionen Passagiere zählte man hier schon 1968. Inzwischen hat sich die Zahl mehr als verdoppelt:

Für das Jahr 2000 rechnete man mit fünfundvierzig Millionen Fluggästen. Die Grundkonzeption des JFK ist ein Zentralgebäude, das von individuellen Terminals umgeben ist, ein geschicktes, urkapitalistisches Konzept, das die einzelnen Fluggesellschaften zwang, miteinander zu konkurrieren.
Der spektakulärste Terminal, der damals entstand, ist der TWA-Terminal. Sein Erbauer war der in Finnland geborene Architekt Eero Saarinen (1910–1961), Sohn des ebenso berühmten Architekten Eliel Saarinen (1873–1950). Die Aufgabe des Bauwettbewerbes bestand darin, sich ein majestätisches Empfangsgebäude auszudenken. Saarinen schuf etwas anderes: Seiner

■ Der Terminal mutet wie die Kulisse eines frühen James-Bond-Films an.

> Als Filmkulisse diente der TWA-Terminal/JFK 1997 in der Science-Fiction-Komödie *Men in Black* von Barry Sonnenfeld. Der Produzent Steven Spielberg landete hiermit mal wieder einen Riesenhit.

Entstehungszeit gemäß, wirkt das Gebäude, als sei es eine Filmarchitektur-Erfindung für einen der frühen James-Bond-Filme. Der Bau kann als *die* ultimative Design-Ikone der Mitte des vergangenen Jahrhunderts gelten. Die Bauarbeiten dauerten von 1959 bis 1962, die Kosten beliefen sich auf fünfzehn Millionen US-Dollar. Die Gestalt des Terminals, die der eines fliegenden Vogels ähnelt, ist darauf angelegt, Aufmerksamkeit auf sich zu lenken. Der expressionistisch anmutende Bau ist ein »Poem in Beton«, und die Innenräume scheinen, wie seine äußere Form,

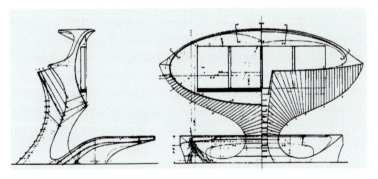

■ Aufriss des *TWA-Terminals*.

■ *oben* Die vier ineinander greifenden Gewölbe bilden einen Baldachin über dem Passagiergelände.
unten Blick in die Haupthalle mit ihren mächtigen, ausladenden Formen.

Als der Architekt den Bau zum letzten Mal vor seiner Fertigstellung inspizierte, am 17. April 1961, soll er gesagt haben: »TWA fängt an, wunderbar auszusehen. Wenn irgendetwas passieren sollte und die Bauarbeiten in diesem Stadium eingestellt werden müssen, würde er eine wunderschöne Ruine abgeben, etwa wie die Thermen von Caracalla.«

ebenfalls zu fliegen. Saarinen hatte in Paris Bildhauerei studiert, was ihn für seine späteren skulpturalen Bauten prägte. Der Architekt behauptete zwar stets, er habe die Inspiration für die Gestaltung des Gebäudes nicht bei der Vogelwelt abgeschaut, sondern der Einfall sei ihm beim Frühstück angesichts der Überreste einer Grapefruit gekommen – ob Grapefruit oder Vogel, die TWA-Bosse hatten zunächst einige Mühe, dieser Extravaganz aus Beton und Glas zuzustimmen. Der Architekt immerhin war so angetan von seiner Idee, dass er die Phase des Plänezeichnens und der Blueprints ausließ und von der Grapefruit direkt zum Modellstadium sprang. Als eigentliche Vorbilder des Baus haben aber sicherlich Le Corbusiers Wallfahrtskirche in Ronchamp und Jørn Utzons Sydney Opera House sowie Frank Lloyd

TWA-TERMINAL/JFK

> »Wir wollten, dass der Passagier, der durch die Räume geht, sich in einer Art Environment befindet, wo jeder Teil die Konsequenz eines vorhergehenden ist und alle derselben Formwelt entstammen.«
> Eero Saarinen

Wrights Guggenheim-Museum Pate gestanden. Als das Ergebnis fertig dastand, ließ auch der Architekt sich zu einer poetischeren Variante hinreißen. Es sei ihm darum gegangen, »den Geist des Fliegens zu symbolisieren«, sagte er nun. Die große Betonschale besteht aus vier ineinandergreifenden Gewölben, die einen Baldachin über das ganze Fluggastgelände hinweg bilden. Die gewölbte Decke ist durch Streifen von Oberlichtern gegliedert und bietet den Reisenden einen übersichtlichen und geräumigen Innenraum von 12 000 Quadratmetern Größe. Die Galerie-Ebene und die Caféteria wurden von Raymond Loewy gestaltet. Saarinen hatte die geniale Idee, Schneeschmelzgruben rund um die Anlage herum anzulegen. In diese 3,5 Meter langen und 1,8 Meter tiefen Gruben befördern die Schneepflüge den Schnee, wo er von Hitzegeneratoren geschmolzen wird.

■ Eero Saarinen (1910–1961), Porträtaufnahme.

■ So sah der unter Denkmalschutz stehende TWA-Terminal 1962 aus.

■ Eingangsbereich des TWA-Terminals im John F. Kennedy Airports, 1972.

Das Gebäude muss damals einen vergleichbaren Aufmerksamkeitswert gehabt haben wie heute das Guggenheim-Museum von Frank O. Gehry in Bilbao. Stets zog der Bau gegensätzliche Kritikermeinungen auf sich: Die einen hielten es für ein Meisterwerk der modernen Form, den anderen war es nur ein Aufmerksamkeit heischendes Stück modernen Designs. Saarinen starb neun Monate vor Eröffnung des Bauwerks.

Schon von Anfang an war der Terminal eigentlich zu klein für den Passagierandrang, dem er standhalten musste. Man ahnte das Jet-Set-Zeitalter, das bevorstand, noch nicht voraus. Auch technisch war er bald überholt. Die Zeit und der Zwang zur Effizienz haben ihren Tribut gefordert: Im Zuge etlicher Modernisierungen hat der TWA-Terminal den Glanz und die Einzigartigkeit von einst eingebüßt. Seit 1994 steht er unter Denkmalschutz.

Vor der Jahrtausendwende benötigte der alte JFK dringend ein »Facelifting« – was bei seinem Alter von fünfzig Jahren als angemessen gelten mag. JFK ist zu einer wandernden Großbaustelle geworden. Ob er es nach dem Umbau geschafft haben wird, wieder der erste Flughafen der USA zu werden, darf als fraglich gelten. Ein Lufthansa-Mitarbeiter drückte es so aus: »Das wäre ja, als wolle man aus einer Großmutter eine Jungfrau machen.«

■ Größe und Technik des Terminals waren bald nicht mehr zeitgemäß.

EERO SAARINEN

 ## LEBEN UND WERK

Saarinen wird am 20. August 1910 im finnischen Kirkkonummi geboren. Vater Eliel Saarinen ist ein bekannter Architekt, Mutter Loja Gesellius Bildhauerin. Von klein auf erfährt Eero, was Professionalität und Qualitätsbewusstsein sind. 1923 ziehen die Eltern mit ihm und seiner Schwester Eva-Lisa in die USA. Eero geht in Michigan zur Schule. 1929/30 studiert er an der Académie de la Grande Chaumière in Paris Bildhauerei, obwohl er schon weiß, dass er in die Fußstapfen seines Vaters treten wird. Nach seiner Rückkehr 1931 beginnt er ein Architekturstudium an der Universität Yale, das er 1934 abschließt. Ein Stipendium der Universität ermöglicht ihm, 1934/35 durch Europa zu reisen. Er bleibt ein weiteres Jahr in Helsinki und arbeitet bei Jarl Eklund. 1938 tritt er in das Büro seines Vaters in Ann Arbor ein. 1939 heiratet Saarinen die Bildhauerin Lillian Swann. Aus der Ehe gehen zwei Kinder hervor, Eric und Susan. 1945 wird er neben seinem Vater und J. Robert F. Swanson Partner in der Firma. Seine ersten Arbeiten entstehen alle in Zusammenarbeit mit dem Vater. Eigenes Profil zeigt er erstmals 1948 mit einem Wettbewerbsentwurf für das Jefferson National Expansion Memorial in St. Louis. Das Projekt, ein 192 m hoher parabolischer Bogen, wird leider erst 1963 als Gateway Arch verwirklicht; Saarinen hat den Bau nicht mehr erlebt. Nach dem Tod des Vaters 1950 eröffnet er in Birmingham sein eigenes Büro unter dem Namen Eero Saarinen and Associates. Er vollendet das General Motors Technical Center in Warren (1948–1956), das er noch mit seinem Vater geplant hat. Die quaderförmigen Bauten aus Stahl und Glas, die um einen künstlichen See angeordnet sind, erinnern an Mies van der Rohe. Doch Saarinen ist experimentierfreudig und bleibt nicht beim technologischen Purismus. In seinen späteren Werken spiegelt sich stets auch die Liebe zur Bildhauerei wider. Zu den wichtigsten gehören Mauerwerkszylinder der Kapelle des Institute of Technology in Cambridge (1953–1955), die US-Botschaft in London (1955–1960), der TWA-Terminal in New York und das Terminal Building des Dulles International Airport bei Washington (1958–1963). Saarinen wird 1953 geschieden. 1954 heiratet er die Kunstkritikerin Aline Bernstein Loucheim. Sohn Eames, benannt nach Saarinens Freund, dem Architekten und Designer Charles Eames, wird noch im selben Jahr geboren. 1961 wird bei Saarinen ein Gehirntumor diagnostiziert. Er stirbt kurz nach der Operation, am 1. September 1961, in Ann Arbor. Seine Mitarbeiter John Dinkeloo und Kevin Roche bringen die angefangenen Projekte unter seinem Namen zu Ende und lösen das Büro 1966 auf.

 ## DATEN

TWA-Terminal:
Bauherr: Trans World Airlines
Bauzeit: 1956–1962
Fläche Innenraum: 12 000 qm
Baukosten: 15 Millionen US $

Bekannteste Bauwerke:
General Motors Technical Center, 1948–1956, Warren
US-Botschaft, 1955–1960, London
Terminal Building des Dulles International Airport, 1958–1963, Washington
Gateway Arch, 1963, St. Louis

Lesenswert:
Architekten. Eliel und Eero Saarinen. Stuttgart 1998.

Robert A. Kuhner: Eero Saarinen. His Life and His Work, Monticello 1975.

 ## KURZWERTUNG

Was ursprünglich als Markenzeichen einer Fluggesellschaft gedacht war, der TWA-Terminal auf dem John-F.-Kennedy-Flughafen in New York, gilt inzwischen als ultimative Ikone moderner Architektur der Mitte des 20. Jahrhunderts.

Brasília

Brasília (1956–1961), OSCAR NIEMEYER

Als Juscelino Kubitschek de Oliveira 1956 zum neuen Staatspräsidenten Brasiliens gewählt wurde, wollte er seinem Volk zum Einstand ein ganz besonderes Geschenk machen: die Gründung einer neuen Hauptstadt im Planalto Central, wie es im Artikel 3 der brasilianischen Verfassung von 1891 vorgesehen war. Durch die Hauptstadt dort oben auf der Hochebene, mehr als tausend Meter über dem Meer, versprach der Präsident seinem Volk, könne eines der »reichsten Gebiete der Erde« urbar gemacht werden.

Noch im selben Jahr beauftragte Kubitschek den Stadtplaner Lúcio Costa und den Architekten Oscar Niemeyer, im unerschlossenen Landesinneren die neue Hauptstadt zu schaffen. Sie sollte für das junge Brasilien stehen: dynamisch, optimistisch, technikgläubig – für einen radikalen Neubeginn. Der Staatspräsident wollte ein Symbol schaffen, keine Wohnidylle,

■ Der oberste Gerichtshof am Platz der Drei Gewalten.

■ Das Kongressgebäude am Platz der Drei Gewalten, dahinter die Türme der Obersten Verwaltungsbehörde.

er wünschte sich ein politisches und ästhetisches Gesamtkunstwerk. Costa und Niemeyer machten aus diesem Auftrag eine Hommage an die Stadtlandschaft als Gegenentwurf der Moderne zur traditionellen Bürgerstadt, sie träumten den Traum einer Metropole mit glücklichen Menschen. Tausend Kilometer von Rio und São Paulo entfernt entstand die moderne Idealstadt mit ihren strahlend weißen Monumentalskulpturen.

Die am Reißbrett entworfene Anlage ist flugzeugförmig, in rechtwinklige Straßenraster und gewaltige Achsen eingeteilt. Brasília und das indische Chandigarh von Le Corbusier (1951–1959) sind die weltweit einzigen Beispiele und Versuche des modernen Städtebaus. In nur drei Jahren wurde Brasília damals buchstäblich aus dem Boden gestampft. 40 000 Arbeiter kamen aus allen Teilen des Landes. Sie arbeiteten in Schichten rund um die Uhr. Und selbst als das Werk vollendet war, blieben sie. Ausufernde Slums umgeben die cleane Stadtanlage und beweisen ihre Unnatürlichkeit. Die Bevölkerung Brasílias sollte strikt auf eine halbe Million Einwohner limitiert sein, heute sind es fast drei!

Frühes Vorbild Niemeyers war Le Corbusier. »Für meine Arbeit als Architekt hat es mir sehr geholfen, als Le Corbusier einmal zu mir sagte: ›Oscar, Architektur ist in erster Linie Erfindung.‹« Doch im Gegensatz zu seinem Lehrmeister lehnt er »kantige und starre Linien« ab und bevorzugt stattdessen »freie und sensuelle Kurven«. Die Schaffung der neuen Hauptstadt des Lan-

■ Oscar Niemeyer (geb. 1907).

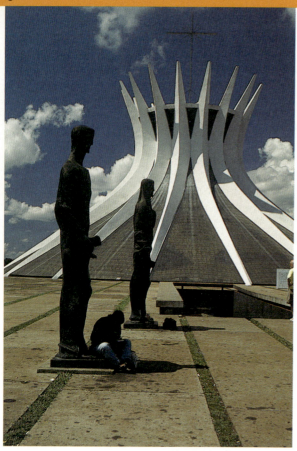

■ Die Kathedrale von Brasília, gestaltet ohne Winkel, Ecken oder schmückende Details.

»Wichtig war für mich immer, dass meinen Bauten etwas Überraschendes innewohnt, dass sie etwas Ungesehenes erfinden.«
Oscar Niemeyer

des trug dem Architekten den Beinamen »brasilianischer Corbusier« ein. Der städtebauliche Entwurf von Costa besticht noch heute: Er stellte die höchstens sechs Stockwerke hohen Wohnblöcke auf Säulen und gab Brasília dank der weiten Durchblicke auf gepflegte Rasenflächen das Bild einer Gartenstadt – wenn auch nur idealtypisch: Nach sechs Monaten Trockenheit ist das Gras verbrannt. Niemeyers Ministerien und Paläste sind immer wieder bewundert worden, allen voran die Kathedrale, deren Körper aus kreisförmig angeordneten, aufwärts gestreckten s-förmigen Betonpfeilern gebildet wird – das Gebäude strebt förmlich dem Himmel entgegen. Des weiteren gestaltete er den Platz der Drei Gewalten mit seinen berühmten Motiven Kuppel, Schale und Doppelhochhaus mit Senat, Parlament, Oberstem Gerichtshof und dem Gebäude Planalto. Ebenfalls nach Niemeyers Entwürfen wurden die Ministerien, die Universität und der Sitz des Präsidenten, der Palast der Morgenröte, in einem künstlichen See auf zweiundzwanzig Marmorsäulen ruhend, realisiert. Über ein Dutzend Tempel aus modelliertem Beton schuf er für die neue Hauptstadt. Die Gebäude sind gezielt auf den plastischen Ausdruck hin angelegt und erhalten dabei eine der Monumentalität des Auftrags entsprechende symbolische Bedeutung. Rings um diese Repräsentationsbauten wuchs die Stadt, strikt getrennt in Bereiche für Wohnen, Arbeiten und Erholen. Am 21. April 1960 wurde Brasília eingeweiht. Vier Jahre später kam die Militärdiktatur. Niemeyer wurde jede Tätigkeit im Land untersagt. In den nächsten Jahren baute er in aller Welt und lebte im Exil in Europa.

Lúcio Costa 1968 über Brasília: »Alles ist monumental, menschlich, einfach, grandios, asketisch in der Reinheit seiner Formen, die auf das Nötigste reduziert wurden.« Der Gegensatz von Stadt und Land sollte aufgehoben sein, Wohnen, Arbeiten und

Leben eng beieinander liegen. Vieles erinnert an Frank Lloyd Wrights Pläne seiner »Lebendigen Stadt«, mit denen er sich während seines gesamten Architekturschaffens befasste. Niemeyer hingegen bekennt später: »Dieses Experiment war nicht erfolgreich.«

Zu seiner Entstehungszeit war *Brasília* ein weltweit gepriesenes Modell des Modernismus. Die Euphorie der Gründerjahre hat sich gelegt. Heute – nach vierzig Jahren – zeigen sich überall Spuren des Verfalls. Selbst die berühmte Kathedrale hat Wind und Wetter nicht getrotzt. Bedingt durch die architektonische Nüchternheit, stellte sich kein quirliges Durcheinander, kein Menschengewirr, kein Nachtleben ein – etwas Kaltes, Unpersönliches haftet dem Ganzen an.

Statt der städtebaulichen und sozialen Utopie hat sich das Gegenteil entwickelt: Die Oberschicht lebt in Villenvierteln um einen künstlichen See, die Mittelschicht in Plattenbauten, die Armen vor den Toren der Stadt in Slums. Und die Regierungsbeschäftigten fliegen ohnehin übers lange Wochenende in die Küstenstädte, wo das Leben pulsiert. Sie sind der Meinung, das

■ Die Streben der Kathedrale sind aus Beton und rahmen das Glas ein; das einfallende Licht ist das bestimmende Element im Innern der Kathedrale.

■ Das Formvokabular, das Oscar Niemeyer bei Brasília verwendete, ist durch Symbolik und Neuanfang geprägt, nicht durch Geschichte und Rückblick.

> Früh schon wehrte sich Oscar Niemeyer gegen das monotone, funktionalistische Bauen der Moderne: »Corbusier sagte einmal zu mir: Du hast die Berge von Rio in deinen Augen. – Aber es sind mehr als die Berge, es sind auch die Frauen, der Himmel, die Wolken, alles, was wichtig ist. Ich wollte eine freiere Architektur, voller Enthusiasmus.«

Schönste an Brasília sei der Flug nach Rio. Ein hoher Beamter klagt: »Wir leben hier wie in einem Funktionärsghetto, in einer schläfrigen Provinzstadt ohne Resonanzboden. Wir treffen unsere Entscheidungen in sterilen Räumen auf der Grundlage von Telegrammen. In Brasília gibt es keine gute Buchhandlung, kein gutes Archiv, keine guten Übersetzer, keine vernünftige Bibliothek. Die Verbindung zur Vergangenheit ist gekappt, wir arbeiten ohne historische und internationale Sicht. Mir ist der Smog in São Paulo lieber als das Vakuum in Brasília.« Dennoch wurde Brasília am 7. Dezember 1987 von der UNESCO zum Kulturerbe der Menschheit deklariert.

Ein Monument der Fortschrittsgläubigkeit scheint zerbröckelt zu sein. Niemeyer meint heute: »Wenn ich Brasília heute planen würde, dann würde ich den Kongress und den Platz der Drei Gewalten genauso bauen wie einst. Nur gäbe es zusätzlich Apartmenthäuser und Schulen und Läden, und auf die großen Straßen mit den vielen Autos würde ich verzichten. Man könnte überall zu Fuß hingehen.« Oscar Niemeyer kann heute Rückblick auf ein ganzes Jahrhundert halten. Er lebt in Rio de Janeiro. »Brasília kann man lieben oder nicht, aber es ist etwas, das es noch nie gegeben hat. Darauf kommt es an. Auf das Glück, das die Überraschung in dir hervorruft. Das ist Architektur.«

■ Palacio dos Arcos, das Außenministerium, erbaut 1960.

OSCAR NIEMEYER

 LEBEN UND WERK

Niemeyer wird am 15. Dezember 1907 in Rio de Janeiro geboren. 1929 heiratet er Annita Baldo. Die gemeinsame Tochter heißt Anna Maria; sie wird später Kunsthändlerin. Niemeyer studiert 1930–1934 an der Escola Nacional de Belas Artes in Rio Architektur. Nach Abschluss des Studiums arbeitet er im Büro von Lúcio Costa, der als führender Kopf der modernen brasilianischen Architektur gilt. Mit Costa und anderen baut er 1936–1943 das Erziehungs- und Gesundheitsministerium in Rio. Bei diesem Projekt lernt er Le Corbusier kennen, der als Berater tätig ist. Der Einfluss des Schweizers ist im Frühwerk von Niemeyer deutlich zu erkennen. An den Entwürfen des Brasilianischen Pavillons für die Weltausstellung in New York 1939/1940 ist Niemeyer ebenfalls beteiligt. Den Auftrag für sein erstes eigenes Großprojekt erhält er von Juscelino Kubitschek de Oliveira, dem Bürgermeister von Belo Horizonte, der ein neues Stadtviertel benötigt. Niemeyer entwickelt einen ganz eigenen Stil der skulpturalen Gestaltung, bei dem sich die Formen der Landschaft im Gebäude widerspiegeln. An der Kirche São Francisco de Assis (1943) und seinem eigenen Haus in Rio (1953/54) ist das besonders gut zu erkennen. 1947 schickt man Niemeyer als offiziellen Vertreter Brasiliens nach New York, wo das Gebäude der Vereinten Nationen geplant wird. Als Kubitschek 1956 Präsident wird, gibt er den Bau einer neuen Hauptstadt in Auftrag: Brasília. Den Gesamtplan entwirft Costa. Niemeyer ist von 1956–1961 als Chefarchitekt für die Hauptstadtplanung zuständig; danach übernimmt er eine Beraterfunktion. Die wichtigen öffentlichen Bauten wie Kapitol, Präsidentenpalast und Oberster Gerichtshof entwirft er persönlich. 1964 übernimmt das Militär in Brasilien die Macht; Niemeyer erhält Berufsverbot und geht nach Paris ins Exil. Von dort leitet er verschiedene Projekte wie den Bau der Universät Constantine in Algerien (1969–1977) und das Kulturzentrum Le Havre (1972–1982). Nach der Rückkehr in sein Heimatland baut er unter anderem das Sambastadion in Rio de Janeiro (1983/84) sowie das Museum für Zeitgenössische Kunst in Niterói (1997), dessen Innenausstattung seine Tochter übernimmt. Sein Hauptwerk ist in Brasilien zu finden, was sicher auch daran liegt, dass ihm Flugzeuge ein Gräuel sind. Im Juli 2000 eröffnete Niemeyer am Strand von Rio, nahe der Copacabana, eine Wanderausstellung mit fünf seiner Skulpturen. Mit über 90 Jahren geht er immer noch regelmäßig ins Büro und arbeitet an Projekten in Portugal, England und Brasilien. Sein Interesse an Architektur ist so lebendig wie eh und je.

 DATEN

Brasília:
Bauherr: Staat Brasilien
Bauzeit: 1956–1970
Einweihung: 1960
Geplante Einwohnerzahl: 500000
Einwohner 2000: 3 Millionen

Bekannteste Bauwerke:
Kirche São Francisco de Assis, 1943, Pampúlha
Niemeyer-Haus, 1953/54, Rio de Janeiro
Regierungsgebäude am Platz der Drei Gewalten, 1958–1960,
Museum für Zeitgenössische Kunst, 1997, Niterói

Lesenswert:
Alexander Fils (Hg.): *Oscar Niemeyer. Selbstdarstellung – Kritiken – Œuvre*, Berlin 1982.
David Kendrick Underwood: *Oscar Niemeyer and the Architecture of Brazil*, New York 1994.
Oscar Niemeyer: *The Curves of Time*, London 2000.

Berühmtes Zitat:
»I must design what pleases me in a way that is naturally linked to my roots and the country of my origin.«

 KURZWERTUNG

Neben dem indischen Candigarh Le Corbusiers ist Brasilia die zweite am Reißbrett entworfene Stadt, die wirklich gebaut wurde – und sozusagen der unumstössliche Beweis dafür, dass sich Architektur nicht im Labor entwerfen lässt.

Sydney Opera House

Sydney (1957–1973), JØRN UTZON

Am 29. Januar 1957 klingelte das Telefon im Büro des dänischen Architekten Jørn Oberg Utzon. »Sie haben den Wettbewerb für den Bau unseres Opernhauses gewonnen. Herzlichen Glückwunsch!«, verkündete die Stimme, die sehr fern aber sehr enthusiastisch klang. Utzon traute seinen Ohren nicht. Er hatte doch nur die Schalen einer Apfelsine angestarrt und war von ihrer Form so angetan gewesen, dass er einige Skizzen auf das Papier geworfen hatte. Diese Zeichnungen waren einer von über zweihundert Vorschlägen, die 1955 am weltweiten Wettbewerb für den Bau des Sydney Opera House teilgenommen hatten.

So die Legende. Belegt hingegen ist, dass der finnische Kollege Utzons, Eero Saarinen, der auf ähnliche Weise von einer Grapefruit inspiriert worden war, Jurymitglied dieses Wettbewerbs war. Er rettete die bereits im Papierkorb gelandeten Apfelsinen-

■ Unter den Schalen des Sydney Opera Houses befindet sich ein ganzes Kulturzentrum; als Ganzes sollte der Bau den Neubeginn des kulturellen Lebens in Australien markieren.

Zeichnungen und befand: »Das wird der erste Preis.«

Vom Anruf beim Architekten bis zur feierlichen Eröffnung des, im doppelten Wortsinn, aufregendsten Operngebäudes der Welt vergingen sechzehn Jahre. Am 20. Oktober 1973 wurde der Bau feierlich und mit großem Pomp von Königin Elisabeth II. eingeweiht. Nur einer fehlte beim Fest: der Architekt Jørn Utzon.

Erst nach vierzehn Jahren Bauzeit und einer Menge Querelen ragten die zehn weißen Muscheln von unterschiedlicher Höhe – die höchste misst 68 Meter – in Sydneys blauen Himmel. Seither wird nie wieder irgendjemand bedauert haben, dass diese größte und schönste Bauskulptur der Welt hier steht. Für Australien stellt das Bauwerk vor allem ein Prestigeobjekt dar – oder wie der damalige Premierminister es ausdrückte: »Die Oper ist mehr als ein architektonischer Triumph – sie markiert den Anfang einer neuen Ära im kulturellen Leben unseres Landes.«

■ Die Segmente der Schalen sind bis zu sechzig Meter hoch und aus fächergewölbten Betonrippenbalken mit einer fünf Zentimeter dicken Schalenwand gefertigt.

Schon die Lage des Bauwerks ist eine der schönsten der Welt: Das Opernhaus liegt auf der Landzunge Bennelong Point, die weit in den Parramatta River hinausragt, gleich unterhalb der berühmten Brücke im Hafen von Sydney. Der gewaltige Komplex nimmt eine Grundfläche von 18 000 Quadratmetern ein, umgeben von 45 000 Quadratmetern Granitpflaster. Und erst der Bau selbst: Unter den zehn – ja was? – Kuppeln, Vogelschwingen, Nonnenhauben, Segeln, Helmen, Schalendächern, Muschelschalen, Wellen aus erstarrtem Eis befinden sich zusätzlich zu den Veranstaltungssälen Restaurants, Bars, Foyers, Korridore und Büros. Fälschlicherweise wird das Gebäude immer als Opernhaus tituliert. In Wirklichkeit ist es ein Kulturzentrum und war immer als solches konzipiert. Bei der Umsetzung des bizarren Entwurfs von Utzon gab es erhebliche konstruktive Probleme. Mit den Fundamenten wurde bereits angefangen, noch bevor die Statik der komplizierten Schalendächer berechnet war. Utzons Landsmann, der große Konstrukteur Ove Arup, erwies sich als rettender Engel bei den Berechnungen der Kup-

> »Bei den vorgelegten Zeichnungen für diesen Plan handelt es sich nur um zeichnerische Andeutungen. Nichtsdestoweniger sind wir (...) davon überzeugt, dass sie das Konzept eines Opernhauses darstellen, das eines der bedeutendsten Gebäude der Welt werden könnte (...) Wir sind von seinem Wert absolut überzeugt.«
>
> Zitat aus der Beurteilung des Wettbewerbsentwurfs

peln und machte sie ausführbar. Eine weitere Besonderheit des Bauwerks ist, dass es völlig ohne Fassade auskommt. Die Funktion der Wände übernehmen hier Fenster und die Schalendächer. Die Helme sitzen auf einem riesigen, mehrstöckigen Fundament, in dem weitere Veranstaltungsräume, Garderoben und Versorgungseinrichtungen untergebracht sind. Über eine hundert Meter breite Treppe erreicht man den Vorplatz und von ihm aus das Forum, den Eingang.

Auf Vorwürfe wegen der weit überschrittenen Bauzeit, die ursprünglich auf zwei Jahre angesetzt gewesen war, erwiderte Utzon stets: »An der Kathedrale von Chartres wurde länger als hundert Jahre gebaut.« Auf die Vorhaltung, es seien keine Parkplätze eingeplant worden, hatte er folgende Antwort parat: »Auf dem Parthenon gab es auch keine Parkplätze.« Nachdem die Baukosten von ursprünglich veranschlagten 3,5 Millionen auf 57 Millionen Dollar angestiegen waren, forderte der neue Premierminister Askin eine finanziell vertretbare Lösung. Der Architekt sollte sich auf eine preiswertere Kompromisslösung für

■ Die Treppe und der Vorplatz des Opernhauses.

die Innengestaltung einlassen. Seine Weigerung führte 1966 zur Verbannung aus dem Projekt. Utzon damals: »Ich war überzeugt, dass jede Änderung das Werk ruinieren würde.« Ein Team von drei jungen australischen Architekten, unter ihnen Peter Hall, brachte die Aufgabe zu Ende. »Das ist, als würde man drei Anstreicher mit der Fertigstellung eines Rembrandt-Bildes beauftragen« oder »Es ist, als habe man den Beatles den Auftrag gegeben, die Unvollendete zu vollenden«, war aus Utzons Umfeld zu vernehmen. Das neue Architektenteam fühlte sich nicht allzu eng an die Originalpläne gebunden und ruinierte – beinahe – das Werk: Beispielsweise wurde bereits eingetroffene Bühnenmaschinerie gar nicht eingebaut; der Konzertsaal wurde zum Opernsaal, die Oper zum Konzertsaal, die Schauspielbühne zum Kino ... kurz, man gab sich mit dem spektakulären äußeren Erscheinungsbild des Hauses zufrieden und verdrängte die massiven funktionalen Mängel im Inneren. Um Kosten zu sparen, veränderte man Utzons Pläne; man schrumpfte, verkleinerte und vereinfachte. Das Ergebnis war ein Skandal: Besucher und Künstler klagten gleichermaßen über Enge, über zu hohe Treppenstufen, zu kleine Säle, vor allem aber über die miserablen akustischen Verhältnisse. Am Ende hatte das riesige Veranstaltungszentrum für

■ Blick von Mrs. Macquarie's Point auf das Sydney Opera House, im Hintergrund die Harbour Bridge.

1997 waren umfangreiche Renovierungsarbeiten an der äußeren Hülle notwendig geworden. Das Haus liegt an so exponierter Stelle, dass es ständig der salzigen Meeresluft ausgesetzt ist. Freilich wollte man auch im Hinblick auf die Olympischen Spiele im Jahr 2000 ein lupenreines Opernhaus präsentieren. 8500 nach Maß gefertigte Ziegel mussten ersetzt werden. Die Renovierung dauerte 70 Wochen und kostete 6,5 Millionen australische Dollar.

dpa-Meldung

■ Das Opernhaus im Abendlicht – in einer der schönsten Lagen der Welt.

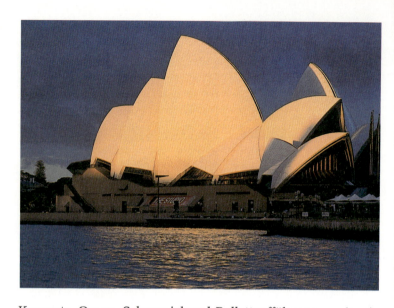

■ Jørn Utzon (geb. 1918), Aufnahme von 1969.

Konzerte, Opern, Schauspiel und Ballettaufführungen mit seinen zahlreichen Sälen fünfzehnmal mehr gekostet als ursprünglich veranschlagt. Erst kürzlich sind Pläne wieder aufgetaucht, die zeigen, wie Utzons Vorstellung der Innenwelt ausgesehen hätte. Sie offenbaren, dass das Kulturzentrum zu etwas Vollkommenem hätte werden können – nun muss man mit dem Mittelmaß leben, das in den Innenräumen herrscht.

Jørn Utzon kennt sein Sydney Opera House nur von Photos. Er war damals abgereist und hatte sich geschworen, nie wieder an diesen Ort zurückzukehren. Bis zum heutigen Tag hat er sich daran gehalten. Auch zur Zwanzigjahrfeier zu der er eingeladen war, ließ er sich nicht blicken. Der inzwischen über Achtzigjährige lebt zurückgezogen in seinem ebenfalls sehr ungewöhnlichen Haus an der Ostküste Mallorcas.

Das Sydney Opera House ist eine Ikone der Architektur der 1960er Jahre, der vielleicht spannendste Bau der südlichen Hemisphäre und das Wahrzeichen eines ganzen Kontinents. 1995 wurde das Gebäude als Weltkulturerbe bei der UNESCO aufgenommen. Und man kann sagen, dass der Bau zu den extravagantesten des vergangenen Jahrhunderts zählt.

JØRN OBERG UTZON

LEBEN UND WERK

Utzon wird am 9. April 1918 in Kopenhagen als Sohn des Jachtkonstrukteurs Aage Utzon und seiner Frau Estrid geboren; der ältere Bruder heißt Leif. Nach der Grundschule schicken die Eltern ihren Jüngsten auf den mathematisch-naturwissenschaftlichen Zweig einer Privatschule. Utzon ist ein mittelmäßiger Schüler; besonders schlecht ist er in Mathematik. Ein großer Einschnitt im Leben der Familie ist der Besuch der »Stockholmsutstalingen«, einer Ausstellung in Stockholm 1930, die der Modernisierung der schwedischen Wirtschaft dienen sollte. Utzons Familie ist von den modernen Möbeln und dem Konzept von Licht und Luft begeistert. Bis dahin ist das Haus der Mittelschichtfamilie wie das vieler anderer düster und mit viktorianischen Möbeln vollgestellt. Nach ihrer Rückkehr räumen die Eltern die schweren Möbel hinaus und kaufen leichte, praktische Dinge. Der Speiseplan wird auf leichtere, gesündere Kost umgestellt, und die Kinder bekommen Fahrräder, damit sie sich möglichst oft an der frischen Luft bewegen. Utzon liebt das Meer und geht oft mit seinem Vater segeln. Außerdem hilft er ihm beim Anfertigen von Konstruktionszeichnungen und Schiffsmodellen. Mitte der 1930er lernt Utzon den Künstler Poul Schrøder, der ihm eine andere Art des Zeichnens beibringt: mit weichen Bleistiften und Kohle. Nach dem Schulabschluss will Utzon die Offiziersschule der Marine besuchen, aber seine Noten sind zu schlecht. Schließlich beginnt er 1937 ein Architekturstudium in Kopenhagen. 1942–1945 verbringt er als Mitarbeiter von Paul Hedqvist in Stockholm. 1946 arbeitet er sechs Monate für Alvar Aalto. Er lebt einige Zeit bei Frank Lloyd Wright in Taliesin und bereist Mexiko und Europa. 1950 macht Utzon sich in Kopenhagen selbstständig. Die ersten wichtigen Projekte sind zwei Wohnhäuser (1952–1953), darunter sein eigenes. Über Nacht wird er durch den Entwurf der Oper in Sydney weltbekannt. Das bringt ihm internationale Aufträge ein, zum Beispiel die Mellibank in Teheran (1963), ein Sportstadion in Saudi-Arabien (1967) und das Parlamentsgebäude in Kuwait (1972–1987), das er mit seinem Sohn Jan verwirklicht. In Dänemark sind vor allem zwei von ihm entworfene Wohnsiedlungen zu nennen (bei Helsingør und in Fredensborg) sowie die Bagsuaerd-Kirche in einem Vorort Kopenhagens (1976). 1995 wird in Sydney die Oper *The Eighth Wonder* von Alan John uraufgeführt, in der es um die Ereignisse beim Bau des Opernhauses geht. Utzon lebt zurückgezogen und schirmt sein Privatleben strengstens ab. Nur zu seinem 80. Geburtstag 1998 gibt er einem australischen Fernsehteam ein Exklusivinterview. Seit 30 Jahren weist er übrigens potentielle Biographen ab.

DATEN

Sydney Opera House:
Bauherr: Stadt Sydney
Bauzeit: 1957–1973
Funktion: Kulturzentrum
Höhe: bis 68 m
Grundfläche: 18 000 qm
Baukosten: 57 Millionen Dollar

Bekannteste Bauwerke:
Haus Utzon, 1952, Hallebæk
Siedlung Kingohusene, 1958–1960, Helsingør
Wohngruppe, 1962–63, Fredensborg
Parlamentsgebäude, 1972–1987, Kuwait
Ausstellungsraum für Möbelfirma Paustian, 1985–1986, Kopenhagen (mit Kim und Jan Utzon)

Lesenswert:
Philip Drew: *Sydney Opera House.* Jørn Utzon, London 1995.

Philip Drew: *The Masterpiece: A Life of Jorn Utzon*, Australien 1999.

Tobias Faber: *Jørn Utzorn. Houses in Fredensborg*, Berlin 1991.

Sehenswert:
Daryl Delorah: *The Edge of the Possible.* Fernsehfilm. Australien 1998.

Alan John: *The Eighth Wonder.* Oper.

KURZWERTUNG

Vor den olympischen Spielen 2000 in Sydney war das Opernhaus oft das einzige, was man mit dem fünften Kontinent, mit »Down Under«, assoziierte. Die Gewagtheit des Entwurfs machte den Architekten Jørn Utzon weltberühmt – auch wenn er selbst sein Gebäude nie fertig gesehen hat.

Kaiser-Wilhelm-Gedächtniskirche

Berlin (1957–1963), EGON EIERMANN

■ Egon Eiermann (1904–1970)

■ Berlin. Kaiser Wilhelm's Gedächtnis-Kirche. Photochrom um 1900. Die Nordwestseite der Kaiser-Wilhelm-Gedächtniskirche vor ihrer Zerstörung im Zweiten Weltkrieg.

Eierkiste, Kraftwerk Jesu, Gartenzwerg, Hohler Zahn, Puderdose und Lippenstift, Taufhaus des Westens – an keinem anderen Gebäude hat sich der Spree-Jargon so ausgetobt wie an der alten und neuen Kaiser-Wilhelm-Gedächtniskirche. Doch als die Kriegsruine 1953 abgerissen werden sollte, regte sich der Volkszorn. Zehntausende von Unterschriften kamen zusammen, um dies zu verhindern.

Egon Eiermann, erhielt den Auftrag, die Ruine in einen Kirchenneubau zu integrieren. Wann immer die junge Bundesrepublik sich architektonisch repräsentierte, lieferte Egon Eiermann den Entwurf dazu. Von 1962 an leitete er als heimlicher Bundesbaudirektor zusammen mit Sep Ruf und Paul Baumgarten die Bauplanung des Bundes in Bonn. Seine Maximen waren: Logik, Klarheit, Reinheit, er verlangte Präzision im Denken und »Wahrheit und Sauberkeit bis ins kleinste Detail«. Er war der Meinung, im Weglassen und Vereinfachen lägen die besseren Lösungen: »Nie kann etwas zuwider sein, was einfach ist.« Die Nüchternheit seiner Bauten zeugt von dieser Haltung. Das Entwerfen war ein »Erarbeiten von Plänen« für ihn – und es fiel ihm nicht leicht. Er liebte den Stahl als »aristokratisches« Baumaterial und hasste den Beton als »breiig-schmierige Masse«.

Der Kirchenbau der Gedächtniskirche war Kaiser Wilhelm I. gewidmet. Nach einem Entwurf des Architekten Franz Schwechten ließ der Enkel des Kaisers, Wilhelm II., die Kirche erbauen. Das Ganze war als Nationaldenkmal gedacht, es sollte an die Schlacht von Sedan im Jahr 1870 erinnern. Schwechten hatte ein neoromanisches Bauwerk mit einem 118 Meter hohen Hauptturm und vier kleineren Ecktürmen geschaffen. Im September 1895 wurde die Kirche geweiht.

Am 23. November 1943 wurde sie von den Bomben des Zweiten Weltkrieges zerstört. Übrig blieb eine Ruine – nur der Turm hielt stand, er verlor lediglich seine Spitze. Die Ruine wurde zunächst als Kriegsmahnmal erhalten, zur Zeit des Kalten Krieges wurde sie zum Symbol des freien Westberlins.

Auch Eiermanns ursprünglicher Plan sah den Abriss der Ruine vor: »Ich weiß nicht, inwieweit kommende Generationen Verständnis für diesen Ausbruch der Gefühle aufbringen werden«, befand er. Doch schließlich beugte er sich dem Volkswillen und legte seinen Entwurf vor, der die Kirchenruine in einen Neubau integrierte – ein für die damalige Zeit revolutionäres Konzept, das den Verantwortlichen einigen Mut abverlangte. Das Fundament stand schon, da vollführte Eiermann einen »Eiertanz«, wie die Berliner Presse damals titelte. Plötzlich wollte er den Standort des 52 Meter hohen Glockenturms verrücken. Er war so konzipiert gewesen, dass man ihn vom Kurfürstendamm aus nicht sehen konnte. Sein Turm, vom »hohlen Zahn« verdeckt, das mochte dem Architekten nun nicht mehr gefallen.

■ Ansicht des neuen und des alten Baus.

Die Kirche, eine Kombination aus Kaputtheit und Moderne, wurde am 17. Dezember 1961 geweiht. Eiermann hatte der Ruine einen sechseckigen Glockenturm, das Kirchenschiff, einen achteckige Rundbau mit circa tausend Plätzen und das Baptisterium aus Stahlbeton und Glas hinzugefügt. Die Neubauten gruppieren sich locker um die Ruine. In den neuen Turm wurden Glocken installiert, die größte trägt die Inschrift: »Eure Städte sind mit Feuer verbrannt. Aber mein Heil bleibt ewiglich, und meine Gerechtigkeit wird kein Ende haben.« Die Fassaden der Neubauten haben wabenförmige Betonraster, in die der Architekt blaue Glassteine einsetzte. Eiermann hatte einen Andachtsraum mit einer Lichtwand geschaffen. Die für ihn so typische Raster-Fassadengestaltung kam auch bei seinen Kaufhausbauten zur

> »Bauen ist im Grunde eine entsetzliche Sache, weil wir Gottes schöne Natur ramponieren.«
> Egon Eiermann

■ Innenansicht der neuen Kaiser-Wilhelm-Gedächtniskirche nach Nordosten.

■ Die Doppelfassade des Neubaus mit seinem wabenförmigen Betonraster.

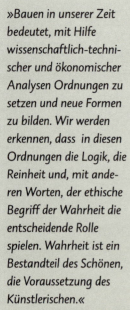

»Bauen in unserer Zeit bedeutet, mit Hilfe wissenschaftlich-technischer und ökonomischer Analysen Ordnungen zu setzen und neue Formen zu bilden. Wir werden erkennen, dass in diesen Ordnungen die Logik, die Reinheit und, mit anderen Worten, der ethische Begriff der Wahrheit die entscheidende Rolle spielen. Wahrheit ist ein Bestandteil des Schönen, die Voraussetzung des Künstlerischen.«

Egon Eiermann an Josef Neckermann

Anwendung und brachte ihm leidenschaftliche Verurteilungen ein.

Im Inneren der Kirche ist nichts vom Verkehrstrubel der Großstadt zu spüren. Die durch die Scheiben aus blauem Glas dringende Sonne verwandelt den Raum in eine Oase aus kaltem blauem Licht. Der Altar wird beherrscht von einer überlebensgroßen Christusfigur. Sonst ist der Raum leer, schlicht und zurückhaltend. 1962 wurde dem Architekten der Berliner Kunstpreis für diesen Kirchenbau verliehen.

Da Mitte der 1990er Jahre für die Erhaltung und Restaurierung eine Million Mark fehlte, drohte sogar kurzfristig die Schließung der Kirche. Spendenaktionen halfen der Kirchengemeinde wieder auf die Beine. Der Beton des neuen Turms war von feinen Haarrissen durchzogen, in denen Feuchtigkeit nistet, die der Frost in sprengendes Eis verwandelt. Bereits 1984 waren umfangreiche Restaurierungsarbeiten in Höhe von sieben Millionen Mark vorgenommen worden.

Egon Eiermann starb 1970 im Alter von 66 Jahren in Baden-Baden. Vom Fortschrittsglauben seiner Bauten kann man sich überall in Deutschland noch ein Bild machen, dennoch sind sie kühl, funktional und zurückhaltend, fast als wären sie ein Understatement des wieder erwachten Selbstbewusstseins der Deutschen in den Wirtschaftswunderjahren. Noch immer ist die Gedächtniskirche eine der touristischen Hauptattraktionen Berlins. Neben Funkturm, Brandenburger Tor und Reichstag gehört sie zu den Sehenswürdigkeiten der Stadt, die in aller Welt bekannt sind.

EGON EIERMANN

 ## LEBEN UND WERK

Eiermann wird am 29. September 1904 in Neuendorf bei Berlin geboren. Vater Wilhelm, ein Lokomotivkonstrukteur, stammt aus Buchen, Mutter Emma Gellhorn ist Berlinerin. Nach dem Abitur macht Eiermann ein Baupraktikum. 1923 beginnt er das Architekturstudium an der TH Berlin-Charlottenburg, das er 1927 mit dem Diplom abschließt. 1925–1928 ist er Meisterschüler bei Hans Poelzig, einer der schillerndsten Figuren der Architekturszene des 20. Jahrhunderts und ein Lehrer, der seine Schüler zur Individualität ermutigt. 1925 baut Eiermann Filmbauten für die Ufa-Film in Babelsberg. Von 1928–1930 ist er als Architekt für Karstadt in Hamburg und die Berliner Elektrizitätswerke tätig; anschließend arbeitet er als freier Architekt in Berlin. 1936 reist er zum ersten Mal in die USA. Eiermann heiratet 1940 Charlotte Friedheim; Sohn Andreas wird 1942 geboren. Für das Schauspiel *Alexander* (1941 unter Regie von Gründgens am Staatlichen Schauspielhaus in Berlin aufgeführt) entwirft er das Bühnenbild. 1945 wird Eiermanns Büro zerstört; er flüchtet nach Buchen. 1946 zieht er nach Karlsruhe, wo er eine Bürogemeinschaft mit Robert Hilgers eingeht. Sie bleibt bis 1965 bestehen. 1947 wird Eiermann auf einen Lehrstuhl für Architektur an der TH Karlsruhe berufen. 1950 lernt er auf einer weiteren USA-Reise Gropius, Breuer und Wachsmann kennen; 1956 auch Mies van der Rohe. Wie viele der weltberühmten Kollegen ist Eiermann vielseitig; er entwirft nicht nur Häuser, sondern auch Möbel, eine Latzhose und Särge, letzteres allerdings erfolglos. Er ist Mitarbeiter der Zeitschrift *Baukunst und Werkform* und Gründungsmitglied des Rates für Formgebung. 1952 geht seine Ehe in die Brüche. 1954 heiratet er Brigitte Feyerabendt. Die gemeinsame Tochter Anna wird 1956 geboren. 1962 wird er Mitglied des Planungsrats für die Neubauten des Deutschen Bundestages und Bundesrates. Eiermanns populärstes Werk ist die Kaiser-Wilhelm-Gedächtniskirche in Berlin. Zum Vorbild in Fachkreisen wird er aber durch seine in Stahlskelettbauweise errichteten Industriebauten, bei denen er Klimaaggregate, Maschinenhäuser und Aufzugstürme als belebende Momente einsetzt. Beispiele dafür sind die Textilfabrik in Blumberg (1949–1951) und das Versandhaus Neckermann in Frankfurt am Main (1958–1961). Der Einsatz von Umgängen, Stahlrohrgestängen, Balkons und Sonnenschutzelementen macht die Gebäude leichter und nimmt ihnen die Strenge. Eiermann prägt das Erscheinungsbild der Bundesrepublik stark mit. Die Vollendung seiner letzten Bauten erlebt er nicht. Er stirbt am 19. Juli 1970 in Baden-Baden. Den dunkelblauen Fichtensarg, in dem er beerdigt wird, hat er selbst entworfen.

 ## DATEN

Kaiser-Wilhelm-Gedächtniskirche:
Bauherr: Stadt Berlin
Bauzeit: 1957–1963
Ersteinweihung: September 1895
Zerstörung: November 1943
Wiedereinweihung: Dezember 1961
Anzahl Plätze: ca. 1000
Höhe Glockenturm: 52 m

Bekannteste Werke:
Textilfabrik, 1949–1951, Blumberg
Versandhaus Neckermann, 1958–1961, Frankfurt am Main
Abgeordneten-Hochhaus des Bundestages (»Langer Eugen«), 1965–1969, Bonn
IBM-Büropavillons, 1967–1972, Stuttgart
Olivetti-Hochhaus, 1968–1972, Frankfurt am Main

Lesenswert:
Egon Eiermann. Briefe des Architekten 1946–1970, Stuttgart 1994.

Kristin Feireiss (Hg.): *Die Kaiser-Wilhelm-Gedächtniskirche*, Berlin 1994.

W. Schirmer (Hg.): *Egon Eiermann 1904–1970. Bauten und Projekte*, Stuttgart 1995.

Berühmtes Zitat:
»Bauen ist im Grunde eine entsetzliche Sache, weil wir Gottes schöne Natur ramponieren.«

 ## KURZWERTUNG

Die Kaiser-Wilhelm-Gedächtniskirche ist, wie kein zweites Bauwerk Berlins, Symbol der Zerstörung im Zweiten Weltkrieg und Symbol der einstigen Teilung der Stadt. Nicht nur die als Kriegsruine belassene alte Gedächtniskirche, sondern der auffällige und für seine Entstehungszeit äusserst gewagte und gewöhnungsbedürftige Kirchenneubau von Egon Eiermann sind dafür ursächlich verantwortlich.

Philharmonie Berlin
Berlin (1960–1963), HANS SCHAROUN

Die Berliner, bekannt für ihre kecke Kodderschnauze, haben ein Gebäude spätestens dann akzeptiert, wenn sie ihm einen Spitznamen zuerkannt haben. So kam die Kongresshalle von Hugh Stubbins zu ihrem Namen »Schwangere Auster«, und wenig später wurde die Philharmonie von Hans Scharoun zum »Zirkus Karajani«. Der Architekt dieses weltberühmten Konzertgebäudes, Hans Scharoun, blieb hingegen merkwürdig unbekannt. Bauen war Scharouns bestimmender Lebensinhalt. Er beteiligte sich häufig an Wettbewerben; verglichen mit der Zahl seiner Entwürfe konnte er jedoch nur wenige davon realisieren. Ob Wohnung oder Großsiedlung, ob Theater, Konzerthalle oder Bibliothek, er wollte stets Räume schaffen, die auf das menschliche Maß bezogen waren. 1949 schrieb er: »Wir brauchen Lebensraum für den neuen Menschen, die neue Gesellschaft, wir brauchen Wohnungen mit nach außen und innen wirkender neuer Ordnung, die Abbild, Gestaltbild unserer Lebensmöglichkeiten und unserer Lebensabsichten sind, sie mitformen helfen.« Scharoun verstand es meisterlich, den Zweck eines Bauwerks und seine innere und äußere Form miteinander verschmelzen zu lassen. Neben der Philharmonie ist die Berliner Staatsbibliothek, die erst nach seinem Tod vollendet wurde, ein Beispiel dafür. Seine Auffassung von Architektur war eine organische: »Glieder eines Ganzen ... sie wirken zusammen, wie Organe im Organismus und Organismen in der Ganzheit zusammenwirken.«

Scharoun gehörte in seiner frühen Berliner Studienzeit der von Bruno Taut ins Leben gerufenen »Gläsernen Kette«, einer expressionistischen Künstlervereinigung, an. Gemeinsam mit anderen Mitgliedern entwarf er die Idee des Volkshauses, einer Art zeitgemäßen Form der mittelalterlichen Stadtkrone. Diese frühen Visionen mündeten Jahrzehnte später in den Entwurf der Philharmonie. Hans Scharoun war ein Baumeister, der sein Geschäft als Kunst verstand. Er war jünger als seine Antipoden Gropius und Mies van der Rohe. Während die Vertreter der Moderne die äußerste Abstraktion anstrebten, ging es Scharoun um etwas Organisches. Sein Credo lautete: »Struktur ist ein Ord-

■ Hans Scharoun (1893–1972), Porträtaufnahme.

nungsgefüge, in dem Voraussetzungen verschiedener Beschaffenheit durch innerlich erlebte Beziehungen so miteinander verknüpft werden, dass ein Ganzes entsteht.«

In den 1950er Jahren, vor dem Baubeginn der Philharmonie, hatte Scharoun einige herbe Enttäuschungen einstecken müssen: Sein Entwurf für das Nationaltheater in Mannheim kam nicht einmal in die engere Wahl, und schlimmer noch: Der bereits begonnene Theaterbau in Kassel wurde mit fadenscheinigen Begründungen abgebrochen. Sein wichtigster Bau, die Berliner Philharmonie, ist dem Spätwerk zuzuordnen; als er sich mit dieser Aufgabe beschäftigte, hatte er schon ein breites Spektrum des Bauens, das sich über Schulen, Wohnhäuser, Siedlungen, Theater und Museen erstreckte, abgedeckt. Die Philharmonie machte ihn auf einen Schlag weltberühmt. Schon seine ersten Entwürfe trugen die Grundidee in sich: die Musiker in der Mitte, die Zuschauerplätze wie in einer Arena um das Orchester herum angeordnet.

■ Die Philharmonie 1987.

■ Die Philharmonie 1963.

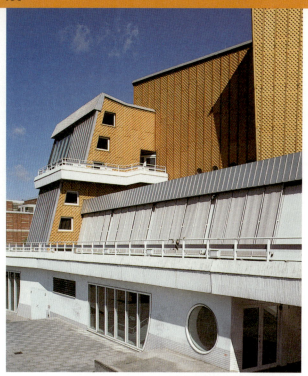

■ Teilaufnahme des neuen Kammermusiksaals, der erst 1987 fertiggestellt wurde.

Scharoun begründete diesen Einfall später mit der Beobachtung, dass das Publikum automatisch einen Kreis bildet, wenn Straßenmusikanten aufspielen: »Dieser ganz natürliche Vorgang, der von der psychologischen wie von der musikalischen Seite her jedem verständlich ist, müsste sich auch in einen Konzertsaal verlegen lassen.« Drei Entwürfe waren in die Endausscheidung gelangt. Da meldete sich Herbert von Karajan zu Wort: »... von allen eingereichten Entwürfen scheint uns mit Abstand derjenige den Vorzug zu verdienen, der als sein Grundprinzip die Einbeziehung des ausführenden Klangkörpers in die Mitte des Saales vorsieht ... Dieser Entwurf scheint mir deshalb so glücklich zu sein, weil außer den akustisch sicher sehr günstigen Anordnungen der Wände ein Moment besonders hervorgehoben wird, und das ist die restlose Konzentration der Zuhörer auf das Musikgeschehen. Ich kenne keinen besseren Konzertsaal, in dem das Sitzproblem so ideal gelöst ist wie in diesem Entwurf ...« Heute zweifelt kein Mensch mehr an der Richtigkeit der Positionierung. Orchester und Publikum bilden eine Gemeinschaft für die Musik. Diese Eingebung Scharouns wurde oft als »demokratische Architektur« tituliert. Auch die Decke des Saals verstärkte die Klangwirkung: Es war eine zeltdachartige, mitschwingende Konstruktion. Inzwischen musste sie erneuert werden – nun »schwingt« sie leider nicht mehr ... Seit knapp vierzig Jahren hat der Raum seine Tauglichkeit als Konzertsaal immer wieder unter Beweis gestellt, und er ist sicherlich einer der schönsten seiner Art des 20. Jahrhunderts.

Durch die Errichtung der Mauer am 13. August 1961 rückte das Gelände, auf dem das Konzertgebäude entstand, von der Mitte der Stadt in eine Randlage. Durch die politischen Ereignisse erlangte das Gebäude an diesem Ort eine über seinen Zweck als Konzerthalle hinausgehende Bedeutung. Der Bauplatz, eine Brache, war nicht etwa eine Kriegsfolge, sondern durch die Bauwut von Albert Speer verursacht, der hier bereits 1938 Villen abreißen ließ, um Platz zu schaffen für seine geplante Nord-Süd-Achse. Das »Kulturforum«, an dem sich nun die beiden bekanntesten und wichtigsten Bauten Scharouns befinden, sollte ein kulturelles Zentrum des demokratischen Deutschlands werden, ein Pendant zur Museumsinsel in Ostberlin. Die Konzeption stammte von Hans Scharoun. »Hier ist Demokratie als Bauherr am Werk gewesen«, schloss Kultursenator Adolf Arndt seine Festrede zur Einweihung der Philharmonie am 15. Oktober 1963. Und er fügte an: »Hans Scharoun, das ist Ihr Tag!« Jahrzehntelang stand der ungewöhnliche, fast zeltartige Bau in einer Wüste am südlichen Rand des Tiergartens.

> »Man spürt es in der ersten Sekunde: hier ist man in einem Hör-Saal sondergleichen. Unmöglich, die Augen aufzuheben zu dem Podium; es ist ja auf der untersten Sohle. Und unmöglich, sie zu schließen: Man starrt gebannt hinab auf die Menschen, die dort Musik machen, man schaut ihnen auf die Finger, jedem einzelnen, man überblickt den Orchesterapparat und verfolgt, wie er, gleich einem elektrischen Relais, funktioniert. Ein Hör-Saal, wahrhaftig: Unten steht Professor Karajan und operiert Beethoven.«
>
> Walter Panofsky

Seit Fertigstellung der Glitzerwelt des neuen Potsdamer Platzes hat sich die Situation grundlegend geändert. Der italienische Stararchitekt Renzo Piano, der für die Neugestaltung des Potsdamer Platzes verantwortlich war, ist ein großer Verehrer von Scharouns Bauten am Kulturforum und hat sie in seine Planung von Anfang an miteinbezogen. Nun stehen zwei kulturelle Zentren Seite an Seite – das eine wurde nie zu dem, was es immer sein sollte, und das andere versucht noch etwas zu werden. Musicaltheater, Multiplexkinos, Läden und Cafés haben kein neues Leben in das alte Kulturforum gebracht, sondern die Besucher-

■ Wie in einer Arena ist das Publikum in der Philharmonie um das Orchester herum angeordnet, das in der Mitte des Raumes seinen Platz hat.

> *»Schön ist die Scharounsche Philharmonie, weil sie, um räumlich ideale Bedingungen für Orchestermusik herzustellen, ihr ähnlich wird, ohne Anleihen bei ihr zu machen. Indem ihr Zweck in ihr sich ausdrückt, transzendiert sie die bloße Zweckmäßigkeit.«*
> Theodor W. Adorno
> in Ästhetische Theorie

ströme eher abgelenkt. Die Sogkraft, die der neue Potsdamer Platz auf das Publikum ausübt, hat das alte Kulturforum weiter in die Isolation getrieben.

Scharoun ist, wie andere große Architekten der Moderne, heute fast vergessen, weil er in der Nachkriegszeit baute, einer Epoche, deren Architektur zum Teil leider nur als Auswuchs zu bezeichnen sind. Aber auch Kritiker dieser Bausünden, wie es Scharoun einer war, fielen oft dem Vergessen anheim. In seiner Funktion als Stadtbaurat für Groß-Berlin versuchte Scharoun, seine Vision einer neuen Urbanität zu verwirklichen. Das Amt brachte ihm Kritik ein, die sogar so weit ging, ihn für die Zerstörung unserer Städte verantwortlich zu machen. Scharoun sah in Berlin die Möglichkeit, eine in Bombennächten zerstörte Metropole neu und völlig anders wieder aufzubauen. Oberste Devise war dabei die Forderung, eine »aufgelockerte und gegliederte Stadt«, eine »Stadtlandschaft« zu schaffen. Was würde er wohl von dem »neuen Berlin« halten, das seit dem Mauerfall entsteht?

■ Die alte Philharmonie und der neue Kammermusiksaal, nach Scharouns Entwürfen fünfzehn Jahre nach seinem Tod von Hans Wisniewski ausgeführt.

HANS BERNHARD SCHAROUN

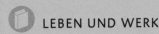 **LEBEN UND WERK**

 DATEN

Scharoun wird am 20. September 1893 als Sohn eines Brauereibesitzers in Bremen geboren. Er besucht das humanistische Gymnasium in Bremerhaven und studiert in Berlin an der Technischen Hochschule Charlottenburg Architektur (1912–1914). Im Ersten Weltkrieg wird er in Baukommandos eingesetzt. 1915–1918 ist er für den Wiederaufbau zerstörter ostpreußischer Städte zuständig. 1920 heiratet er Anna Marie Hoffmeyer. 1919–1925 arbeitet er als freier Architekt in Ostpreußen; anschließend lehrt er bis 1932 an der Staatlichen Akademie Breslau. Mit seiner Vorstellung der organischen Architektur als Alternative zum Rationalismus, wie ihn zum Beispiel Le Corbusier vertritt, gehört Scharoun nach dem Krieg zur Avantgarde seiner Zunft. Er ist Mitglied der von Taut gegründeten »Gläsernen Kette« und tritt später der Architektenvereinigung »Der Ring« bei. Er baut ein Einfamilienhaus für die Weißenhofsiedlung (1927), ein transportables Holzhaus für die deutsche Gartenbauausstellung und für die Werkbundausstellung 1929 ein Wohnheim für Ledige. Auch an der 1929/30 entstandenen Großsiedlung Siemensstadt in Berlin ist er beteiligt. 1932 eröffnet er ein Büro in Berlin und beteiligt sich an der von Martin Wagner organisierten Bauausstellung Sonne, Luft und Haus für alle. In den folgenden Jahren des nationalsozialistischen Regimes erhalten moderne Architekten jedoch keine öffentlichen Aufträge. Scharoun lebt in dieser Zeit vom Bau privater Einfamilienhäuser. Nach dem Krieg wird er von der Militärverwaltung zum Stadtbaurat des provisorischen Magistrats eingesetzt und trägt wesentlich zum Wiederaufbau Berlins bei. 1946–1958 lehrt er als Dozent für Städtebau an der Technischen Universität Berlin. 1960 heiratet er Margot von Plato. In den 1950er Jahren beteiligt er sich erfolgreich an vielen Wettbewerben, aber keiner der Entwürfe wird gebaut. Dafür entstehen – alternativ zu Le Corbusiers Unité d'habitation – die Hochhausgruppe Romeo und Julia in Stuttgart-Zuffenhausen (1954–1959) und das Hochhaus Salute in Stuttgart-Möhringen (1961–1963) sowie mehrere Schulbauten. Das Gebäude der Philharmonie Berlin (1956–1963) gilt als Scharouns Hauptwerk. Bemerkenswerte Bauten seiner letzten Schaffensphase sind auch die Deutsche Botschaft in Brasília (1963–1971), das Deutsche Schifffahrtsmuseum in Bremerhaven (1970–1975), Wohnhochhäuser in Berlin (1966–1972) und Böblingen (1971) sowie das Stadttheater in Wolfsburg (1965–1973). Nach seinem Tod am 25. November 1972 in Berlin vollendet sein Mitarbeiter Edgar Wisniewski nach Scharouns Plänen unter anderem die Staatsbibliothek Preußischer Kulturbesitz und den Kammermusiksaal der Philharmonie.

Philharmonie Berlin:
Bauherr: Stadt Berlin
Bauzeit: 1956–1963
Großer Saal: 2440 Plätze; circa 270 Konzerte jährlich
Kammermusiksaal: 1180 Plätze; circa 240 Konzerte jährlich

Bekannteste Bauwerke:
Haus Schminke, 1930–1933, Löbau
Hochhausgruppe Romeo und Julia, 1954–1959, Stuttgart-Zuffenhausen
Wohngehöfte, 1956–1961, Berlin-Charlottenburg
Deutsches Schifffahrtsmuseum, 1963–1971, Bremerhaven
Staatsbibliothek Preußischer Kulturbesitz, 1967–1978, Berlin

Lesenswert:
Jörg C. Kirschenmann, Eberhard Syring: *Die Forderung des Unvollendeten 1893–1972*, Stuttgart 1993.

Peter Pfankuch (Hg.): *Hans Scharoun. Bauten, Entwürfe, Texte*, Berlin 1993.

Hans Scharoun: *Haus Schminke*, Stuttgart 2001.

Achim Wendschuh (Hg.): *Hans Scharoun. Zeichnungen, Aquarelle, Texte*, Berlin 1993.

 KURZWERTUNG

Die Philharmonie von Hans Scharoun galt und gilt als einer der weltweit herausragenden Konzertsäle aufgrund seiner exzellenten Akustik. Scharoun »erfand« und erzielte dies unter anderem durch die Platzierung des Orchesters in der Mitte des Raums.

Olympiastadion

München (1967–1972), GÜNTER BEHNISCH und FREI OTTO

Die schönste Sportanlage der Welt ist emporgewachsen aus Ruinen: Der Platz, an dem sich heute das Olympiastadion in München befindet, war vor 1972 ein Sammelplatz für Kriegstrümmer des Zweiten Weltkrieges.

Das Büro Behnisch & Partner aus Stuttgart gewann 1967 den Wettbewerb für das Gesamtkonzept der Anlage sowie die Hauptsportstätten Olympiastadion, Olympiahalle, Schwimmhalle und Aufwärmhalle.

Wie Egon Eiermann für die Nachkriegs- und Wirtschaftswunderjahre, so steht Günter Behnisch für die darauffolgende Ära als Baumeister der Bundesrepublik. Sein Plenarsaal des Bundestages in Bonn repräsentierte das Land in aller Welt.

Noch größere Bekanntheit hat ihm jedoch sein Olympiastadion eingetragen: Auf dem Oberwiesenfeld, in einem etwas abseits gelegenen Viertel an der Stadtautobahn, entstand eine völlig neue Landschaft mit Hügeln und einem künstlichen See. Bei der Gestaltung arbeitete Behnisch mit dem Landschaftsarchitekten Günther Grzimek zusammen, der der Stadt durch seine Arbeit einen Park und ein Erholungsgebiet hinzugewann. Zwischen den Hügeln sind die Tribünen und Sportarenen wie antike Theater in die Landschaft eingefügt. Die Aufgabe, die Behnisch zu erfüllen hatte, bestand nicht nur darin, modernste Sportstätten auf

■ Teilansicht des Olympiastadions in München: Tribüne und Zeltdach.

der Höhe der Zeit zu entwerfen: Er musste anbauen gegen ein Deutschlandbild, das die nationalsozialistische Zeit mit kolossalen, klobigen Steinbauten der Berliner Olympiade von 1936 in aller Welt hinterlassen hatte. Was ihm gelingen musste, war, ein neues Image der Deutschen zu schaffen. Und es gelang ihm auf einzigartige Weise: Durch seine schwebende, leichte, heitere und unbeschwerte Zeltdacharchitektur vermochte er das Bild der schweren, düsteren, (bier-)ernsten deutschen Seele ins Gegenteil zu verkehren. Es kann gesagt werden, dass ihm gelungen ist, Architektur als Chiffre für ein Land zu setzen, wie das nirgendwo sonst, auch nicht in Sydney 2000, geglückt ist. Darüber

■ Für die Olympiade wurde über die notwendigen Stadionbauten hinaus ein großstädtischer Erholungsraum geschaffen, der sich dadurch auszeichnet, dass Bauten, Verkehrswege und Vegetation ineinandergreifen.

»Für uns kam dieser Wettbewerb zur rechten Zeit: Wir hatten unsere Fertigkeiten gut ausgebildet und hatten uns gelöst von strengen, formalen Ordnungen. Wir hatten erfahren, wie vorsichtig wir mit dem gesamten Material von Architektur umgehen sollten, welch große Kräfte im Wesen der Dinge stecken können und dass wir offen und fair sein müssen, auch den Dingen gegenüber.«
Günter Behnisch

■ Teilansicht der zeltartigen Dachlandschaft des Olympiastadions.

hinaus war die Aufgabe keine geringere als die, funktionale Sportstätten für einen kurzfristigen, weltweit beachteten Anlass einerseits und eine dauerhafte Lösung andererseits zu schaffen. Diese stellt unter Beweis, dass es möglich ist, mit in die Landschaft hinein Gebautem und Konstruiertem eine Umgebung zu schaffen, die dazu auffordert, sich hierher zu begeben. Der Park und seine Bauten haben zwar etwas Künstliches, sie sind nicht organisch gewachsen, dennoch sind sie einladend und keineswegs steril.

Das sensationell Neue war die zeltartige Dachlandschaft mit ihrer beschwingten Leichtigkeit, für die die Anlage in aller Welt berühmt wurde. Man entwickelte neue Techniken für diese Seil-

> Der einzige Wermutstropfen an dieser schönen Anlage ist nach wie vor die Erinnerung an das Attentat von 1972, das die Olympischen Spiele beinahe zu einem vorzeitigen Ende gebracht hätte – doch lässt sich heute sagen, die identitätsstiftende Wirkung des Bauwerks hat die Schatten von damals überdauert.

netzdächer in extrem kurzer Zeit, und die Ingenieurkünste wurden bis an die Grenzen des Möglichen gefordert. Frei Otto, dem Ingenieurarchitekten, wird die Dachkonstruktion immer zugeschrieben. Er hat zwar beratend mitgearbeitet, und sein Zeltdach für die Weltausstellung in Montreal (1965–1967) kann als Vorbild gelten, aber die Zuschreibung der Realisation an ihn ist falsch. Haupturheber waren das Büro Behnisch und der Ingenieur Heinz Isler. Die Weiterentwicklung erfolgte durch die Ingenieure Leonhardt & Andrä sowie Jörg Schlaich. Bei der Konstruktion handelt es sich um ein durchgehendes, von Masten und Seilen getragenes Zeltdach für das Hauptstadion und zwei weitere Hallen. Es war das bisher größte Dach dieser Art weltweit. In kaum einem deutschen Architekturbüro wurden so viele junge Mitarbeiter ausgebildet und in die Selbstständigkeit entlassen wie bei Günter Behnisch. Auch beim Olympiastadion bezog Behnisch eine ganze Heerschar junger Architekten mit ein. Man hatte nur wenig Zeit zur Verfügung, und es handelte sich um eine Arbeit von wahrhaft überdimensionalen Ausmaßen. Das gesamte Oberwiesenfeld war zu gestalten. »Wir begannen unsere Aufgabe mit einem großen, das gesamte Oberwiesenfeld umfassenden Modell: eine Sperrholzplatte, auf die wir Sand gekippt hatten. Wir wussten, dass Sand bezüglich seiner inneren Ordnung am wenigsten eigensinnig war und dass wir damit am freiesten arbeiten konnten.« Sport in der Landschaft und nicht in Häusern lautete die Aufgabe. Daraus folgte: Wenn keine Häuser, dann auch keine Dächer, trotzdem wurde ein großer Regenschirm benötigt, das Zeltdach – so folgte eins aus dem anderen. Salopp formuliert, war die Aufgabe ein riesiges Sandkastenspiel – und es wurde perfekt gelöst: Die gesamte Versorgungsinfrastruktur wurde unter die Erde verbannt, sichtbar blieb nur Leichtes und Ästhetisches. Vom aufgeschütteten Olympiaberg aus kann die gesamte Anlage überblickt werden, wovon beispielsweise bei Rockkonzerten Tausende, die vor der Tür bleiben müssen, häufig Gebrauch machen. Der See wird im Sommer von Badegästen frequentiert und dient im Winter er Schlittschuhläufern.

■ Günter Behnisch (geb. 1922), Porträtaufnahme von 1992.

■ Für die bis dahin einmalige Konstruktion der von Masten und Seilen getragenen Zeltdächer mussten kurzfristig neue Techniken entwickelt werden.

■ Weltweit war es das größte Zeltdach seiner Art; Ästhetik und landschaftsarchitektonische Einbindung des Olympiastadions wurden begeistert aufgenommen. Sämtliche Pläne zur vergrößernden Umgestaltung sind nun umstritten.

Im baulichen Bereich sorgten die Sportstätten damals für Negativschlagzeilen, weil die Kosten des aufwändigen Daches alle Limits sprengten. Die zu kurze Konstruktionszeit, so Behnisch, habe es unmöglich gemacht, an kostengünstigeren Lösungen zu feilen. Heute, knapp dreißig Jahre nach Vollendung der Anlage, ist sie erneut Anlass zu hässlichen Zankereien: Nun soll die Ikone der Sportarchitektur zerstört werden. König Fußball, vertreten durch Kaiser Franz Beckenbauer, fordert ein Superstadion. Das alte ist nun angeblich plötzlich zu klein geworden. Im Klartext: Man könnte noch mehr Geld erwirtschaften, wenn es ein wenig größer wäre. Der Streit, bei dem möglicherweise der Urheber, nämlich Behnisch selbst, damit befasst ist, das Denkmal zu zerstören, schwelt noch. Ein Umbau, soviel darf als sicher gelten, würde etwas, was zum Besten gehört, was in Deutschland nach 1945 gebaut wurde, für immer zerstören. Die computeranimierten Entwürfe für den gewünschten größeren Stadionrundbau lassen einem die Haare zu Berge stehen. Selbst in diesem Konflikt verhält sich Behnisch salomonisch: Bevor er jemanden daran herumpfuschen lässt, übernimmt er die Zerstörungsarbeit lieber selbst. Derzeit versucht ein Bürgerbegehren die Umbaumaßnahmen zu stoppen. Sollte dies gelingen, steht zumindest eines fest: München wäre für die Fußball-Weltmeisterschaft 2006 aus dem Rennen – es dürfte schon jetzt auf der Hand liegen, wem die Rolle des David und wem die des Goliath in dieser Auseinandersetzung zukommt ...

GÜNTER BEHNISCH UND FREI OTTO

 ## LEBEN UND WERK

Behnisch wird am 12. Juni 1922 in Lockwitz bei Dresden geboren. 1936 zieht die Familie nach Chemnitz. Behnisch geht dort bis 1939 auf die Deutsche Oberschule. Im Dezember 1939 wird er Soldat bei der Marine. Nach Kriegsende verbringt er eineinhalb Jahre in britischer Kriegsgefangenschaft. Von 1947–1951 studiert er an der Technischen Hochschule Stuttgart Architektur. Nach Studienabschluss arbeitet er im Büro von Rolf Gutbrod, macht sich aber schon 1952 mit Bruno Lambert in Stuttgart selbstständig. Die Partnerschaft hält bis 1956. Behnisch führt das Büro unter dem Namen Behnisch & Partner erst allein, später mit wechselnden Partnern weiter. Von 1967–1987 lehrt Behnisch als ordentlicher Professor für Entwerfen, Industriebau und Baugestaltung und ist als Direktor des Instituts für Bauordnung an der TH Darmstadt tätig. In den ersten Jahren seiner Laufbahn entwirft er hauptsächlich Schulbauten, wobei er konsequent Vorfertigungsmethoden einsetzt. So enstehen zum Beispiel das Hohenstaufen-Gymnasium in Göppingen (1959) und die Staatliche Fachhochschule für Technik in Ulm (1963). Weltbekannt wird er, als er den Auftrag für den Bau des Münchner Olympiaparks bekommt (1967–1972), den er mit Frei Otto gemeinsam verwirklicht. Neuere bedeutende Bauten seines Büros sind der Plenarsaal des Deutschen Bundestags in Bonn (1981–1992) und das Museum für Post und Kommunikation in Frankfurt am Main (1990). Frei Otto (nicht zu verwechseln mit dem Autor Otto Frei) wird am 31. Mai 1925 in Sigmar bei Chemnitz geboten. Seine Schulzeit verbringt er in Berlin; 1943 macht er am Schadowgymnasium das Abitur. Er will Bildhauer werden wie sein Großvater, aber die Zeit, in der er lebt, lässt es nicht zu: Zunächst konstruiert er Flugzeugmodelle, später wird er Jagdflieger. Nach Kriegsende verbringt er drei Jahre in Chartres in französischer Kriegsgefangenschaft. Als Lagerarchitekt muss er zwangsläufig mit wenig Material größtmögliche Wirkung erzielen. Davon sind seine Arbeiten bis heute geprägt. Nach der Rückkehr studiert er Bauingenieurwesen an der TU Berlin. 1957 gründet er in Berlin eine Entwicklungsstelle für Leichtbau. 1964 wird er samt Institut nach Stuttgart berufen, wo er das Institut für leichte Flächentragwerke und den Sonderforschungsbereich »Natürliche Konstruktionen« gründet. Er entwickelt ein wandelbares, verschiebbares Dach aus Stoffhülle, Hohlmast und Stahlseilkonstrunktion, das je nach Wetterlage geöffnet oder geschlossen werden kann. Ohne seine Forschung und Beratung wäre das Zeltdach des Olympiastadions nicht denkbar gewesen.

 ## DATEN

Olympiastadion München:
Bauherr: Bund, Freistaat Bayern und Stadt München
Bauzeit: 1967–1972
Dachtyp: Zeltdach
Dachdeckung: Plexiglas
Konstruktionsart: Seilkonstruktion
Tragwerk: Flächentragwerk, leicht
Plätze: 57 456 Sitzplätze, 11 800 Stehplätze

Bekannteste Bauwerke (Behnisch):
Neugestaltung Königstraße und Schlossplatz, 1973–1980, Stuttgart
Plenarsaal des Deutschen Bundestags, 1981–1992, Bonn
Museum für Post und Kommunikation, 1990, Frankfurt am Main

Bekannteste Bauwerke (Otto):
Schutzzelt auf der Bundesgartenschau, 1957, Köln
Deutscher Expo-Pavillon, 1965–1967, Montreal
Umbau des Hauptbahnhofs, 1998–2008, Stuttgart

Lesenswert:
Architekten. Frei Otto, Stuttgart 1998.
Dominique Gauzin-Müller: Behnisch und Partner. 50 Jahre Architektur, Berlin 1990.

 ## KURZWERTUNG

In dieser einzigartig leichten Zeltdachkonstruktion sollten 1972 die »heiteren« Spiele von München stattfinden. Die Architekur bot die optimalen Voraussetzungen dafür – doch dann überschattete die Geiselnahme des israelischen Sportlerteams den Verlauf der Spiele. Nach wie vor ist die Erinnerung an die Olympiade von 1972 in München eine äußerst zwiespältige.

Centre Georges Pompidou

Paris (1971–1977), RENZO PIANO und RICHARD ROGERS

Häufig, wenn Kritiker bei der Einordnung eines gebauten Fremdkörpers, der so gar nicht in seine Umgebung passen will, völlig begriffsverwirrt sind, benutzen sie die Metapher, ein Raumschiff sei gelandet. Bei kaum einem Gebäude ist dieser Vergleich zutreffender als beim Centre Georges Pompidou im Zentrum von Paris. Nähert man sich dieser bunten, technoiden Kulturmaschine im Karree der Straßen Saint Martin, Beaubourg, Rambuteau und dem Cloître-Saint Merri, ist der erste Eindruck heute noch wie ein Schock – wie muss sie erst 1977 im Jahr ihrer Fertigstellung provoziert haben: Einer Ölraffinerie noch am ehesten verwandt, steht dieser verglaste Klotz mit seinen nach außen gestülpten Eingeweiden auf einem großen Platz, skeptisch beäugt von den umstehenden historischen Stadthäusern des Quartier Beaubourg.

Die Entstehungsgeschichte des Siegerentwurfs ist Legende – und Renzo Piano erzählt sie gern: Im Juli 1971 kauerten zwei junge Architekten auf dem Fußboden eines Londoner Postamtes und versuchten in allergrößter Hektik und in allerletzter Sekunde, ihren Beitrag zum internationalen Wettbewerb nach

■ Das Centre Georges Pompidou: Bei seiner Eröffnung 1977 fand es den Beifall der Öffentlichkeit, und auch der vor dem Gebäude entstandene Platz wird genutzt, häufig geben Kleinkünstler dort spontan ihre Vorstellungen.

Paris zu schicken. Die Geschichte hat noch ein paar andere, durchaus dramatische Wendungen, doch das würde hier zu weit führen. Kurz: Ein paar Wochen später erfuhren die beiden Architekten, der Italiener Renzo Piano und der Engländer Richard Rogers, dass ihr Entwurf unter 681 anderen als Sieger aus dem Wettbewerb hervorgegangen war. Piano und Rogers hatten sich erst 1969 kennengelernt. Was ursprünglich lediglich ein Informationsaustausch hätte sein sollen, mündete in die Gründung des gemeinsamen Büros Piano & Rogers. Auszüge aus der Arbeitsphilosophie der beiden Architekten lauteten damals folgendermaßen: »Technologie ist kein Selbstzweck, sondern muss

■ Die Glaswände sollten ursprünglich als Projektionsfläche für Bilder dienen; die Idee wurde aufgegeben aus Angst, die Fläche könnte für Propagandazwecke missbraucht werden.

Als Standort des Centre Pompidou wählte man einen der ältesten besiedelten Stadtteile von Paris. Es stimmt nicht, wie oft behauptet wird, dass die alten Markthallen weichen mussten, vielmehr baute man es auf einer riesigen Fläche, dem Plateau Beaubourg, die durch Häuserabrisse entstanden und bislang als Parkplatz genutzt worden war.

■ Die 150 Meter lange Rolltreppe befindet sich in einer verstärkten Glasröhre, die am Gebäude hängt; von dort aus hat man den Blick über die Pariser Innenstadt.

■ *unten* Richard Rogers (geb. 1933), Porträtaufnahme von 1998.
ganz unten Renzo Piano (geb. 1937), Aufnahme von 1998.

langfristige soziale und ökologische Probleme lösen · Wir sehen Gebäude als Städte, als flexible, auswechselbare Rahmen · Wir glauben, dass Gebäude so entworfen sein sollten, dass sie den Leuten vollkommene Freiheit innen und außen geben · Die Haut, die Struktur und die Versorgungseinrichtungen sollen klar definiert sein. Die internen und externen Elemente sollen abbaubar und wiederverwendbar sein · Der Gebrauch an kräftigen Farben, um Ordnung und Fröhlichkeit zu erzielen und um die technologische Bedeutung herabzusetzen.«

All diese programmatischen Vorgaben fanden im Centre Beaubourg, wie es ursprünglich hieß, ihre perfekte Umsetzung. Die Kulturfabrik machte die bislang relativ unbekannten Architekten schlagartig weltberühmt und war für beide der Beginn einer steilen Karriere. Schon lange fehlte der französischen Hauptstadt ein kulturelles Zentrum, ein Museum für zeitgenössische

»Das Beaubourg ist zunächst eine Parodie des Akademischen, gebaut an einem Ort, der zu seiner Zeit die konservativsten Akademien der Architektur beherbergte. Es ist nicht wirklich funktional, es bricht traditionelle Regeln. Es stellt Institutionen in Frage mit der Idee, Kultur zu erzeugen, statt sie nur auszustellen. Es ist eine fröhliche Stadtmaschine, eine Expression des Städtischen, und bewirkt genau das Gegenteil der sonst monofunktionalen Implantate für die Stadt: Es belebt das Quartier vom Morgen bis in die Nacht hinein.«
Renzo Piano

Kunst sowie eine große Freihandbibliothek. Der amtierende Staatspräsident Georges Pompidou wünschte sich ein neues Zentrum für alle Künste und ein Bauwerk, das gleichzeitig die Grande Nation repräsentieren sollte – und er wollte sich, last but not least, selbst ein Denkmal setzen.

Das Gebäude war eine Sensation. Der Bau wird häufig eine Ikone des Fortschritts und der Technik genannt, er ist ein Musterbeispiel der High-Tech-Architektur. Seine Versorgungsfunktionen sind sichtbar nach außen verlagert. An der Hauptfassade befindet sich ein getreppter verglaster Aufgang, der beim Erklimmen des Gebäudes wunderschöne Ausblicke auf die Stadt ermöglicht. Die Tatsache, dass sich ein derart unorthodoxer Vorschlag gegen alle anderen durchsetzen konnte, ist wohl eindeutig im Zusammenhang mit dem Gedankengut der noch nicht allzu fernen Studentenrevolte von 1968 zu sehen. Eine gesellschaftliche Erneuerung konnte auch auf das Selbstverständnis von Architekten nicht ohne Einfluss bleiben. Zudem greift der Entwurf die revolutionären Ideen beweglicher Städte der Archigram-Bewegung der 1960er Jahre und deren Wortführer Peter Cook auf, mit dem Rogers befreundet war.

■ Das Centre Georges Pompidou: eine Ikone des Fortschritts und der Technik.

In ihrem Erläuterungstext beschrieben die beiden Architekten ihr Bauwerk so: »... eine dynamische Kommunikationsmaschine mit hoher Qualität, gebaut aus vorfabrizierten Teilen, ... um ein Zentrum für Spezialisten, Touristen und Menschen aus der Nachbarschaft zu gestalten ... je größer das öffentliche Interesse wird, umso größer wird der Erfolg ... weg mit der traditionellen Fassade aus Stein, Glas oder Ziegelstein ... Flexibilität; die Einteilung der Bürolandschaft kann in Minuten verändert werden, die größeren Elemente im Museum können in einer Stunde und die Feuerwände in einem Tag umgebaut werden. Alles ist beweglich ... es ist flexibel, funktional, transparent und das Innere nach Außen gestülpt. Es könnte sogar ein Platz sein, bei dem es Spaß macht, sich innen auf-

■ Die Farben Blau, Grün, Gelb und Rot sind verschiedenen funktionalen Elementen des Baus zugeordnet.

zuhalten.« Sicher musste der Erstentwurf etliche Male überarbeitet werden, doch im Wesentlichen blieb alles so, wie die Urheber es vorgeschlagen hatten. Wie ein Baukastensystem ist der gesamte Komplex erweiter- und ausbaubar, die Wände, Decken und Böden sind flexibel. Im Inneren sind die Ausstellungsflächen des Nationalmuseums für Moderne Kunst, Veranstaltungssäle, Büros, Bibliotheken, Restaurants und Cafés untergebracht. Am längsten stritt man wohl über die Farbgestaltung. Schließlich setzten sich die Architekten mit ihrem Vorschlag einer funktionalen Zuordnung durch: Blau für die Entlüftung, Grün für das Wasser, Gelb für elektrische Anlagen und Rot für die Aufzüge. Mit der scheinbaren Technikhuldigung, mit der naiven Zurschaustellung der technischen Funktionsabläufe, wollten die Architekten eher provozieren. Sie verstanden den offensiven und exzentrischen Entwurf eigentlich als Pamphlet. Sie wurden – zu ihrem Glück – missverstanden, der Vorschlag setzte sich in der hochkarätig besetzten Jury mit acht von neun Stimmen durch.

Von Anbeginn an haben sich Straßenkünstler den großzügigen Vorplatz für ihre Auftritte erobert, jahraus, jahrein herrscht dort jahrmarktähnliches Treiben. Schon im Jahr seiner Eröffnung konnte das Centre Pompidou fünf Millionen Besucher registrieren – mehr als der Louvre und mehr als der Eiffel-Turm –, und es werden immer mehr. Ein Wagnis, das ohne weiteres auch hätte schiefgehen können, ist gelungen.

RICHARD ROGERS

 ## LEBEN UND WERK

Rogers kommt am 23. Juli 1933 als Sohn von Nino Rogers und Dada Geiringer in Florenz zur Welt. 1953–1959 studiert er an der Architectural Association School in London, wo er bereits im ersten Jahr einen Preis gewinnt. Nach dem Abschluss setzt er seine Studien mit einem Fulbright-Stipendium in den USA an der Yale University School of Architecture fort. In Yale lernt er Norman Foster kennen. 1960 heiratet Rogers die Architektin Su Brumwell. Mit ihr, Norman Foster und Wendy Cheesman gründet er 1963 die Gruppe Team 4, die besonders durch den Bau der Fabrik für Reliance Controls Ltd. in Swindon auffällt (1965–1967; 1991 abgebrochen).

1967 trennt sich Team 4. Bis 1970 arbeiten Rogers und seine Frau allein. 1970 lernt Rogers in London Renzo Piano kennen und tut sich mit ihm zusammen. Als die Ausschreibung für das Centre Pompidou bekannt wird, ermuntert Su Rogers die beiden, sich zu bewerben. Unter mehr als 600 Entwürfen wird ihrer ausgewählt. Rogers und Piano richten in Paris ein Büro ein. Beide Ehen gehen in die Brüche. 1973 heiratet Rogers Ruth Elias. 1977 trennen sich Rogers und Piano; Rogers geht nach London und gründet Richard Rogers Partnership. Er gilt als einer der Verfechter funktionalistischer Architektur und macht sich vor allem durch Industriebauten einen Namen. Bekannt sind das Lloyd's Building in der Londoner Innenstadt und das Werk des Mikroprozessorherstellers Inmos in Newport; bei beiden liegen wie beim Centre Pompidou die Versorgungsleitungen außen. Dennoch hat Rogers eine gewisse Sensibilität der Stadt gegenüber entwickelt, auch wenn er in erster Linie dem High-Tech-Funktionalismus verpflichtet ist. Rogers wird 1991 geadelt. Seit 1996 trägt er den Titel Baron Rogers of Riverside in the Royal Borough of Kensington and Chelsea. 1998 erscheint sein Buch *Cities for a Small Planet*. 1998 wird er gebeten, den Vorsitz der Urban Task Force zu übernehmen, einer britischen Kommission, die sich um die Regenerierung der Städte bemüht. Die Stadt der Zukunft soll nach Rogers' Vorstellung nicht mehr in Bereiche für Wohnen, Arbeiten und Erholung eingeteilt sein; eine Mischung aller Bereiche soll wieder für Leben auf den Straßen und Kontakt unter den Nachbarn sorgen. Wert gelegt wird auf kurze Wege zum Arbeitsplatz, bevorzugt zu Fuß, mit dem Rad oder öffentlichen Verkehrsmitteln. Überhaupt gilt das besondere Interesse der Richard Rogers Partnership seit geraumer Zeit dem Umweltschutz. Wo immer möglich, werden bei den Gebäuden Niedrigenergiesysteme eingeplant. Nach eigenen Aussagen spendet das Büro 20 Prozent seiner Gewinne für wohltätige Zwecke. Biographie von Renzo Piano siehe Seite 263.

 ## DATEN

Centre Georges Pompidou:
Bauzeit: 1971–1977
Länge: 166,4 m
Breite: 60 m
Höhe: 42 m
Deckenhöhe der Stockwerke: 7 m
Baukosten: circa 500 Millionen Franc
Besucherzahlen: etwa 7 Millionen jährlich

Bekannteste Bauwerke:
Lloyd's Building, 1978–86, London
Inmos Microprocessor Factory, 1982, Newport
Alcazar, 1988, Marseille
Europäischer Gerichtshof für Menschenrechte, 1989–1994, Straßburg
Erweiterung des Justizpalastes, 1990–1998, Bordeaux

Lesenswert:
Richard Burdett: *Richard Rogers. Bauten und Projekte*, Stuttgart 1996.

Richard Rogers: *Architektur. Ein Plädoyer für die Moderne*, Frankfurt 1993.

Richard Rogers: *Cities for a Small Planet*, 1998.

Sehenswert:
Offizielle Website von Richard Rogers Partnership:
http://www.richardrogers.co.uk

 ## KURZWERTUNG

Anfang der 1970er-Jahre landete ein Raumschiff mitten in Paris: Wie durch ein Wunder gewannen zwei junge Architekten den Wettbewerb für das Kulturzentrum Centre Beaubourg. Der kühnste und extravaganteste Entwurf – er stammte von Renzo Piano und Richard Rogers – setzte sich gegen Hunderte anderer Entwürfe durch.

Erweiterung der Staatsgalerie Stuttgart

Stuttgart (1977–1984), JAMES STIRLING, MICHAEL WILFORD and ASSOCIATES

Wieder einmal sind es die biederen und doch weltoffen-liberalen Schwaben, die sich – nach der spektakulären Weißenhofsiedlung der 1920er Jahre – einen Aufsehen erregenden Jahrhundertbau in ihre Landeshauptstadt holen. Die Erweiterung der Staatsgalerie Stuttgart von James Stirling, Michael Wilford and Associates ist zu einem weltweit anerkannten, wenn auch nicht unumstrittenen Fanal der Postmoderne geworden.

Das Markenzeichen Stirlings ist die Verbindung von Einfühlungsvermögen in Historisches und einer kreativen neuen Architektursprache. In Stuttgart sollte dem klassizistischen Gebäude der Staatsgalerie ein Erweiterungsbau hinzugefügt werden.

■ Teilansicht der neuen Staatsgalerie Stuttgart; die Verbindung von Vorplatz, Rampe und Eingang vermittelt einen labyrinthartigen Eindruck.

■ Die Eingangshalle mit der ziehharmonikaförmigen Glaswand.

Der Neubau gruppiert sich um einen zentralen runden, nach oben offenen Innenhof, eine Rotunde mit 32 Metern Durchmesser, die als Ausstellungsfläche für Skulpturen dient. Eine Freitreppe, gesäumt von ansteigenden Rundbogenfenstern, führt an den oberen Rand des Kreisrunds. Das Besondere an dieser Stelle ist ein öffentlicher Fußweg, der auf einer Rampe um den Hof herumführt und somit die abweisende Geschlossenheit des Gebäudes aufbricht.
Die unterschiedlich großen, auf zwei Stockwerke verteilten Ausstellungsräume sind hintereinander aufgereiht und gruppieren sich u-förmig um den Innenhof. Vom Straßenniveau aus durchschreitet man erst ein Tempelchen aus Stahlträgern und erreicht dann die ein Stockwerk über der Straße gelegene Terrasse. Dort bildet eine halbrunde, ziehharmonikaförmige Glaswand den Eingangsbereich und lockt ins Innere des Museums. Heute wirken die Signalfarben von damals eher abstoßend: Der grellgrüne Gumminoppenboden korrespondiert farblich mit dem Grün der Türrahmen und Fenstersprossen. Auch im Außenbereich finden sich immer wieder farbige Metallelemente, die den steinernen Komplex auflockern – wobei es sich bei dem vorgetäuschten Steingebäude natürlich um einen Stahlbetonbau handelt, der mit Travertin und Schilfsandstein verkleidet ist. Das Rosa und das zu einem Hellblau verblasste Türkis der Metallröhren ist heute etwas ramponiert. Nur an diesen Details spürt man den Alterungsprozess, ansonsten wirkt der Bau jung wie zu Zeiten seiner Entstehung.

■ Der Eingangsbereich.

■ Sir James Stirling (1926–1992) beim Eröffnungsrundgang in der neuen Stuttgarter Staatsgalerie 1984 vor einem Gemälde von Fernand Leger.

Die Gesamtanlage erscheint – obwohl klar gegliedert und überschaubar – wie ein bauliches Rätsel, das den Besucher labyrinthartig erst einmal in die Irre führen will. Dieser Eindruck entsteht durch die Verbindung von Vorplatz, Eingang, Rampe und unorthodoxen Täuschungsversuchen, die teilweise wie M. C. Eschers Trompe-l'œil-Bilder daherkommen.

Witzige Irritationen auch an der Außenmauer, wie eine Ermahnung an das Vergängliche: Aus der Wand gebrochene Steine liegen da, als wären sie Überreste einer Ruine. Zusätzlich zum Museum sind hier eine unterirdische Parkgarage, ein Verwaltungsanbau, das Kammertheater des Württembergischen Staatstheaters und ein Bistro untergebracht.

Die Bausumme betrug 90 Millionen Mark. Das Heer der Kritiker teilte sich in zwei Lager. Die einen befanden, es sei ein genialer Wurf, ein wegweisender Museumsneubau der 1980er Jahre, die anderen geißelten ihn als ein mit historisierenden Zitaten durchsetztes eklektizistisches Machwerk, dessen Manierismus in Kitsch umschlägt.

Der Bau ist fordernd, provokant und selbstbewusst. Er ist historisierend einerseits, andererseits stellt er etwas völlig Eigenständiges dar. »James Stirling überfällt sein Publikum mit grellen Farben, die Kundigen mit einem Haufen Zitaten von Weinbrenner bis Jencks, ein Parodien-Museum ... Man erkennt, dass der Engländer Humor hat und sogar Architektur-Witze zu reißen versucht«, schrieb Manfred Sack in der *Zeit*. Und er for-

> »Für den süddeutschen Raum hat dieses Gebäude therapeutischen Charakter«, sagte Joseph Beuys kurz vor der Eröffnung der Neuen Staatsgalerie.

derte weiter, wenn schon postmodern bauen, dann gut: »Hollein kann es virtuoser, Venturi kühler und intelligenter und die SITE-Gruppe ironischer.« Seien wir gnädig: Stirlings *Staatsgalerie* birst vor Einfällen, der Bau macht neugierig, ist witzig und einladend. Zumindest stellte er unter Beweis, dass er die Grammatik des Bauens und die gesamte Stil-Klaviatur beherrscht. Trotz allem – oder gerade deswegen: Architektur für die Sinne.

Der größte Vorwurf, der dem Gebäude immer wieder gemacht wurde, ist, es gebärde sich selbst als Kunstwerk, es sei museal gestaltet, und genau das sei kontraproduktiv für seinen Zweck, Kunst zu zeigen. Stirling unterstrich diesen Aspekt, nährte den Vorwurf, indem er sich zwei Eröffnungsfeiern wünschte: eine für den bloßen Bau ohne Kunst, eine zweite mit Kunst. Stirling hat stets betont, er sehe sich nicht als Anhänger der Postmoderne: »Mein Ziel ist die städtebauliche Qualität. Mir geht es nicht

■ Innenansicht, perspektivischer Blick durch das Glasoberlicht, das die Struktur der Glasfassade der Eingangshalle wieder aufnimmt.

■ Nur an Details wie den verblassenden Farben ist der Alterungsprozess der neuen *Staatsgalerie Stuttgart* sichtbar.

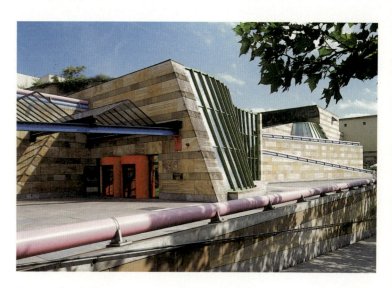

darum, irgendetwas postmodern zu gestalten. Ich will Häuser bauen, die miteinander in Beziehung stehen, ich will öffentliche Räume entstehen lassen. Es soll an der Adenauer-Straße zwischen Alter Staatsgalerie und Landtag eine Zone urbanen Gleichklangs entstehen«, betonte er noch 1992 kurz vor seinem plötzlichen Tod, als feststand, dass auch der Bau der Musikhochschule, die derzeit neben der Neuen Staatsgalerie entsteht, seinem Büro übertragen werden würde.

Auf welche Seite man sich auch schlagen will: Der Bau selbst ist eine Skulptur – was aber seiner Funktion als Zweckbau nicht im Wege steht. Die Klugheit, Gewitztheit und Wirkung des Ganzen als durchdachte Einheit kann jedoch leider nicht über die stadtplanerischen Sünden hinwegtrösten: Zwischen der Neuen und Alten Staatsgalerie und der gegenüberliegenden Oper verläuft eine hässliche vierspurige Durchgangsstraße, die Adenauer-Straße, die die Stadt an dieser Stelle wie eine Schneise durchzieht – eine der vielen Fehlentscheidungen der Nachkriegszeit, wo von Stuttgarts Altstadt ohnehin nur noch ein Trümmerfeld übrig geblieben war. Die kann auch der Museumsneubau nicht reparieren. Dabei hatte man sich diese Zone der Innenstadt als Kulturmeile schöngeredet, mit Landesbibliothek, Oper, Theatern, Museen, Musikhochschule und dem Haus der Geschichte.

Heute setzt Stirlings Partner, Michael Wilford, die Arbeit des Büros auf kongeniale Weise fort. Er leitet derzeit den Erweiterungsbau der Stuttgarter Musikhochschule und er war der Architekt der 2000 eröffneten neuen Britischen Botschaft in Berlin.

JAMES FRAZER STIRLING UND MICHAEL WILFORD

 ## LEBEN UND WERK

Stirling wird am 22. April 1928 in Glasgow als Sohn eines Schiffbauingenieurs geboren. Er studiert 1945–1950 an der School of Architecture der Universität Liverpool. Anschließend besucht er bis 1952 die School of Town Planning and Regional Research in London. 1953–1956 arbeitet er mit Lyons, Israel, Ellis and Gray zusammen, wo er James Gowan kennenlernt. Mit ihm gründet Stirling 1956 ein eigenes Büro. Sie bauen Häuser, die zwar durch ihre Modernität Aufsehen erregen, sich aber nicht an den Internationalen Stil anlehnen. Die oft scharfen Kontraste zwischen rohem Stahl und Glas oder Backstein und das bewusste Vermeiden von Eleganz bringen Stirling den Ruf eines Neobrutalisten ein. Das prägnanteste Beispiel aus dieser Zeit ist das Engineering Building der Universität Leicester (1959–1963). Stirling lässt sich aber nicht auf eine Richtung festlegen; er versteht sich als Nonkonformist. Ab Anfang der 1960er Jahre unterrichtet er als Gastdozent an der Universität Yale. 1963 steigt Gowan aus dem Büro aus; Stirling führt es allein weiter. In den folgenden Jahren baut er hauptsächlich Universitätsgebäude, zum Beispiel die Historische Fakultät der Universität Cambridge (1964–1967), das Studentenwohnheim der Universität St. Andrews (1964–1967), das Florey Building des Queen's College in Oxford (1966–1971). Bei zwei Großprojekten, einem Bau für Siemens in München (1969) und dem Civic Centre in Derby (1970), arbeitet er mit Leon Krier zusammen. 1971 nimmt Stirling Michael Wilford als Partner in seine Firma auf. Wilford, 1938 in Surbiton in Surrey geboren, absolviert seine Ausbildung in London an der Kingston Technical School, der Northern Polytechnical School of Architecture und der Regent Street Polytechnical Planning School. In Deutschland werden die beiden durch die Erweiterung der Staatsgalerie in Stuttgart, den Neubau des Kammertheaters der Württembergischen Staatstheater (ebenfalls Stuttgart, 1977–1983) und die Forschungs- und Produktionsgebäude der Pharmazeutischen Fabrik Braun in Melsungen (1986–1992) bekannt. Nach vielen Projekten in den USA erhalten sie den Auftrag zu einem Erweiterungsbau der Tate Gallery in London (1980–1986). Stirlings Pläne für die Philharmonie in Los Angeles, die Französische Nationalbibliothek in Paris und das Internationale Forum in Tokio werden nicht in die Tat umgesetzt. Im Juni 1992 wird Stirling von der Queen geadelt. Er stirbt wenige Tage später, am 25. Juni 1992, an Herzversagen. Michael Wilford gründet 1993 mit Laurence Bain und Russell Bevington das Büro Michael Wilford & Partners, das die Nachfolge von Stirling und Wilford antritt.

 ## DATEN

Erweiterung der Staatsgalerie Stuttgart:
Bauherr: Stadt Stuttgart, Land Baden-Württemberg
Bauzeit: 1977–1984
Baumaterial: Stahlbeton
Baukosten: 90 Millionen DM

Bekannteste Bauwerke:
Engineering Building, 1959–1963, Leicester
Arthur M. Sackler Museum, 1979–1984, Cambridge
Tate Modern, 1980–1986, London
Musikhochschule, 1987–1995, Stuttgart
Erweiterungsbau der Musikhochschule und Haus der Geschichte, 1991–2002, Stuttgart
Britische Botschaft, 1995–2000, Berlin

Lesenswert:
James Stirling: *Bauten und Projekte 1950–74*, Stuttgart 1975.

James Stirling, Michael Wilford and Associates. Buildings and Projects 1975–1992. Stuttgart 1994.

Sehenswert:
Offizielle Website der Staatsgalerie Stuttgart:
http://www.staatsgalerie.de

Berühmtes Zitat:
»Architekten haben immer schon zurückgeschaut, um vorwärtszukommen.«

 ## KURZWERTUNG

Im Grunde ist die Neue Staatsgalerie »nur« ein Erweiterungsbau der alten Staatsgalerie Stuttgarts. Doch als witziges und humorvolles Stilkonglomerat hat das Gebäude weltweit Berühmtheit erlangt. Man findet eine Anspielung auf Schinkels Rotunde im Alten Museum zu Berlin oder andere verfremdete Motive aus der Baugeschichte. Alles nur geklaut? Oder mit englischem Humor zitiert und arrangiert? Eine Geschmacksfrage, die der Betrachter selbst entscheiden darf ...

Hongkong and Shanghai Bank

Hongkong (1979–1985), NORMAN ROBERT FOSTER

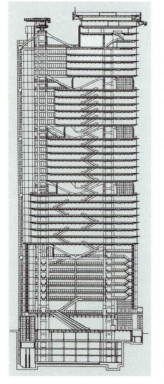

■ Ost-West-Schnitt der Hongkong and Shanghai Bank.

Er hat nicht nur Freunde, aber selbst seine Feinde konzedieren, dass er Meisterwerke zustande gebracht hat, die ihn den höchsten Rang unter den europäischen Architekten verdienen lassen. Auf grausamste Weise parodierte ihn Philip Kerr in seinem Thriller *Gridiron* (Game over): Ein englischer High-Tech-Architekt, der seine eigenen Flugzeuge fliegt, konstruiert ein computergesteuertes Science-Fiction-Gebäude, das sich am Ende selbst zerstört und seinen Erfinder gleich mit. Norman Foster was not amused ... Es gibt auffällige Parallelen zwischen dem realen und dem fiktiven Architekten: Foster baut, Foster fliegt und Foster hatte sicher Alpträume während der Entwicklungs- und Entstehungsphase der Hongkong and Shanghai Bank, seinem ersten und bahnbrechenden Wolkenkratzer. Sein Lieblingswort ist »Challenge« – wahrscheinlich ist es auch eine der Voraussetzungen seines Erfolges, dass ihm bisher keine Herausforderung zu groß war. Norman Foster kämpft, wenn es darauf ankommt, wie ein Preisboxer – in einem Gentlemanberuf. Als er Ende der 1970er Jahre den Wettbewerb für die Hongkong and Shanghai Bank gewann, machte er erst mal eine Abmagerungskur und entschied sich, einige Jahre auf Privatleben zu verzichten. »The Rig« – die Ölbohrplattform, wie die Einheimi-

> Die Hongkong and Shanghai Bank kann als eines der innovativsten Hochhäuser der Gegenwart bezeichnet werden. Zu den bedeutendsten Neuerungen zählt ein ausgeklügeltes Beleuchtungssystem: Ein riesiger computergesteuerter High-Tech-Reflektor – der »sunscoop« –, auf der obersten Etage angebracht, bündelt das Sonnenlicht mit einem Spiegelsystem und wirft es auf einen Innenspiegel. Von dort ergießt es sich in das fünfzig Meter hohe Atrium – Herzstück des Baus –, für das das Büro Foster 120 000 Zeichnungen anfertigte. Nachts verwandelt sich das Gebäude in eine riesige beleuchtete Skulptur.

■ Ansicht der Hongkong Bay in der Abenddämmerung, rechts die Hongkong and Shanghai Bank.

schen die Bank nennen – ist zum Wahrzeichen Hongkongs geworden. Es hat die Hochhausbauweise revolutioniert, und bemerkenswerterweise war es auch Fosters erstes Gebäude, das mehr als drei Geschosse hat: Es ist 47-stöckig, 180 Meter hoch und steht auf einem 5000 Quadratmeter großen Grundstück im Central District von Hongkong.

Fosters Karriere verlief beängstigend steil und respekteinflößend – hätte man sie erfunden, keiner würde einem diese Geschichte abkaufen: Norman Foster stammt aus bescheidenem Arbeitermilieu in Manchester. Für ein Studium war kein Geld da. Er verschlang in der Stadtbibliothek alles, was er an Fachliteratur finden konnte, und verdiente sich sein Studium mit Nebenjobs:

■ Lord Norman Robert Foster (geb. 1935), Porträtaufnahme von 1999.

»Ich bekam keine Zulassung zur Universität, also versuchte ich selbst etwas aus mir zu machen. Ich verkaufte Möbel, arbeitete in einer Bäckerei, einer Kühlfabrik und jobbte als Eisverkäufer. Rückblickend glaube ich, gab mir das enorme Kraft: Ich würde der Welt beweisen, dass ich es schaffe.« Dass er es geschafft hat, daran kann spätestens seit dem Zeitpunkt, als die Queen ihn 1990 in den Adelsstand erhoben hat, kein Zweifel mehr bestehen. Wer so berühmt ist, kann sich nicht davor schützen, gelabelt zu werden: innovativster Vertreter einer High-Tech-Architektur oder weltbester Industriearchitekt waren die Etiketten, die man ihm anheftete. Inzwischen scheint seine High-Tech-Phase weitgehend überwunden; die Begeisterung für Innovation hat das Vokabular von Lord Norman Foster erweitert.

Zusammen mit sieben international renommierten Büros war er für den Wettbewerb der Hongkong and Shanghai Bank eingeladen worden. Die Hausherren wünschten sich nichts Geringeres als das schönste Hochhaus der Welt. Die Bauanforderungen lauteten: einzigartig, noch nie dagewesen, ökonomisch, maximale Transparenz, optimale Flexibilität – also die Quadratur des Kreises.

Während die anderen Wettbewerbsteilnehmer nach Hause fuhren, blieb Foster gemeinsam mit seiner inzwischen verstorbenen Frau Wendy und seinem Partner Spencer de Grey vor Ort. Drei Wochen lang studierten sie die Arbeitsweise der Bank, das Umfeld und den Genius loci. Die Mühe sollte sich auszahlen: Fos-

■ Sonnenkollektoren, die der Bewegung der Sonne folgen, sind an der Südseite des Gebäudes im unteren Teil des Atriums angebracht. Spiegel reflektieren das Licht in die unteren Etagen der Bankhalle und den Publikumsbereich.

ter erhielt den Auftrag. Damals war er gerade mal vierundvierzig Jahre jung. Foster wollte den Wolkenkratzer neu erfinden. Gemeinsam mit dem Londoner Ingenieurbüro Ove Arup & Partners machte er sich mit wissenschaftlicher Akribie an die Erforschung aller bisher gebauten Hochhaustypen und ihrer Spezifika, um auf diese Weise die optimale Lösung für die speziellen Anforderungen zu finden. Dieses historische Wissen sollte ihm durch dessen Überwindung und seinen Erneuerungswillen helfen, etwas noch nie Dagewesenes zu erfinden. Auf dem extrem knappen Grundstück, mit der dichten Bebauung darum herum, hatte man keine andere Möglichkeit, als so weit als möglich vorgefertigte Bauteile zu verwenden, die vor Ort montiert werden konnten.

Die Tragstruktur des Büroturms für das 21. Jahrhundert ist »eine Stahlhängekonstruktion von acht Masten mit jeweils vier Röhren, die mit jeweils drei Reihen von gigantischen Trägern verbunden wurden«, beschreibt Christian Brensing von der Arup GmbH die Konstruktionen, an denen die Stockwerke aufgehängt sind. Von außen lässt sich an der Fassade eine Grobeinteilung in fünf Bereiche ausmachen, denen – von unten nach oben – folgende Funktionen zugeteilt sind: Schalterverkehr, Datenverarbeitung, internationaler Bankservice, Generalverwaltung sowie die Präsidentenzimmer an der Spitze. Den Abschluss des Gebäudes bildet eine Plattform, die als Helikopterlandeplatz genutzt werden kann. Die Verkleidung der Tragstruktur ist aus aluminiumgrauen und silbermetallicfarbenen Paneelen, die nichttragenden Flächen sind aus Glas. Alle 3500 Mitarbeiter haben teil an dem wundervollen Blick: Im Süden blickt man auf den Victoria Peak und auf den Botanischen Garten, auf der anderen Seite auf die Bucht, den Hafen und das chinesische Festland. Es gibt ausschließlich Großraumbüros, sowohl für die Angestellten als auch für die Vorgesetzten. Dafür schuf Foster

■ Das innere zwölfgeschossige Atrium, das Herzstück des Gebäudes, erhält natürliches Licht durch die verglaste Stirnwand sowie durch Sonnenkollektoren, deren Licht unter anderem von Deckenreflektoren weitergelenkt wird.

■ Im Erdgeschoss der Hongkong and Shanghai Bank. Rolltreppen führen aus der öffentlichen Passage hinauf in das Atrium.

zusammenhängende Freiflächen, die nach Bedarf gestaltet werden können und deren Sichtbeziehungen nicht durch schwere tragende Elemente unterbrochen sind. Unter dem auf riesigen Pylonen stehenden Gebäude befindet sich ein zwölf Meter hoher Fußgängerbereich – ein Zugewinn an dem in dieser Stadt so raren öffentlichen Raum. Man kann das Gebäude also nicht betreten, sondern muss es »erfahren«. Zwei monumentale, frei auf der Piazza angebrachte Rolltreppen bringen die Bankkunden hinauf zu der zwölf Meter hoch gelegenen Halle und zu dem über zehn Stockwerke reichenden Atrium. Den unteren Abschluss des Atriums bildet eine tausend Quadratmeter große Fußbodenplatte aus Glas. In Versorgungstürmen im Osten und Westen des Gebäudes ist die Technik untergebracht, auf diese Weise spart man im Inneren eine Menge Platz. In den über dem Atrium liegenden Stockwerken sind auflockernde begrünte Terrassen und Gärten, ja sogar »Dörfer im Himmel« zu finden – Bereiche mit einer regionalen Charakteristik, um den Mitarbeitern ein Gemeinschaftsgefühl zu vermitteln.

Die Hausherren bekamen, ihren Wünschen entsprechend, etwas ganz Besonderes: »The Rig« ist das bislang teuerste Gebäude der Gegenwart. Die Baukosten beliefen sich auf fünf Milliarden Hongkong-Dollar, das entspricht einer Summe von 1,5 Milliarden Mark. Ob es das wirklich schönste Hochhaus der Welt ist, muss die Nachwelt beurteilen ...

Der Bauplatz war so knapp bemessen, dass die acht Kräne auf dem Gebäude selbst angebracht werden mussten und quasi von Stockwerk zu Stockwerk mitwuchsen.

NORMAN ROBERT FOSTER

 ## LEBEN UND WERK

Bei seiner Geburt am 1. Juni 1935 in einem Vorort von Manchester ahnt niemand, dass aus ihm ein berühmter Architekt wird. Für den Sohn einer Arbeiterfamilie stehen die Chancen auf eine akademische Karriere schlecht. »Dass in meiner Nachbarschaft jemand auf die Universität geht, war so abwegig wie die Behauptung, ich würde der nächste Papst werden«, sagt Foster dazu. Schon als Junge interessiert er sich für den späteren Beruf; einer seiner bestgehüteten Schätze ist ein Buch über die Geschichte der Architektur. Nach Abschluss der Schule leistet Foster von 1953–1955 seinen Wehrdienst bei der Royal Air Force. Mit 21 beginnt er sein Studium am Institut für Architektur, Städte- und Landschaftsbau der Universität Manchester. Das Geld dafür verdient er sich mit jedem Job, den er kriegen kann: vom Eisverkäufer bis zum Rausschmeißer eines Nachtclubs. Immer wieder bewirbt er sich um Stipendien, die er wegen seiner guten Leistungen meistens auch erhält. Nach seinem Abschluss in Manchester studiert er ein Jahr in Yale und erwirbt den Master's Degree. Dort lernt er auch Richard Rogers kennen. Nach der Rückkehr nach England schließt sich Foster mit Rogers, dessen Frau Su und Wendy Cheesman zum Team 4 zusammen. 1964 heiraten Cheesman und Foster; sie bekommen vier Söhne: Ti, Cal, Steve und Jay. 1967 trennen sich die Wege des Team 4. Foster und seine Frau gründen Foster Associates. Mit dem Bau des Passagierterminals der Fred Olsen Lines in London entsteht das erste von Fosters High-Tech-Gebäuden. 1975 erregt er mit einem Bau Aufsehen, der aus einer Stahlbeton-Kassettenkonstruktion besteht und mit getöntem Flachglas verkleidet ist. Ende der 1970er erhält er den Auftrag, die Hongkong and Shanghai Bank zu bauen, sein erstes Hochhaus. Es folgen unter anderem die Sackler Gallery der Royal Academy of Arts in London (1985–1992) und der Fernmeldeturm in Barcelona (1988–1992). Wendy stirbt 1989. Ein Jahr später wird Foster in den Adelsstand erhoben. 1991 heiratet er die Architektin und Designerin Sabiha Rumani Malik, die bei Foster and Partners arbeitet, wie das Büro heute heißt. Es entwirft fast alles, von Flughäfen über Bürogebäude bis zur Türklinke. Dabei stößt es in neue Dimensionen des Ingenieurbaus und der Materialverwendung vor. Auch der Neubau des berühmten Wembley-Stadions steht auf der Projektliste. In Deutschland ist Foster durch das Commerzbank-Hochhaus in Frankfurt am Main und den Umbau des Reichstags bekannt. Er gilt als High-Tech-Architekt, bezeichnet sich selbst aber lieber als Modernist. Norman Foster lebt mit seiner jetzigen Frau Elena Ochoa, einer Professorin für Psychopathologie, und Tochter Paola in London.

 ## DATEN

Hongkong and Shanghai Bank:
Bauzeit: 1979–1985
Höhe: 180 m
Anzahl der Stockwerke: 47
Grundstücksgröße: 5000 qm
Baukosten: 1,5 Milliarden DM

Bekannteste Bauwerke:
Verwaltungsgebäude von Willis, Faber & Dumas, 1971–75, Ipswich
Sainsbury Center for the Visual Arts, 1974–1978, Norwich
Kulturzentrum, 1984–1992, Nîmes
Sackler Gallery der Royal Academy of Arts, 1985–1992, London
Stansted Airport, 1991, London
Commerzbank, 1991–1997, Frankfurt am Main
Chek Lap Kok Airport, 1998, Hongkong
Umbau des Reichstages, 1993–1999, Berlin

Lesenswert:
Architekten: Norman Foster, Stuttgart 1998. Norman Foster: Der neue Reichstag, Leipzig 1999.
Philip Jodidio: Sir Norman Foster, Köln 1997.
Philip Kerr: Game over. Reinbek, 1998.

Sehenswert:
Offizielle Website von Foster and Partners: http://www.fosterandpartners.com

 ## KURZWERTUNG

Die Hongkong and Shanghai Bank ist einer der frühen Bauten des inzwischen zum Lord avancierten englischen Architekten Norman Foster. Manche finden, das Bankgebäude in Hongkong sei die schönste Bank der Welt – wie auch immer unsere Meinung – sie brachte seinem Erfinder aufgrund des technizistischen Äusseren den Ruf eines High-Tech-Architekten ein.

AT&T-Building

New York (1979–1984), PHILIP JOHNSON und JOHN BURGEE

■ Außenansicht des AT&T Building.

Philip Johnson wird als Chamäleon in die Architekturgeschichte des 20. Jahrhunderts eingehen. Er ist wahrhaft einer der skurrilsten und schillerndsten Figuren seiner Zunft. Sich festlegen lassen will er nicht. Johnson ist Trendsetter im ursprünglichen Sinn des Wortes. Schon ganz früh in seinem Leben lancierte er neue Strömungen und Ideen. Später, nachdem er ein Architekturstudium absolviert hatte und selbst baute, setzte er sich an die Spitze einer Mode oder erfand sie wortgewaltig sogar – und immer wenn die anderen gerade anfingen, sich dafür zu begeistern, hatte er das Interesse verloren und war schon wieder einen Trend weiter.

1930 war er blutjunger Direktor der Architekturabteilung des Museum of Modern Art, und seine Ausstellung »International Style« (1932) wurde ein ungeheurer Erfolg. Es ist nicht übertrieben, sie als wegweisend für die Entwicklung der US-amerikanischen Architektur des 20. Jahrhunderts zu bezeichnen. Er hatte die Baumeister der Moderne zu seinen Heroen erkoren und sie erstmals in den USA publik gemacht. Indirekt verhalf er ihnen damit zur Emigration aus Europa, ebnete den von den Nationalsozialisten vertriebenen Bauhäuslern einen Neubeginn: Mies van der Rohe erhielt 1938 einen Ruf nach Chicago und Gropius wurde nach Harvard berufen.

Johnson baut nicht nur modern, sondern auch postmodern, und am sogenannten Dekonstruktivismus ist er auch nicht unbeteiligt: 1988 überraschte er die Fachwelt mit einer weiteren Ausstellung im Museum of Modern Art, die er *Deconstructivist Architecture* nannte. Er zeigte Entwürfe von Coop Himmelb(l)au, Peter Eisenman, Frank O. Gehry, Rem Koolhaas, Daniel Libeskind, Bernard Tschumi und Zaha Hadid. Es

AT&T-BUILDING

> Der mit rosafarbenem Granit verkleidete Wolkenkratzer markierte Philip Johnsons postmoderne Metamorphose. Die Puristen der Moderne geißelten ihn dafür als Verräter. Wieder einmal hatte er sich an die Spitze eines Formfindungsprozesses gesetzt.

ging primär um ästhetische Phantasievorstellungen. Fragen wie Funktion und Umsetzbarkeit traten in den Hintergrund.
Johnson blieb keinem Bekenntnis lange treu, außer dem, sich beständig neu zu orientieren. Das Pathetische und Banale liegen bei ihm oft ganz nah beieinander, viele seiner Wolkenkratzer, mit denen er erst Anfang der 1970er Jahre begann, zeugen davon.
1978 erhielt Johnson den Auftrag, einen repräsentativen Firmensitz für die American Telephone and Telegraph Company

■ Das AT&T Building an der Madison Avenue mit seinem »Chippendale«-Giebel und Umgebung.

> Das AT&T Building machte die Postmoderne weltweit bekannt. Es wies alle charakteristischen Merkmale dieses Stils auf: Johnson setzte klassische Elemente und Zitate auf spielerische Art ein – diese Art des Bauens muss ihm gelegen haben, da er im Borgen schon immer sehr versiert war. Wie er auf den gebrochenen Giebel im Chippendale-Stil kam, lässt sich nur vermuten: Vielleicht hat er die Idee, den farbig beleuchteten Heizungsdampf aus dem Rund – quasi wie ein olympisches Feuer – aufsteigen zu lassen, von Etienne Louis Boullée abgekupfert. Auf jeden Fall waren die New Yorker Gazetten voll von Vermutungen, nun sei er völlig verrückt geworden.

(AT&T) zu bauen. Die Firmenleitung wünschte sich nicht noch eine Stahl- und Glaskiste, kein Konkurrenzgebäude zum Seagram, sondern eher zum Chrysler Building: einen stabilen, Macht demonstrierenden Wolkenkratzer mit einem soliden Sockel und einem markanten Dach. Johnson tat, wie ihm geheißen: An der vornehmen Madison Avenue 550 baute er den ersten postmodernen Wolkenkratzer New Yorks. Er verhalf damit der Postmoderne zwar zum Durchbruch – aber er hat sie nicht erfunden. Gleichzeitig entstanden überall im Land historisierende Bauten. Das Gebäude brachte ihm 1979 den Pritzker-Preis. Das Medienereignis Nr. 1; das zweite war das Gebäude selbst: Es zierte häufig die Titelbilder von Zeitschriften in aller Welt. Das *Time Magazine* widmete dem »Monument der Post-

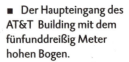

■ Der Haupteingang des AT&T Building mit dem fünfunddreißig Meter hohen Bogen.

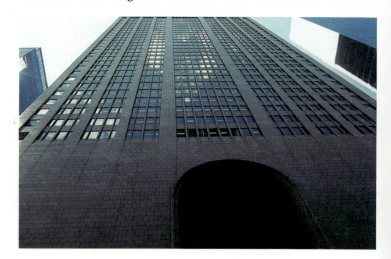

■ Die Eingangshalle des Gebäudes.

moderne« mit seinem an ein Chippendale-Möbel erinnernden gesprengten Giebel eine Titelstory. Außer seinem Glass House in New Canaan gibt es kaum etwas, was Johnson so bekannt gemacht hat wie sein AT&T Building. In vielerlei Hinsicht löste das Gebäude Debatten aus: Einerseits wertete man es als Johnsons Unabhängigkeitserklärung gegenüber Mies van der Rohe – hatte er sich doch schon den Spitznamen »Mies van der Johnson« eingefangen. Den effektheischenden durchbrochenen Giebel und die Rückkehr zu einem Bautypus, wie er nach dem Ersten Weltkrieg üblich gewesen war, verurteilte man – zu Recht – als rückwärtsgewandt, wiewohl es sich nicht um einen gemauerten, sondern um einen steinverkleideten Stahlbetonbau handelt. Johnson wählt den klassischen Säulenaufbau: Basis – Schaft – Kapitell. Das Gebäude steht auf fast zwanzig Meter hohen Stützen, die einen Arkadengang bilden, in dem sich der fünfunddreißig Meter hohe Bogen des Haupteingangs befindet.

Die Postmoderne entwickelte sich aus einem weltweiten Verlust von Vertrauen in die Moderne und die Erkenntnis ihrer Unzulänglichkeiten. Die Begriffsbildung Postmoderne wurde in den 1970ern geprägt, vermutlich vom Architekturkritiker Charles Jencks.
Peel/Powell/Garrett

■ Mittlerweile ist das At&T Building in Sony Building umbenannt.

Inzwischen sind die Arkaden allerdings verglast und dienen als Verkaufsräume. Für die traditionelle Steinverkleidung benötigte man 13 000 Tonnen Granit. Auf der Gebäuderückseite befindet sich ein glasüberdachter Ladenbereich, eine Passage, die gleichzeitig eine Querverbindung zwischen 55. und 56. Straße darstellt, ein für New York neuer und vorbildlicher Umgang mit dem Thema Gestaltung des öffentlichen Raums im Innen- und Außenbereich. Insgesamt verfügt der Wolkenkratzer über 37 Stockwerke. Der turmartige Block hat eine Höhe von 197 Metern.

Heute ist New York voll von Johnsons Bauten – und kein Gebäude gleicht dem anderen: das State Theatre im Lincoln Center, der Skulpturengarten im Museum of Modern Art samt Erweiterungsbau, die Elmer Holmes Bobst Library, um nur eine Auswahl zu nennen. Enttäuschend war leider sein erster und einziger Bau in Berlin. Das sogar nach ihm benannte Philip-Johnson-Haus in der Friedrichstraße beim ehemaligen Checkpoint Charlie ist in seiner Einfallslosigkeit und Konventionalität eher zu vernachlässigen.

Johnson hat ein Gespür für den Zeitgeist, er ist ein autonomer Künstler. Dreimal hatte er den richtigen Instinkt für das Kommende gehabt: Moderne, Postmoderne, Dekonstruktivismus.

Man darf gespannt sein, was für Streiche Philip Johnson in seinem legendären Glass House in New Canaan, wohin er sich zum Denken zurückzieht, noch aushecken wird. Dort pflegt er auch seinen Architekturpark, der nach seinem Tod zur öffentlichen Besichtigung freigegeben werden soll und wo sich alles findet, was das vergangene Jahrhundert an Stilen zu bieten hatte. Kürzlich entdeckte er ein neues Faible: die expressionistische Architektur, angelehnt an Skizzen und Zeichnungen aus den 1920er Jahren von Hermann Finsterlin, der selbst nie ein Projekt realisieren konnte – plastische Architektur mit dynamischen, kurvigen Wänden, die eher an Skulpturen erinnern. Und an seinem 100. Geburtstag will Johnson dann nach Rom übersiedeln, um dort seinen »Lebensabend« zu verbringen ...

JOHN HENRY BURGEE

 ## LEBEN UND WERK

Burgee wird am 28. August 1933 in Chicago geboren. Nach dem Schulabschluss studiert er an der University of Notre Dame im US-Bundesstaat Indiana Architektur. 1955/56 ist er im Architekturbüro Holabird & Root beschäftigt; danach wechselt er zu Naess & Murphy in Chicago. Charles F. Murphy, der seine Karriere bei Burnham begann, gründet schließlich C. F. Murphy Associates. Burgee bleibt Murphy treu und sammelt bei ihm sehr viel Erfahrung in der Durchführung von Großprojekten. Er arbeitet bis 1967 in diesem Büro. (Im selben Jahr tritt übrigens Helmut Jahn dort ein.) 1967 wechselt Burgee zu Philip Johnson Architects. Mit Johnson (siehe Seite 141) hat er bereits zuvor am Entwurf des New York State Theater gearbeitet, das 1964 eröffnet wird. 1968 wird Burgee Partner; der Firmenname wird in Johnson/Burgee Architects geändert. Burgee und Johnson ergänzen sich gut. Gemeinsam ziehen sie Aufträge an Land, die einer allein nicht bekommen hätte. Burgee profitiert von Johnsons Bekanntheit. Johnson wiederum hat bis dahin kaum Erfahrung mit Großprojekten und stößt mit seiner direkten Art und dem künstlerischen Hintergrund, die vor allem im Mittleren Westen der USA als »zu europäisch« empfunden werden, nicht überall auf Gegenliebe. Burgee hat die verbindliche Art eines US-Senators und kommt dort an, wo Johnsons Charme versagt. 1968–1972 bauen sie mit dem Investors Diversified Services Center in Minneapolis eines der ersten Büro- und Hotelhochhäuser mit einer großen, öffentlichen Lobby. Demselben Prinzip folgt der Komplex Pennzoil Place in Houston: Zwei spiegelnde Glastürme werden mit einer öffentlichen Glashalle verbunden (1972–1976). Ebenfalls auf die Lichteffekte des Glases setzt die Crystal Cathedral in Garden Grove (1977–1980). Der Bau der Zentrale der Telefongesellschaft AT&T in New York spaltete die Fachwelt in zwei Lager: Die einen betrachteten Burgee und Johnson als Verräter am Internationalen Stil, die anderen feierten den Bau mit dem verzierten Giebel als Ikone der Postmoderne. Viele der in den 1980er Jahren entstandenen Wolkenkratzer gehören zu den 100 höchsten Gebäuden der Welt, zum Beispiel der Transco Tower in Houston und das One Atlantic Center in Atlanta. 1983 erhält Burgee die Ehrendoktorwürde der University of Notre Dame. Er macht sich Sorgen wegen Johnsons Alter und will mehr Aufgaben übernehmen. Das Büro wird in John Burgee Architects with Philip Johnson umbenannt. Es bleibt in dieser Form noch bis 1991 bestehen. Dann trennen sich die Wege. Burgee lebt heute in New York.

 ## DATEN

AT&T-Building:
Bauherr: AT&T Company
Bauzeit: 1979–1984
Höhe: 197 m
Anzahl der Stockwerke: 37
Fassadenverkleidung: 13 000 t grau-rosa Granit
Baumaterialien: Stahl, Beton, Granit, Bronze

Bekannteste Bauwerke:
I.D.S. Center, 1968–1972, Minneapolis
Crystal Cathedral, 1977–1980
AT&T Building, 1979–1984, New York
One Atlantic Center, 1987, Atlanta

Lesenswert:
Carlton Knight: *Philip Johnson – John Burgee*, New York 1986.

Architekten. Philip Johnson und John Burgee, Stuttgart 1998.

 ## KURZWERTUNG

Das AT & T-Building (heute Sony-Building) in New Yorks Madison Avenue gilt als Prototyp der Postmoderne. Philip Johnson hat diesen Stil zwar nicht erfunden, doch er hat mit diesem Gebäude und seinem unverwechselbaren Chippendale-Giebel ein bauliches Signal gesetzt, das die Postmoderne salonfähig machte.

Musée d'Orsay

Paris (1980–1986), GAE(TANA) AULENTI

»Dieser großartige Bahnhof sieht aus wie ein Palast der Schönen Künste«, schrieb der Maler Edouard Detaille zur Einweihung des Gare d'Orsay am 14. Juli 1900 an den Architekten Victor Laloux. Der Bahnhof am Quai d'Orsay war »ein letzter Triumph der akademischen Baukunst«. Laloux plante das Bauwerk so, dass alle industriellen Teile »versteckt« wurden: im Inneren hinter einer Kassettendecke, außen hinter einer pompösen und eklektizistischen Steinfassade. Auch der Eisengiebel der großen Lokomotivenhalle war durch die Fassade des an den Bahnhof angebundenen Hotels Terminus, das die Gäste der Weltausstellung aufnehmen sollte, verdeckt. Der Bahnhof war ausschließlich für den Personenverkehr bestimmt und sollte besonders schön und prachtvoll gestaltet sein, um mit der Eleganz des Viertels in Einklang zu stehen.

Der Architekt entwarf alles bis ins letzte verzierende Detail selbst. Das Gebäude wurde in weniger als zwei Jahren errichtet. Die Halle war glasüberdacht, hatte arkadenartige Seitenwände, und die Schienen waren über eine Brücke zu erreichen. Merkur, der Gott der Reisenden, krönt die beiden Eisengiebel des Bahnhofs.

Die Fortschritte der Mechanisierung machten den Betrieb des Bahnhofs sehr bald schwierig; der Fernverkehr wurde im Jahr 1939 endgültig eingestellt.

In der Ära des Präsidenten Georges Pompidou war seinen Wünschen entsprechend ein Museum geplant worden. Ein zweites Mal sollte eine Sünde wie der Abriss der Markthallen 1973 nicht begangen werden. Doch erst unter Giscard d'Estaing und François Mitterrand wurde der Umbau durchgeführt. Hier sollte ein Museum der französischen Kunst des 19. Jahrhunderts entstehen. Heute zeigt das Musée d'Orsay Malerei und Skulptur aus der zweiten Hälfte des 19. Jahrhunderts, darüber hinaus auch Photographie sowie Interdisziplinäres: Architektur, Musik, Literatur, Kunstgewerbe und Design finden hier ihren Platz.

Die Ausschreibung für die Innenarchitektur und mu-

■ Außenansicht des ehemaligen Gare d'Orsay, der zum Musée d'Orsay umggestaltet wurde.

seographische Ausstattung gewann die italienische Architektin Gae(tana) Aulenti. Sie hatte einige Jahre zuvor schon an der Gestaltung des Musée d'Art Moderne im Centre Georges Pompidou mitgewirkt, und nun wurde ihr die Umgestaltung des ehemaligen Bahnhofs in ein Museum übertragen. Im Laufe der Jahre ist es zu ihrem Markenzeichen geworden, alten Bauten zeitgemäße Funktionen zu geben. Aulenti hat noch weitere Aufgaben dieser Art übernommen, wie den Umbau des Palazzo Grassi in Venedig zum Ausstellungsgebäude und den des Katalanischen Museums in Barcelona.

Der Umbau des unter Denkmalschutz stehenden Bahnhofs zum Museum erfolgte 1980–1986. Sensibel, wie es vielleicht nur eine Frau kann, ging Gae Aulenti an die Aufgabe heran, gemäß ihrem Arbeitsethos: »Es bedarf eines großen Verantwortungsbewusstseins, mit alten Stätten umzugehen, weil sie wie ein lebendiger Körper sind. Man darf sich nicht den Luxus erlauben, sie zu verwunden oder schmerzhafte Operationen an ihnen zu vollziehen. Es gibt dafür jedoch keine Regeln. Jeder Fall ist anders und verlangt eine persönliche Behandlung.« Das Hauptschiff wurde in weiten Teilen freigelegt, außerdem eine neue Architektur dafür geplant. Beiderseits der Längsachse, dem früheren Verlauf der

■ Der Bahnhof diente bis zum Umbau in den 1980er Jahren verschiedenen Aktivitäten: 1945 als Aufnahmelager für Heimkehrer aus der Gefangenschaft, dann war er 1962 Drehort für Orson Welles' *Prozess*. Lange Zeit erwog man den Abriss – der Bahnhof galt als Musterbeispiel für den schlechten Geschmack des Fin de Siècle.

Gleise folgend, wurden von Terrassen überbauten Museumssäle eingebaut. Die Säle und Terrassen sind mit auf zwei Ebenen angelegten Räumen verbunden, die sich entlang dem Hauptschiff zur Seine hin erstrecken. Das natürliche Licht aus 35 000 Quadratmetern Verglasung sollte genutzt werden, ohne es unkontrolliert auf empfindliche Objekte fallen zu lassen. Laloux' Glas-Eisen-Skelett musste Fülle bekommen, es musste ein intelligenter Rundweg für die täglich etwa 10 000 Besucher und Platz für die 4000 Exponate ersonnen werden. In der Höhe des Gebäudes, im Dachgeschoss des Bahnhofs und des Hotels sind dank der in die Dächer eingelassenen Öffnungen helle und geräumige Galerien entstanden. Die gusseisernen Pfeiler und Träger des alten Bahnhofs sowie die Stuckdekoration wurden restauriert oder freigelegt. Die neu eingefügten Elemente belassen die alte Struktur und Präsenz des ursprünglichen Bauwerks, die Gestaltung der einzelnen Säle richtet sich nach den vorgesehenen Exponaten. Das Auditorium wird für Wechselausstellungen, Bildungsveranstaltungen, Filmvorführungen und Konzerte genutzt.

Es ging der Architektin darum, durch eine subtile, heimliche Transformation, die äußerlich nichts an der Architektur verändert, eine völlig neue Nutzung in diesen Bahnhof zu bringen – und es ist ihr gelungen, ihn in ein modernes funktionales Museum zu verwandeln

■ Das natürliche Licht aus 35 000 Quadratmetern Verglasung wurde für die Haupthalle erhalten. Lichtempfindliche Kunstobjekte sind in den Seitenräumen untergebracht.

■ Gae Aulenti (geb. 1927).

Der Architektin Gae Aulenti geht es bei ihrer Arbeit stets um die Wahrung des Genius Loci: »Meine Art, eine Aufgabe anzugehen, besteht aus verschiedenen Etappen. Da ist zunächst die analytische Phase, die große Geduld verlangt, um sich über den ganzen Komplex der Arbeit klar zu werden. Dann kommt der synthetische Teil, der schwer in Worte zu fassen ist. Da geht es um eine verborgene Sprache, den geheimnisvollen, nicht erklärbaren Part, das, was andere vielleicht meinen Stil nennen.«

GAE(TANA) AULENTI

 ## LEBEN UND WERK

Die Architektin, Innenarchitektin, Ausstellungsgestalterin, Designerin und Architekturtheoretikerin Aulenti wird am 4. Dezember 1927 in Palazzolo dello Stella in der italienischen Provinz Udine geboren. Sie studiert Architektur am Politecnico in Mailand, wo sie 1954 ihr Diplom erhält. Anschließend macht sie sich als Designerin in Mailand selbstständig. 1955–1965 ist sie als Graphikdesignerin und Redakteurin bei der Zeitschrift *Casabella-continuità* tätig. In dieser Zeit lehrt sie auch als Assistentin für Architekturkomposition bei Professor Somonà an der Architekturfakultät in Venedig (1960–1962) und mit Ernesto Nathan Rogers am Politecnico in Mailand (1964–1967). Sie entwirft den italienischen Pavillon für die 13. Triennale in Mailand und wird dafür 1964 ausgezeichnet. Von 1966–1969 ist sie Vizepräsidentin der Italienischen Gesellschaft für Industriedesign. 1967 wird sie zum Ehrenmitglied der American Society of Interior Designers. 1974 ruft das Magazin *Lotus International* sie ins Direktorium. Von 1976–1979 unterrichtet sie am Laboratorio di Progettazione Teatrale in Prato. Sie entwirft Möbel, Lampen und Bühnenbilder, gestaltet Schau- und Ausstellungsräume und organisiert Wanderausstellungen in alle Welt. Als Gastdozentin reist sie nach Deutschland, Spanien, Schweden, Kanada, in die USA und in den Iran. Das Hauptbetätigungsfeld der vielseitigen Künstlerin ist jedoch die Architektur. In Aulentis Werken werden Raum, Licht, Farben und Materialien zu einer organischen Harmonie zusammengeführt. Im Laufe ihres Schaffens entwirft sie Landschaftsgärten, Villen, Wohnbauten und Hotels, Schulen und Geschäftshäuser. Seit den 1980er Jahren ist sie auch international einer breiteren Öffentlichkeit bekannt: 1980– 1986 leitet sie den Umbau des Gare d'Orsay zu einem Museum und wird dafür vom französischen Ministerpräsidenten zum »Chevalier de Légion d'Honneur« ernannt. 1982–1985 gestaltet sie das Museum für Moderne Kunst im Centre Pompidou um. Große Anerkennung findet auch der Umbau des Nationalpalastes de Montjuic in Barcelona zum Museum für katalanische Kunst, Museo del'Arte Catalana.

 ## DATEN

Musée d'Orsay:
Bauherr: Staat Frankreich
Ursprüngliche Nutzung: Bahnhof
Heutige Nutzung: Museum
Umbauzeit: 1980–1986
Verglaste Fläche: 35 000 qm
Durchschnittliche Besucherzahl: 10 000 pro Tag

Bekannteste Bauwerke:
Italienischer Pavillon der 13. Triennale, 1964, Mailand
Pirelli-Bürohaus, 1986, Rom
Musée Nationale d'Art Modern im Centre Pompidou, 1982–1985, Paris
Museo del'Arte Catalana, 1985–1992, Barcelona

Lesenswert:
Architekten. Gae Aulenti, Stuttgart 1998.

Musée d'Orsay. Kunst und Architektur, Köln 2000.

Margherita Petranzan: *Gae Aulenti*, Mailand 1996.

Berühmtes Zitat:
»There is always an interaction between objects of design and architectural space.«

 ## KURZWERTUNG

Das Musée d'Orsay ist eines der immer zahlreicher werdenden Beispiele der Umnutzung historischer Bauten – in diesem Fall wurde ein ausgedienter, unter Denkmalschutz stehender Bahnhof in ein modernes Museum umgewandelt.

Institut du Monde Arabe

Paris (1981–1987), JEAN NOUVEL

Wer war Jean Nouvel vor seinem kometenhaften Aufstieg nach der Eröffnung des Institut du Monde Arabe, das ihn über Nacht weltberühmt machte, fragte ein Kritiker einmal zu Recht.
Folgende Entwicklungsstufen hatten sich davor vollzogen: ein effektvoller Einstieg in die Ecole des Beaux Arts – Nouvel war der einzige, der bei seiner Bewerbung ein schriftliches Traktat anstelle von Entwurfszeichnungen eingereicht hatte. Fortan kämpfte er für eine andere Architektur als die, die ihm dort beigebracht wurde, und schloss als Bester ab. Von den ersten verspielten Wohnbauten aus Back- und Bruchstein bis zu Nouvels heutigen Lieblingsmaterialien Glas und Licht wurde seine Architektur immer leichter, transparenter, sich selbst auflösender. Er träumt den Traum von rippen- und wandlosen Gebäuden. Diesen Prozess begleitete eine Laufbahn als Querdenker. Nouvel ist ein Selbstdarsteller par excellence: Seine stattliche, fast bullige Erscheinung, seine markanten Gesichtszüge und die Stirnglatze unterstreichen seine medienwirksamen Auftritte.
Sein Lieblingsphilosoph ist Paul Virilio, naheliegenderweise, auch er hat sich die Negativauswüchse unseres Informationszeitalters zum Thema gemacht. Nouvel möchte versuchen, die Materie zu verändern, gegen Dichte und Schwere anzukämpfen,

■ Die in Richtung des Campus Jussieu ausgerichtete Fassade des Institut du Monde Arabe erscheint wie eine mit arabischen Ornamentfenstern ausgeschmückte Fläche. Das Lichtspiel entsteht jedoch durch modernste Technologie.

»Architektur dient dazu, Gefühle im Alltag zu wecken. Das wichtigste Material in diesem Gebäude ist, wie in der arabischen Architektur, das Licht.«
  Jean Nouvel

»Gebäude in den Himmel schreiben,« bis zur annähernden Selbstauflösung: »Die unsichtbarste Architektur wäre die spektakulärste.« Genau wie sein französischer Kollege Dominique Perrault spricht er von der »Ästhetik des Verschwindens«.

Ein zweites Pariser Meisterwerk Nouvels, das die Transparenz so weit treibt, dass sich das Gebäude aufzulösen scheint, ist die 1994 eröffnete Fondation Cartier am Boulevard Raspail. Ein Extrem der luziden Licht- und Glasarchitektur durch Aufhebung der Wände, anstelle derer Nouvel lichtdurchlässige Schichten aneinander reiht. Es entsteht eine riesige Glasvitrine, auch hier scheinen Außen und Innen einander aufzuheben. Bei der Eröffnung sollen Arbeiter mit farbigen Klebebändern die Glasfronten markiert haben, damit die Leute nicht ständig gegen die Scheiben rannten.

Sein Hauptwerk, das ihm zum internationalen Durchbruch verhalf, ist und bleibt das Institut du Monde Arabe aus dem Jahr 1987. Es ist ein Kulturzentrum mit Museum, Räumen für temporäre Ausstellungen, einer Bibliothek, einem Dokumentationszentrum, einem Saal für Vorträge und Aufführungen, einem Restaurant und einem Spielraum für Kinder. Das Gebäude liegt direkt an der Seine, am Quai Saint Bernard gegenüber *Notre-Dame* und war eines der »Grands projets« von François Mitterand – eine kulturelle Leistung insofern, als das Verhältnis zwischen Arabern und Franzosen im eigenen Land bekanntlich als gespannt bezeichnet werden kann. Der Bauplatz ist eine städtebaulich schwierige Schnittstelle zwischen dem Paris des 19. Jahrhunderts und dem Universitätscampus von Jussieu. Nouvel ersann ein Gebäude, bestehend aus zwei Baukörpern, die durch eine perspektivisch auf *Notre-Dame* ausgerichtete Spalte voneinander getrennt sind – eine Metapher für den Dialog beider Kulturen. Der Spalt erweitert sich zum Innenhof, einem mit Alabaster ausgelegten Patio, der gestaltet ist wie der eines arabischen Palastes.

Nouvel verwendet für dieses Gebäude Glas, Aluminium und

■ *oben* Durch eine Spalte, deren Perspektive auf Notre-Dame ausgerichtet ist, sind die beiden Baukörper des Instituts getrennt; sie geben einem Innenhof Raum.

unten Jean Nouvel (geb. 1946), Aufnahme von 1995.

■ Glas, Aluminium und Stahl sind die vorrangig verwendeten Baumaterialien des arabischen Kulturzentrums, das trotzdem keine High-Tech-Ästhetik vermittelt.

Stahl, die sich zu einer graphisch anmutenden Textur verbinden. Zum Seine-Ufer hin hat das Gebäude eine dem Straßenverlauf folgende geschwungene Glasfassade. Die eigentliche Attraktion und eines der beliebtesten Photomotive von Touristen ist inzwischen die berühmte Südseite, bei der Nouvel die »Kunst der Fassade« auf die Spitze treibt: Sie besteht aus 27 000 Photovoltaik-Elementen – Sonnenlinsen in Form von orientalischen Ornamenten –, die sich sensorgesteuert wie eine Photolinse je nach Lichteinfall verengen oder erweitern. Damit zaubert er gleichsam als Lichtkünstler unterschiedliche Stimmungen ins Innere des Gebäudes. Er wolle damit nicht etwa der japanischen Photoindustrie huldigen, meint er, sondern er liebe es, mit Metaphern zu arbeiten, Elemente aus anderen Bereichen in die Architektur zu übertragen.

Das Bauwerk ist das beste Beispiel dafür, dass es ihm zwar um die Verwendung moderner Materialien geht, nicht aber um eine Zurschaustellung à la High-Tech. Seine Gebäude haben etwas von einer tragbaren Haute Couture.

Ein weiterer seiner aufsehenerregenden Bauten steht in Berlin. Für die Ecke Friedrich-/Französische Straße erfand er einen Glaspalast, die Galeries Lafayettes, eine deutsche Dependance des französischen Edelkaufhauses. Seit Eröffnung des Verkaufspalastes zieht der gläserne Trichter im Inneren mehr Schaulustige an als die Waren Kaufwillige.

»Modernität«, sagt Nouvel, »heißt Erfindung riskieren, heißt das ganze Potential der Gegenwart nutzen, heißt aus der Imagination ein Werkzeug zur Formung des Realen zu machen.«

Nouvel wurde oft der Prophet der »Dematerialisierung« genannt, er liebt das Schwebende, das Immaterielle, die gläserne Transparenz. Architektur ist seiner Auffassung nach kein Endergebnis von Entwürfen am Zeichenbrett, sondern Ergebnis eines philosophischen Prozesses. »Der Strich fixiert, während das Wort befreit.«

JEAN NOUVEL

 ## LEBEN UND WERK

Nouvel wird am 12. August 1945 in Fumel im Südwesten von Frankreich geboren. 1966 bewirbt er sich an der Ecole Nationale Supérieure des Beaux Arts und besteht die Aufnahmeprüfung als Bester seines Jahrgangs. Während seiner Ausbildung arbeitet er bis 1967 bei Claude Parent. Bereits 1970 gründet er mit François Seigneur ein eigenes Büro, das bis 1974 bestehen bleibt. 1971 erhält Nouvel sein Diplom. Er ist Mitbegründer der französischen Architektenbewegungen »März 1976« und »Syndicat d'Architecture«. Die Zusammenarbeit mit Partnern scheint ihm zu liegen; 1974 schließt er sich mit Gilbert Lézénès und Pierre Soria zusammen. 1978 macht sich das Büro einen Namen durch den Bau eines Krankenhauses in Bezons, das durch seine Masten, Laufstege und Relings mehr an einen Ozeandampfer erinnert als an ein Hospital. Mit seiner provozierenden Architektur und seinen radikalen Ansichten wird Nouvel international bekannt. 1983 erhält er den Ehrendoktortitel von der Universität Buenos Aires. Das Institut du Monde Arabe in Paris (1981–1987), geschaffen in Zusammenarbeit mit Lézénès, Soria und der Gruppe Architecture Studio, lässt die Besucher staunen: In die Fassade sind Photovoltaikelemente integriert, die je nach Sonnenstand genug Licht in das Gebäude lassen sollen. Etwa zur gleichen Zeit entsteht der Wohnkomplex Nemausus I in Nîmes (1985–1987) mit Jean-Marc Ibos. 1988 schließen sich Nouvel und Cattani in Paris zu Jean Nouvel, Emmanuale Cattani et Associés zusammen. Nouvel baut die Oper in Lyon um und schafft in Tours ein aerodynamisch geformtes Kongresszentrum. Interessierte Laien werden vor allem von seinen »gläsernen« Bauten angezogen: der Fondation Cartier in Paris (1990–1998) und den Galeries Lafayette in Berlin (1991–1996). Weltweites Aufsehen erregt Nouvel mit dem Kultur- und Kongresszentrum Luzern, wo er sich bei der Gestaltung des Konzertraumes genau an die Vorgaben des Akustikspezialisten hält. Neben dem Zentrum entsteht das Designhotel Deluxe Boutique Hotel. Seit 1994 heißt sein Büro AJN Architectures Jean Nouvel. Es hat seinen Sitz in Paris. Nouvel betreut Projekte in Belgien, Tschechien, Deutschland, Italien, Südkorea, Japan, Frankreich und der Schweiz. 1998 drehte der Schweizer Beat Kuert unter anderem für arte und das Schweizer Fernsehen einen 55-minütigen Film über Jean Nouvel. Darin erklärt der wohl bekannteste zeitgenössische Baumeister Frankreichs anhand von zehn aktuellen Bauten, was Architektur für ihn bedeutet.

 ## DATEN

Institut du Monde Arabe:
Bauherr: Staat Frankreich
Bauzeit: 1981–1987

Bekannteste Bauwerke:
Wohnkomplex Nemausus I, 1985–1987, Nîmes
Umbau der Oper, 1986–1993, Lyon
Kultur- und Kongresszentrum, 1990–1998, Luzern
Fondation Cartier, 1991–1994, Paris
Galeries Lafayette, 1991–1996, Berlin

Lesenswert:
Architekten. Jean Nouvel, Stuttgart 1998.

Giampiero Bosoni: Jean Nouvel. Architecture and Design 1976–1995, 1998.

Patrice Goulet: Jean Nouvel, Paris 1994.

Sehenswert:
Jean Nouvel. L'Esthétique du Miracle. Film von Beat Kuert. Schweiz 1998.

 ## KURZWERTUNG

Das Institut du Monde Arabe erlangte Weltruhm durch die faszinierende Gestaltung seiner Südfassade, die die Ornamentik arabischer Fenstergitter aufweist und damit den »Inhalt« des Gebäudes bereits verrät.

Louvre-Pyramide

Paris (1983–1993), IEOH MING PEI

■ Ieoh Ming Pei (geb. 1917), Porträtaufnahme von 1998.

Auf die Vorwürfe gegen die Pyramidenform, die immer wieder mit Bestattungszeremonien in Verbindung gebracht wird, erwiderte Ieoh Ming Pei: »Die Form ist älter als alle ägyptischen Modelle. Außerdem ist sie dort aus Stein und schwer, ein Werk für die Toten. Meine Pyramide ist leicht, ist Leben.«

Dem Willen des absoluten Herrschers gemäß sollte der Louvre endlich, zweihundert Jahre nach der Französischen Revolution, seiner eigentlichen Bestimmung eines »universalen Lyzeums« übergeben werden. Der absolute Herrscher hieß François Mitterrand und war sozialistischer Präsident Frankreichs. Dies sollte ein weiteres seiner »Grands Projets« werden – ein Beitrag zur kulturellen Renaissance Frankreichs.

Die Idee Mitterrands war, den Louvre-Palast aus dem 13. Jahrhundert in das größte Museum der Welt umzuwandeln. Die Bauaufgabe umfasste eine neue Eingangssitutation, inklusive einer unterirdischen Halle, das Entkernen des bisherigen Ministeriumsflügels und dessen Neuaufbau, die Überdachung dreier Höfe sowie das Anlegen von Tiefgaragen – kurz: die Umstrukturierung eines ganzen Museums. Der bislang als Ministerium genutzte Richelieu-Flügel wurde als Ausstellungsfläche hinzugewonnen. Nach zehnjähriger Bauzeit und Kosten in Höhe von zwei Milliarden Mark wurde der Grand Louvre am 18. November 1993 eröffnet.

Der gewaltige Umbau drang anscheinend weniger ins Bewusstsein der Öffentlichkeit, doch die Pyramide war zunächst äußerst umstritten und provozierte den Spott und Hohn der Kritiker: Mitterrand habe hier die Grabkammer der Sozialisten errichten lassen, schrieben sie. Der Louvre galt als unantastbares Heiligtum, und bereits die bloße Idee, bauliche Veränderungen daran vorzunehmen, war ein absolutes Sakrileg.

Mitterrand erteilte für das Gesamtvorhaben dem berühmten sino-amerikanischen Baumeister der alten Schule, Ieoh Ming Pei, einen Direktauftrag. Die Klugheit des Entwurfs von Pei besteht darin, dass die Form der Pyramide es ermöglicht, die größtmögliche Fläche mit dem geringstmöglichen Volumen zu verbinden und gleichzeitig – da Pei eine gläserne Hülle wählt – optimale Lichtverhältnisse unter die Erde zu zaubern. Zudem ist sie ein Bauwerk von hoher Transparenz und Leichtigkeit, das die historische Bausubstanz nicht stört.

Mitten im Palasthof, in der Cour Napoléon des Louvre, steht sie nun, die Pyramide Peis – ägyptisch in der Form, modern im Ma-

terial, plausibel in der Funktion: Durch den Umbau gewann der Louvre knapp 60 000 Quadratmeter an Ausstellungsfläche hinzu und wurde zum größten Museum der Welt mit dem schönsten Eingang der Welt. Die gläserne Pyramide aus 86 Tonnen Glas, mit ihren 603 rautenförmigen und 60 dreieckigen Glasscheiben, die in ein Netz von Stahlträgern eingefasst sind, ist sozusagen nur die Spitze des Eisbergs und schafft Tageslicht in die zweigeschossige unterirdische Halle. Darunter ist die riesige Eingangshalle mit Eintrittskassen, Auditorium, Caféteria, Buchhandlung und Restaurant. Peis Pyramide ist 22 Meter hoch, und die Schenkel des Dreiecks am Boden haben eine Seitenlänge von 35 Metern – was ziemlich genau den Maßen der Cheops-Pyramide entspricht. Um den Hauptbau herum befinden sich noch drei weitere, kleinere Pyramiden. Dreieckige Wasserbecken umgeben die Anlage, es entsteht der Eindruck, als schwebe sie über dem Wasser. Der Himmel und der Louvre spiegeln sich in den gläsernen Flächen – Tradition und Moderne halten Zwiesprache.
Ieoh Ming Pei wird oft der Vollender der Klassischen Moderne genannt, der sich dem Diktat jeglicher Moden widersetzt. Er selbst nennt sich einen Modernisten der zweiten Generation.

■ Die knapp zweiundzwanzig Meter hohe Louvre-Pyramide, unter der die Eingangshalle verborgen liegt, ist von drei kleineren Glaspyramiden umgeben.

■ Die unterirdische Eingangshalle mit Wendeltreppe. Durch die drei kleineren Pyramiden fällt zusätzlich Licht in die unteren Bereiche.

1989 hat der über Achtzigjährige sein New Yorker Büro in Pei, Cobb, Freed and Partners umbenannt, um auch seine Mitarbeiter zu würdigen, und zieht sich mehr und mehr aus konkreten Projekten zurück. Um seinen ersten Auftrag in Deutschland aber kümmert er sich selbst: Als er seinen Entwurf für den Erweiterungsbau des Deutschen Historischen Museums in Berlin vorstellte – ebenfalls eine neue Eingangssituation, diesmal in Form einer Spirale –, war das Fachpublikum begeistert.

Seit Le Grand Louvre eröffnet wurde, sollen sich die Besucherzahlen des Museums nahezu verdoppelt haben. Die Pyramide ist das Symbol des neuen Louvre geworden, ein Publikumsmagnet und ein architektonisches Schmuckstück ersten Ranges. Während dem neuen Endpunkt der historischen Achse, dem Grande Arche, gewissermaßen die Aufgabe zukommt, ein Fenster in die Zukunft zu sein, ist der Anfangspunkt, die Pyramide, symbolisch als Fenster in die Vergangenheit, als Pforte zu den Schätzen des Museums zu interpretieren. Beide haben den Symbolgehalt von Revolutionsarchitektur, von Herrschaftszeichen der sozialistischen Ära Mitterrand, und sind oft mit dem Vorwurf bedacht worden, eine banale Monumentalität der aktualisierten historischen Achse von Paris zu verkörpern.

IEOH MING PEI

 ## LEBEN UND WERK

Pei wird am 26. April 1917 in Kanton, China, geboren. Sein erstes Lebensjahr verbringt er in Suzhou, wo seine Familie seit 600 Jahren ansässig ist. Vater Tsuyee arbeitet für eine Bank. 1918 wird er nach Hongkong versetzt, wo die Familie neun Jahre bleibt. In dieser Zeit werden Peis Schwester Wei und die Brüder Kwun und Chung geboren. 1927 bekommt der Vater eine Stelle als Bankdirektor in Shanghai, und die Familie kehrt nach China zurück. Peis Beziehung zu seiner Mutter Lien Kwun, einer talentierten Flötistin und praktizierenden Buddhistin, ist sehr innig. Als Pei dreizehn ist, stirbt sie. Die Sommer verbringt die Familie auf ihrem Anwesen in Suzhou. Schon als kleiner Junge haben Pei die Spiele von Licht und Schatten um die Gebäude in den Gärten interessiert; je älter er wird, desto bewusster nimmt er die Wirkung der Bauwerke um ihn herum wahr. In Shanghai sieht Pei das erste Hochhaus seines Lebens – es hat für ihn unglaubliche 23 Stockwerke. Pei will Bauingenieur werden. Er lernt in der Schule Englisch und reist 1935 in die USA. Der Dekan des Massachusetts Institute of Technology in Cambridge erkennt seine architektonische Begabung und stimmt ihn um. Nach dem Abschluss 1940 qualifiziert sich Pei an der Harvard Graduate School for Architecture weiter. Gropius und Breuer gehören dort zu seinen Lehrern. Der Purismus Mies van der Rohes beeindruckt ihn besonders. 1942 heiratet er Fileen Loo. Aus der Ehe gehen vier Kinder hervor: Ting, Chien, Li und Liang. Von 1945 – 1948 ist Pei als Dozent an der Harvard Graduate School of Design tätig. Anschließend arbeitet er bis 1955 bei Webb and Knapp, die große Projekte in Chicago, Boston, Washington und anderen Städten durchführen. Die US-amerikanische Staatsbürgerschaft erhält er 1948. 1955 macht er sich mit dem Büro I. M. Pei and Associates in New York selbstständig. 1964 erhält er von Jackie Kennedy den Auftrag, die Präsidentenbibliothek ihres verstorbenen Mannes zu bauen. 1966 wird das Büro in I. M. Pei and Partners umgetauft. Pei errichtet kommerzielle und öffentliche Bauten auf der ganzen Welt: die City Hall in Dallas (1966–1977), das Fragrant Hill Hotel in Peking (1979–1982), Raffles City in Singapur, die Louvre-Pyramide, das Haus der Bank of China in Hongkong ... 1989 beginnt Pei, sich zurückzuziehen; die Firma heißt nun Pei, Cobb, Freed and Partners. Nur um die Erweiterung des Deutschen Historischen Museums kümmert er sich selbst. Bemerkenswert ist, dass Pei seine Projekte immer vom Bauherrn direkt erhält, sei es ein Staatspräsident oder Museumsdirektor. Seit über 30 Jahren hat er sich nicht mehr an Wettbewerben beteiligt.

 ## DATEN

Louvre-Pyramide:
Bauherr: Staat Frankreich
Bauzeit: 1983–1993
Höhe: 22 m
Schenkellänge des Dreiecks: 35 m
Verwendete Glasmenge: 86 t
Anzahl der Glasscheiben: 663

Bekannteste Bauwerke:
Mile High Center, 1955, Denver
Kennedy Memorial Library, 1964–1979, Boston
Ostflügel der National Gallery of Art, 1968–1978, Washington
Bank of China, 1982–1990, Hongkong
Erweiterung des Deutschen Historischen Museums, 1998–2001, Berlin

Lesenswert:
Gero von Boehm: *Light is the key. Conversations with I. M. Pei*, München 2000.

Bruno Suner: *Ieoh Ming Pei*, Basel-Boston-Berlin 1989.

 ## KURZWERTUNG

Von der Glaspyramide inmitten des Hofes des Louvre geht eine große Faszination aus. Noch nachts, wenn das Museum geschlossen ist, pilgern Touristen busweise herbei, um die beleuchtete Pyramide zu bestaunen.

Wexner Center for the Visual Arts

Columbus, Ohio (1983–1989), PETER EISENMAN

Kaum bildet man sich ein, Peter Eisenmans Architekturphilosophie durchdrungen zu haben, ist er schon wieder einen Schritt weiter. So nennt ihn auch Kurt Forster, langjähriger Freund Eisenmans und derselben Zunft zugehörig, einen Architekten, der »standhaft ist in der Auseinandersetzung und wandlungsfähig in seinen Ideen«. Forster hat auch herausgefunden, dass, lässt man den letzten Buchstaben weg, Eisenmans Name rückwärts gelesen »Amnesie« lauten würde. Das soll nicht etwa dazu verleiten, sein Werk als vergessenswürdig einzustufen, sondern ist im übertragenen Sinn eine Zusammenfassung dessen, was er mit seinem Arbeitsfeld gemacht hat: Er hat sie »rückbuchstabiert« – die Sprache der Architektur auf ihre tiefere Bewandtnis untersucht.

Die Architekturkritik pflegt Eisenman der Gruppe der sogenannten Dekonstruktivisten zuzuordnen. Dagegen hat Peter Eisenman ganz entschiedene Einwände. Seine Mitarbeiterin Juliette Cezzar warnt: »Das war eine Zeit, wo er herausfinden wollte, was Derridas Theorie der Dekonstruktion für die Architektur bedeuten könnte. Es gibt keine dekonstruktivistischen Gebäude oder dekonstruktivistischen Architekten. Die Leute schauen sich das an – und wenn sie es nicht verstehen, sagen sie, das ist ein Dekonstruktivist.« Eisenman zählt sich zum »Eliteclub der zwanzig Gorillas der Weltarchitektur«, wie er selbst sagt, und betrachtet sich als Avantgardist. Er ist sich seines Status, einer der wichtigsten Architekten der Gegenwarts- und Zukunftsarchitektur zu sein, voll und ganz bewusst.

Eisenmans Schule des Denkens steht für den Versuch, im Gesamtzusammenhang zu denken, nicht nur die physische Umgebung, sondern auch

■ Luftaufnahme der Gesamtanlage des Wexner Center for the Visual Arts.

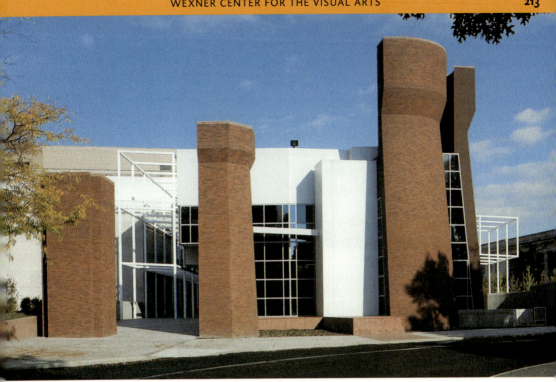

■ Eingangsbereich mit Backsteintürmen, durch die auf den ehemals an dieser Stelle stehenden Turm verwiesen wird.

die zeitgemäßen Bedingungen mit zu reflektieren. Er sagt, wir müssten uns vor dem Hauptfeind schützen, vor der Gefahr, die um uns ist. Das war immer die Aufgabe und das Anliegen von Architektur. Früher hatte sie uns vor der Natur zu schützen. Jetzt, meint Eisenman, seien die Produkte des menschlichen Denkens das Gefährlichste.

Doch zurück zu den Anfängen. Bevor Peter Eisenman begann, sein erstes großes Projekt zu bauen, hatte er schon fast zwanzig Jahre gelernt und gelehrt – er war ein sogenannter Papierarchitekt. An der Cambridge University in England, wo er promovierte, traf er Colin Rowe, seinen wichtigsten Lehrer. Von 1967–1982 war Eisenman Gründer und Leiter des Institute for Architecture and Urban Studies in New York. Fast jeder, der in der Gegenwartsarchitektur Rang und Namen besitzt, hat dort mal gehört: Rem Koolhaas, Zaha Hadid, Jean Nouvel oder Bernard Tschumi. Eisenman über sich selbst: »Ich war ein Killer, ein perfekter Killer.« Dekaden verwandte er darauf, den wilden Theoretiker zu mimen. Er gefiel sich als Enfant terrible.

Sein erstes Großprojekt war das Wexner Center for the Visual Arts (1983–1989) auf dem Campus der Ohio State University, Columbus. Hier unterzog er folgende Theorieansätze einer praktischen Überprüfung: Er stellte grundlegende Prämissen von Ord-

Peter Eisenman wurde von einem wichtigen philosophischen Diskurs inspiriert, in dem die These vertreten wurde: Der gesamte künstlerische und philosophische Fortschritt ist spurlos an der Architektur vorübergegangen. Seit der Renaissance baut man anthropozentrisch, obwohl sich die Technik längst über das menschliche Maß hinaus verselbstständigt hat.

nung und Funktion in Frage und brach das gewohnte Raum-Zeit-Gefüge mit divergierenden Perspektiven, verschobenen Wänden, gegenläufigen Rampen und geteilten Wegen auf. Warum hat es so lange gedauert, bis sein erstes großes Gebäude entstand? »Mein Psychotherapeut und ich arbeiten noch immer an diesem Problem ...«, antwortet Eisenman, offenbar auch mit Humor gesegnet. Man bezeichnete das Wexner Center als das erste dekonstruktivistische Gebäude der USA. Wie weiter oben schon ausgeführt, ging es Eisenman jedoch um etwas völlig anderes: Der Bau entstammt einer Phase, in der sein Interesse darin lag, Spuren auf den Grund zu gehen, um »eine Art archäologisches Grabungsfeld, dessen wesentliche Elemente das Gerüst und das Geländeprofil sind«. Das Gebäude liegt eingequetscht zwischen älteren Universitätsbauten. Entstanden ist so etwas wie eine Meditation über das Gitter. Er kopierte das Gitterraster der Stadt und des Universitätsgeländes und schuf so eine physische Verbindung zwischen Stadt und Campus, außerdem setzte er das Motiv spielerisch an verschiedenen Stellen des Art Centers wieder ein. Das Gebäude existiert nur zur Hälfte, der fehlende Teil wird von baugerüstartigen weißen Gittern lediglich angedeutet. Die überschwängliche Innenarchitektur wurde oft kritisiert; sie sei zu wenig zurückhaltend für ein Museum, anstatt der Funktion eines Museums und Experimentierterrains für die Künstler zu dienen, sei der Bau ein Symbol der Kunst selbst. Mit einer Collage aus Form und Material stellte Eisenman die architektonischen Konventionen auf den Kopf. Es entstand ein »verrücktes Museum« mit Stützen, Säulen und Balken, die in der Luft schweben, ohne etwas zu tragen. Die Ausstellungsräume sind an einer 180 Meter lan-

■ Innenansicht des Wexner Center for the Visual Arts. Das Gebäude beherbergt Kunst und ist selbst ein Symbol der Kunst.

gen Erschließungsachse aufgereiht, die keinen definierten Anfangs- oder Endpunkt hat. Es werden experimentelle Kunst und Performances gezeigt, zudem gibt es einen Theaterraum, eine Kunst- und Graphikbibliothek, ein Filmzentrum, Ateliers und ein Café. Den Museumseingang bildet ein von Eisenman rekonstruierter Turm, der hier früher einmal gestanden hat, den er aber popartig verfremdete – als Zitat der Vergangenheit.

■ *oben* Die Gitterelemente bilden zwei Korridore; durch sie werden die bereits vorhandenen Gebäude mit den neuen Bauten für die Kunst verbunden.
unten Peter Eisenman (geb. 1932), Porträtaufnahme von 1996.

»Architekten sind Menschen, die mit wirtschaftlichen und politischen Machtinstanzen arbeiten müssen. So ist Architektur die zugleich schwierigste und wirksamste Art, die Dekonstruktion in Gang zu setzen. Der Architekt wird vom Maß des Menschen wie auch von der anthropozentrischen Referenz, von einem gewissen Humanismus, befreit. Innerhalb des gleichen baulichen Ensembles verändert Eisenman die Maße, der Mensch ist nicht mehr Maßstab dieser baulichen Struktur. Was man Dekonstruktion nennt, ist eine Art und Weise, sich in keiner Tradition niederzulassen.«

Jacques Derrida

■ Teilaufnahme der dreidimensionalen Gitterkonstruktion.

Kurt Forster fasst die Entwicklung seines Freunds und Kollegen wie folgt zusammen: »Anfangs hatte Eisenman die Architektur in ihren eigenen Schatten treten lassen, um ihr dann in den 1980ern ein Territorium zurückzugewinnen: Erst war er Syntaktiker der Architektur, dann Semantiker des Territoriums. Nun hat er sich in den 1990er Jahren zum Topologen der Architektur gewandelt. Im Gegensatz zu Gehry, der die Pfade seiner Phantasie verfolgt, und Koolhaas, der die Mängel und Zwänge der Wirklichkeit aufflammen lässt, ist Peter Eisenman der Seismograph der Prozesse jenseits von Form und Funktion.«

Von entscheidender Wichtigkeit wurde für Eisenman die Begegnung mit Jacques Derrida, dessen Philosophie besagt, dass es weder eindeutige Interpretationen noch unverbrüchliche Ursprungswerte in der Ästhetik gibt. Derrida korrigiert den immer falsch angewandten Begriff »dekonstruktivistische Architektur« – richtig müsste es heißen: »dekonstruktiver Diskurs über Architektur«. Eisenman setzte sich zudem intensiv mit den Theorien von Claude Lévi-Strauss, Avram Noam Chomsky, Roland Barthes sowie Michel Foucault auseinander. Eisenman fordert die grundlegende Revision der Architektur, die Abkehr von ihrer Funktion der Machtrepräsentation. Architektur soll gelesen werden wie ein Text, der ohne erkennbaren Kontext nur noch für sich steht – losgelöst von jeglichen menschlichen Funktionszusammenhängen. Sein Ziel war und ist die Zerstörung jeglicher Metaphysik der Architektur und ihrer anthropozentrischen Orientierung.

Eine nicht-anthropozentrische Architektur – wird sie, wie Eisenman hofft, noch Architektur sein können? Bei all seiner theoretischen und praktischen Wandlungsfähigkeit – das Erkennungszeichen Eisenmans, die Fliege, die er stets trägt, ist seit Jahrzehnten gleich geblieben.

PETER EISENMAN

 ## LEBEN UND WERK

Eisenman wird am 11. August 1932 in Newark, New Jersey, als Sohn einer jüdischen Familie der Mittelschicht geboren. 1951–1963 studiert er an der Universität Cornell in Ithaca (Abschluss: Master of Architecture), an der Universität Columbia in New York (Abschluss als Magister Artium und Promotion) und an der Universität Cambridge in England. Während seiner Studienzeit arbeitet er 1957/58 in dem von Walter Gropius gegründeten TAC (The Architects Collaborative) mit, dessen Entwürfe sich stark an Gropius' Funktionalismus orientieren. Eisenman lehrt unter anderem an den Universitäten Princeton und Harvard und der Cooper Union School for the Advancement of Science and Art in New York. 1967 gründet er in New York das Institute for Architecture and Urban Studies, das er bis 1982 auch leitet. 1969 stellt Eisenman mit Graves, Gwathmey, Hejduk und Meier Arbeiten aus, die 1972 unter dem Titel *Five Architects* in Buchform veröffentlicht werden. Der informelle Zusammenschluss der Architekten, die für eine »reine« Architektur der Klassischen Moderne eintreten, wird als New York Five bezeichnet. Von 1973–1982 ist Eisenman Herausgeber der Architekturzeitschrift *Oppositions*. Bis Ende der 1970er Jahre ist er hauptsächlich theoretisch tätig, aber in den 1980er Jahren wendet er sich mehr und mehr der Praxis zu. 1980 gründet er mit Jacquelin Robertson in New York ein Büro. Die ersten größeren Projekte sind ein Wohnkomplex Ecke Friedrich/Kochstraße in Berlin (1981–1986) und das Wexner Center. Ab 1987 arbeitet Eisenman wieder allein. 1988 wird er zur Ausstellung *Deconstructivist Architecture* eingeladen. 1990 legt er einen Plan für die Bebauung des Frankfurter Rebstockgeländes vor und wagt sich damit auch in städtebauliche Dimensionen. 1996 baut er das Denkmal für die Opfer des Holocaust in Wien und die Kirche des Jahres 2000 in Rom. Eisenman hat sich auch an der Ausschreibung um das Holocaust-Mahnmal in Berlin beteiligt. Sein zweiter Entwurf, ein Feld mit 2700 Betonstelen und einem Informationszentrum, ist akzeptiert worden. Der Baubeginn ist für 2001 vorgesehen.

 ## DATEN

Wexner Center for the Visual Arts:
Bauherr: Universität Columbus, Ohio
Bauzeit: 1983–1989
Galeriefläche: circa 1100 qm
Größter Saal: 2500 Sitzplätze
Film- und Videosaal: 278 Sitzplätze
Finanzierung: Spende von Leslie Wexner

Bekannteste Bauwerke:
Hauptverwaltung der Koizumi Sangyo Corporation, 1990, Tokio
Max-Reinhardt-Haus (nicht realisiert), 1992, Berlin
Zentrum für Zeitgenössische Kunst und Musikhochschule, 1994, Tours
Kirche des Jahres 2000, 1996, Rom
Holocaust-Mahnmal, ab 2001, Berlin

Lesenswert:
Architekten. *Peter Eisenman*, Stuttgart 1997.

Pippo Ciorra: *Peter Eisenman. Bauten und Projekte*, Stuttgart 1995.

Peter Eisenman, John Rajchman: *Unfolding Frankfurt*, Berlin 1991.

Renato Rizzi: *Peter Eisenman. Mystisches Nichts*, Basel 1996.

Lea Rosh: *Die Juden, das sind doch die anderen. Der Streit um ein deutsches Denkmal*, Berlin 1999.

 ## KURZWERTUNG

Das Wexner Center for the Visual Arts ist abgesehen von einigen praktischen Studien der erste realisierte Bau des amerikanischen Architekten Peter Eisenman. Davor hatte Eisenman als »Papierarchitekt« gegolten. Er ist und bleibt der führende Theoretiker der architektonischen Diskurse der vergangenen Jahrzehnte.

La Grande Arche

Paris (1984–1989), OTTO VON SPRECKELSEN und PAUL ANDREU

■ Johan Otto von Spreckelsen (1929–1987).

■ La Grande Arche in La Défense, Paris. Das »Tor« wirkt wie eine riesige Mamorskulptur; es dient aber auch als Bürogebäude.

»Ein Fenster zur Welt und ein Ausblick auf die Zukunft«, mehr noch – ein »Triumphbogen für die Menschheit« sollte La Grande Arche nach den Visionen des Erfinders Johan Otto von Spreckelsen werden. Es geht die Mär, dass der dänische Architekturprofessor nur eine Skizze eingereicht hat, die genügt haben soll, um François Mitterrand und die Jury zu überzeugen: Die Idee, die seinem Entwurf zugrunde liegt – und daher mag sie zum Siegerentwurf gekürt worden sein – ist eine heutige Interpretation des Themas Triumphbogen. Der internationale Wettbewerb hatte von seinen Teilnehmern in erster Linie eine städtebauliche Aufwertung des zur Büro- und Schlafstadt verkommenen Viertels La Défense sowie eine Verlängerung der historischen Ost-West-Achse gefordert.

Der »große Bogen« ist eines der »Grands projets« des Präsidenten François Mitterrand. Ein Hauptanliegen während seiner Amtszeit von 1981–1995 war es, Paris architektonisch zu erneuern. »Die Grands projets werden helfen, so hoffe ich, unsere Wurzeln und unsere Geschichte zu verstehen. Sie ermöglichen uns, die Zukunft zu erfinden und zu erobern. Das ist der Sinn der Grands projets.« Die Architektur sollte Identität stiften und ein neues Selbstwertgefühl der Nation als Botschaft transportieren.

Zu den Grands projets zählen: das Musée d'Orsay, der Parc de la Villette, das Institut du Monde Arabe, die Louvre-Pyramide, das Finanzministerium, die Nationalbibliothek, die Bastille-Oper und La Grande Arche. Alle Projekte bis auf die in La Villette nehmen Bezug auf die historische Ost-West-Achse. Während das Musée d'Orsay und das Institut du Monde Arabe bereits unter Giscard d'Estaing begonnen worden waren und lediglich deren Fertigstellung in die Ära Mitterrand fiel, ist La Grande Arche sein erstes eigenes Projekt. Abgesehen vom Institut du Monde Arabeund den Bauten in La Villette weisen alle anderen Projekte Qualitäten großer Stadtbaumonumente auf. Mitterrand trieb die Bauentscheidungen oft so schnell voran, dass davon auszugehen ist, dass er ein Konzept dafür schon vorbereitet haben musste. Es wurden gezielt repräsentative und exponierte Bauplätze gesucht. Der Standort des Grande Arche hat städtebaulich eine Doppelfunktion: die Fortsetzung und Markierung der historischen Achse, beginnend beim Louvre über die Champs-Elysées, den Arc de Triomphe bis La Défense und den Abschluss des Viertels La Défense. Als einzigem der Projekte kam dem Grande Arche von Anfang an die Funktion zu, strukturierend in die bestehende Bebauung einzuwirken sowie die

■ Das »Fenster zur Welt – mit Blick in die Zukunft« (von Spreckelsen) setzt die historische Ost-West-Achse von Paris fort und vergrößert somit die Stadt.

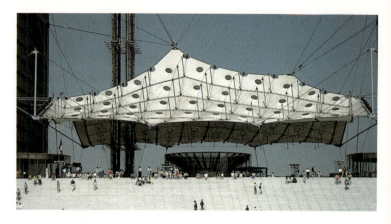

- In der Mitte des Hohlraums ist eine Zeltdachkonstruktion angebracht, die die Dimension des Raumes in der Vertikalen und Horizontalen relativiert, beziehungsweise dem Vorwurf der heutzutage fragwürdig gewordenen, allzu monumentalen Repräsentationsarchitektur versucht, buchstäblich die Argumente und den Wind aus den Segeln zu nehmen. Das ist der zweite und erwünschte Nebeneffekt des Zeltdaches: Es mindert die steife Brise im Hochhausviertel.

- Die strenge Form von La Grande Arche wird durch das in der Durchblicksöffnung aufgespannte wolkenartige Segel »le nuage« durchbrochen.

historische Achse zu verlängern und damit Paris quasi zu vergrößern. Mitterrand ging es um politische Architektur mit Signalwirkung: »Ohne große Architektur kann es keine große Politik geben.« La Grande Arche bildet den Abschluss der alten Königsachse quer durch Paris und setzt einen neuen Akzent. Darüber hinaus öffnet Spreckelsens Bauwerk gleichzeitig ein Fenster nach Westen. Schon von der Treppe des Grande Arche aus bietet sich ein atemberaubender Blick auf Paris und die in ihren Grundzügen erhaltene Anlage der Stadt.

In der Mitte einer riesigen Betonplattform steht dieser gigantische Hochhauskubus. Die Gebäudekanten zum Hohlraum hin sind im Winkel von 45 Grad abgeschrägt und mit weißem Carrara-Marmor verkleidet, was die Nah- und Fernwirkung erhöht. Der Bau mit seiner reinen Form wirkt trotz seiner Ausmaße nicht kolossal. Verbaut wurden 300 000 Tonnen Beton und Marmor. Der mathematisch fast präzise Würfel nimmt vertikal die Maße der Cour Carrée im Louvre auf: Der offene Würfel ist 110 Meter hoch, 106 Meter breit und in 35 Stockwerke unterteilt. Im Hohlraum hätte Notre-Dame spielend Platz.

Die Täuschung ist perfekt: Vordergründig wirkt der Bau wie eine überdimensionale Marmorskulptur, in Wirklichkeit ist er (auch) ein Bürohochhaus mit eigenwilliger Form, das fünf Ministerien und eine internationale Stiftung beherbergt. Fünf freigestellte gläserne Expressaufzüge bringen täglich Massen von schaulustigen Touristen zur Aussichtsplattform auf das Dach.

Das menschliche Maß wird angesichts dieser gewaltigen Konstruktion auf seine Bedeutungslosigkeit zurückgestuft. Der Architekt Johan Otto von Spreckelsen sah seinen gigantischen Kubus nie fertig. Er starb 1987, zwei Jahre vor der Fertigstellung.

JOHAN OTTO VON SPRECKELSEN UND PAUL ANDREU

 ## LEBEN UND WERK

Spreckelsen wird am 4. Mai 1929 in Kopenhagen geboren. Er besucht die Königliche Akademie der Schönen Künste in Kopenhagen, die er 1953 mit einem Diplom verlässt. Sein erstes eigenes Büro gründet er 1958 in Hørsholm; Haus und Büroräume entwirft er selbst. 1960–1962 ist er als Vertreter der UNESCO in Ankara tätig. Anschließend wird er an die Universität Ohio berufen, wo er 1963/64 unterrichtet. Auf seinen Reisen durch die USA, Europa und den Vorderen Orient interessiert er sich besonders für Kirchen und Moscheen. Auch auf den Spuren von Frank Lloyd Wright, Le Corbusier, Alvar Aalto und anderen Architekten des 20. Jahrhunderts ist er unterwegs. 1978 tritt er eine Professorenstelle im Fachbereich Architektur an der Königlichen Akademie der Schönen Künste in Kopenhagen an. Diese Abteilung leitet er bis zu seinem Tod. In den Jahren 1968–1980 baut er vor allem Wohnhäuser und Kirchen in Dänemark, darunter die bekannten Gotteshäuser St. Nikolaus in Esbjerg (1969) und Vangede in Kopenhagen (1974); letzteres beherbergt eine Frobeniusorgel. Die Akustik von Vangede ist so gut, dass dort ein Konzert mit Werken des berühmten dänischen Organisten und Komponisten Leif Thybo aufgenommen wird. 1982 beteiligt sich Spreckelsen an einem Städtebauwettbewerb der französischen Regierung. 1983 entscheidet sich die Jury für seinen Vorschlag La Grande Arche. Trotz der Begeisterung über den Entwurf verlangen die Franzosen Änderungen. Bevor die Angelegenheit geklärt werden kann, stirbt Spreckelsen am 16. März 1987 in Hørsholm. Nach seinem Tod wird Paul Andreu mit der Fertigstellung der Grande Arche beauftragt; er führt die verlangten Änderungen durch. Andreu, geboren am 10. Juli 1938 in Caudéran, studiert nach dem Abitur Ingenieurwesen. 1963 macht er seinen Abschluss. Es folgt ein Studium an der Ecole Nationale Supérieur des Beaux Arts im Fachbereich Architektur. 1968 schließt er das Studium mit dem Diplom ab. Ab 1970 ist er im Team, das den Pariser Flughafen Charles-de-Gaulle baut und erweitert. Inzwischen leitet Andreu das Planungsbüro der Pariser Flughäfen (ADP). Sein für 2000–2002 geplantes Projekt, ein pompöser Neubau des Nationaltheaters in Peking, ist heftig umstritten. Nach dem Ausheben der Grube wurde der Bau wegen nationaler und internationaler Proteste erst einmal gestoppt und die Grundsteinlegung abgesagt.

 ## DATEN

La Grande Arche:
Bauherr: Staat Frankreich
Bauzeit: 1984–1989
Höhe: 110 m
Waagerechte Kantenlänge: 106 m
Gewicht: 300 000 t
Anzahl der Stockwerke: 35
Oberflächenabdeckung: 2 ha Marmorplatten und 2,5 ha Glas
Besonderheiten: Höchste Außenaufzüge der Welt, größte einen Freiraum überspannende Fläche

Bekannteste Bauwerke (Spreckelsen):
Vangede (moderner Kirchenbau), 1974, Kopenhagen

Bekannteste Bauwerke (Andreu):
Flughafen Charles de Gaulle, ab 1970, Paris

Lesenswert:
Paul Andreu: *The Discovery Of Universal Space*, Gloucester, 1998.

Yngve J. Holland: *Grande Arche und Louvre-Pyramide*, Zürich, 1996.

Hörenswert:
Leif Thybo: *Works for Organ*. Audio-CD.

 ## KURZWERTUNG

La Grande Arche ist eigentlich nichts anderes als ein gigantischer offener Würfel im Stadtteil La Défense in Paris. Er ist eines der »Grand projets« der Ära Mitterrand, mit denen der französische Staatspräsident seiner Nation ein modernes Image verleihen wollte.

Feuerwehrhaus

Weil am Rhein (1989–1993), Z A H A H A D I D

Gibt es eine weibliche Architektur? Diese Frage ist freilich bio-
logistisch und unsinnig. Sollte es Unterschiede zwischen weib-
lichem und männlichem Bauen geben, so lässt sich lediglich
mutmaßen: Architektinnen gehen möglicherweise mit größerer
Empfindsamkeit und Sensibilität an die Planung eines Gebäudes heran. Dies muss alles mehr oder weniger im Bereich des
Spekulativen bleiben, da wir objektiv wenig Möglichkeiten zur
Überprüfung haben: Ein Buch voller Jahrhundertbauwerke wic
das vorliegende, achtundvierzig von Männern, zwei von Frau-
en – allein dieses Faktum spricht für sich. Architektur ist nach
wie vor eine Männerdomäne, daran hat sich auch in Zeiten der
sogenannten Emanzipation wenig geändert. In den wenigen
Ausnahmefällen, wo Frauen bauen, weist das Endprodukt kaum
eine andere Formensprache auf – mit einer Ausnahme: bei der
in London lebenden Irakerin Zaha Hadid. Sie gehört zu den bedeutendsten Architekten der Gegenwart und hat mit ihren zu-
kunftsweisenden Ideen den Olymp der Architektur erobert.
Sie galt bereits als renommiert, ehe sie auch nur ein einziges eigenes Gebäude realisiert hatte. Es waren ihre Zeichnungen und
Pläne, die sie so berühmt machten und
ihr den Ruf einbrachten, sie
sei genial.

■ Von Kritikern als »steingewordener Blitzschlag« bezeichnet: das Feuerwehr-
haus in Weil am Rhein.

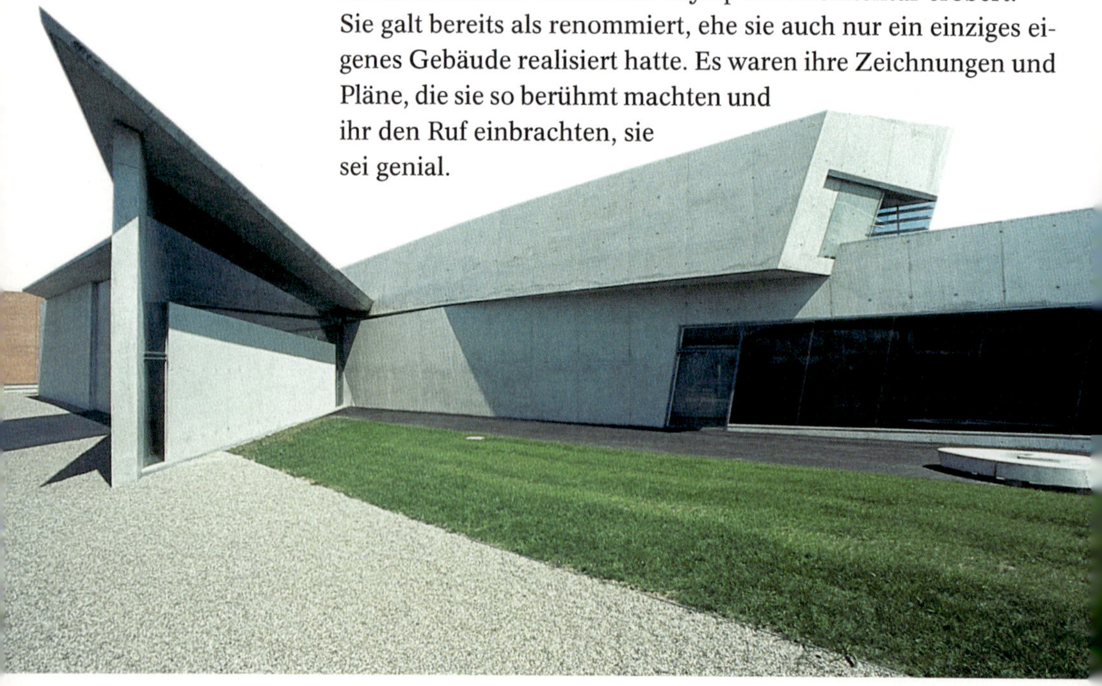

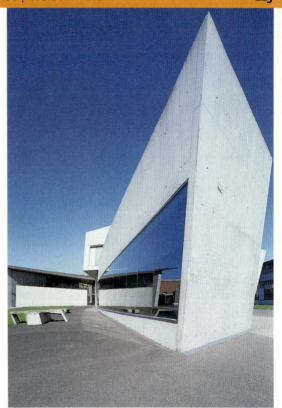

Genialität aus der Feder einer Frau – das war natürlich suspekt. Realisieren konnte sie nur wenige ihrer Entwürfe, die aussehen wie auseinanderstiebende futuristische Gemälde, der Vorwurf war stets, ihre Ideen seien zu unkonventionell – schlimmer noch: unbaubar.

Zaha Hadid studierte an der angesehenen Architectural Association in London und unterrichtete später dort als Professorin.

Tausendmal wurde Zaha Hadid schon nach den Spezifika weiblichen Bauens gefragt. Sie ist diese Frage leid – verständlicherweise, denn hier fängt die Diskriminierung ja bereits an, aber dennoch lautet ihre Antwort nach wie vor: »In der Architektur werden Frauen immer noch nicht akzeptiert. Es ist sehr schwer. Man vertraut einer Frau nicht, oder sie wird ständig kritisiert oder bevormundet, weil man sie für unfähig hält. Man denkt immer, Frauen seien emotional und irrational. Ich glaube, dass sich das ändern wird, wenn sich eine neue Auffassung von Logik und Verstand durchsetzt. Literatur und Philosophie haben gezeigt, dass es auch eine andere Art von Ordnung gibt. Es ist eine andere Art des Denkens, egal ob männlich oder weiblich. Wenn sich die strikte Auffassung ändert, dass allein die westliche Logik gültig ist, dann können Frauen auf eine neue Art akzeptiert werden.«

■ Mit seinen spitzen Winkeln und dem in die Höhe ragenden Giebel wirkt der Bau wie eine futuristische Skulptur.

Lange Zeit musste sie es aushalten, zwar berühmt, aber nicht wirklich akzeptiert zu sein. Immer heftete man ihr das Etikett »Exotin« an und versuchte, sie als Spinnerin zu marginalisieren. Es gab wenig bis gar keine experimentierfreudigen Auftraggeber, die bereit waren, einen Versuch mit ihr zu wagen.

> »Die Zeichnungen sind ein Werkzeug, ein Gebäude zu verstehen. Sie sind wie ein Storyboard. Man kann ja auch einen Satz nicht verstehen, wenn man nur ein einzelnes Wort liest.«
>
> Zaha Hadid

■ Teilansicht des zwanzig Meter langen, aus Beton gegossenen Baus.

■ Zaha Hadid (geb. 1950), Diese Aufnahme entstand 1999 während einer Entwurfspräsentation.

Die erste Arbeit, mit der Zaha Hadid 1983, sie war zweiunddreißig Jahre alt, der Durchbruch gelang, war der Entwurf für die Bebauung eines Hügels über Hongkong. Sie gewann den ersten Preis beim Wettbewerb für den Peak Club. Das Gebäude wirkt wie aus dem Fels herausgehauen, es wurde oft als »horizontaler Wolkenkratzer« bezeichnet – ein Gebilde wie ein Messer, das den Berg durchschneidet.

Auch in unseren Breiten bekannt wurde sie durch den Bau des Feuerwehrhauses für die Firma Vitra in Weil am Rhein. Der fortschrittliche und architekturvernarrte Firmenchef Rolf Fehlbaum hatte den Ehrgeiz entwickelt, Bauten von internationalen Größen der Gegenwartsarchitektur auf seinem Gelände zu versammeln. Über die Jahre ist dort ein Ensemble entstanden, das seinesgleichen sucht: Die Möbelfabrik baute Nicholas Grimshaw, das Vitra Design Museum Frank O. Gehry, den Konferenzbau Tadao Ando – und das Feuerwehrhaus stammt von Zaha Hadid. Ein Aufschrei ging durch die Medien, als das fer-

> »Architektur ist eine Wissenschaft, in der man sich bemühen muss, erfinderisch und visionär zu sein. Um das zu schaffen, muss man sich von einer Menge Ideen befreien, die einem aufgezwungen wurden. Dafür muss man sich einsetzen, sonst wird Architektur zu etwas sehr Einfachem, das ohne Anstrengung einfach so passiert.«
>
> Zaha Hadid

tige Gebäude zu besichtigen war. Die Kritiker bezeichneten das Haus unter anderem als »steingewordener Blitzschlag«, als ein undefinierbares Etwas mit scharfen Kanten und bedrohlich geneigten Wänden. Die Statiker wollten angesichts der optisch kaum getragenen Dachauskragung, die wie eine Pfeilspitze in die Höhe ragt, schier verzweifeln. Und gleich hatte man wieder die Formel dekonstruktivistisch parat. Zaha Hadid kann mit diesem Label nichts anfangen: »Derzeit ist es mal wieder modern, alles mit der Vorsilbe ›De‹ zu versehen. Ich arbeite schon immer so, jetzt ist ihnen der Name Dekonstruktivismus dafür eingefallen. Ich weiß nicht, wie ich meine Architektur nennen soll. Ich würde sagen, es ist modern, ich glaube, das genügt.« Entstanden war ein zwanzig Meter langer, aus Beton gegossener Bau, der allem ähnlich sah – nur nicht dem, was er darstellen sollte: ein Feuerwehrhaus. Mit seinen spitzen Winkeln und seinem wie ein Dolch in den Himmel schießenden Giebel wirkte es eher wie eine expressiv gemeißelte Skulptur. Zaha Hadid über das Projekt: »Der wichtigste Grundgedanke unseres Entwurfs ist eine Abfolge von geschichteten Sichtschutzmauern. Je nach Funktionsbereich sind die Wände mehr oder weniger geöffnet. Die größte Öffnung bilden die Ein- und Ausfahrtore für die Feuerwehrfahrzeuge, die wichtigsten Objekte des Interieurs. Die rot lackierten Fahrzeuge stehen im Raum wie rituelle choreographische Zeichen. Das gesamte Gebäude wirkt wie erstarrt. Dennoch spürt man, dass alles bereit ist, bei einem Alarm blitzschnell in Aktion zu treten.« Auch Philip Johnson, der die Architektin bereits 1988 zu seiner Ausstellung *Deconstructivist Architecture* im Museum of Modern Art eingeladen hatte, ließ sich zu Begeisterung und Lob hinreißen: »Sie macht Dinge, die scheinen davonzuschweben, wenn man beim Feuer-

■ Geneigte Wände, spitze Winkel, kaum getragene Dachauskragung: Für die Statiker war die Konstruktion eine Herausforderung.

■ Die Größe der Öffnungen des Baus folgt der Funktion, der sie dienen.

wehrhaus zur Spitze schaut, wird der Blick wie magisch nach oben gezogen. Das ist sehr ungewöhnlich. Sie ist expressionistisch und ausdrucksstark, sie beherrscht ihre Arrangements so meisterhaft, dass sie damit überzeugt.«

Warum wünschte sich Vitra-Chef Fehlbaum unbedingt ein Werksfeuerwehrhaus von Zaha Hadid? »Er ist ein ganz spezieller Bauherr. Vielleicht liegt es daran, dass er Industrieller ist. Er versteht den Veränderungsprozeß vom Entstehen einer Idee bis zu deren Realisation, vom Entwurf auf dem Papier bis zum fertigen Produkt. Und es fällt ihm leicht, sich vorzustellen, dass es funktioniert. Ich denke, er wird sich ausgesucht haben, was ihm gefällt«, lautete die Erklärung der Architektin damals. Inzwischen wird das Haus jedoch anderweitig genutzt.

Zaha Hadid ist vielen Architektinnen ein Vorbild. Sie hat es geschafft, in die Elite aufzusteigen. Damit kann sie Mut machen, sich nicht anzupassen und den eigenen Weg zu gehen. Wer jedoch meint, ihre Formensprache kopieren zu können, sollte lieber die Finger davon lassen; die ist Zaha Hadids eigenständige, unnachahmbare Erfindung.

■ Die Wirkung des Gebäudes ist großartig: in der Bewegung erstarrte Dynamik in Bereitschaft.

ZAHA HADID

 ## LEBEN UND WERK

Hadid wird 1950 in Bagdad geboren. Die Tochter eines Managers studiert bis 1971 Mathematik. 1972 wechselt sie an die Architectural Association School in London, wo Rem Koolhaas und Elia Zenghelis zu ihren Dozenten zählen. Sie erwirbt ihr Diplom 1977 und steigt anschließend als Partnerin in das von Koolhaas und Zenghelis mitgegründete Büro Office for Metropolitan Architecture (OMA) ein. Dort arbeitet sie an einem Wettbewerbsentwurf für die Erweiterung des Niederländischen Parlaments mit. Ab 1979 unterrichtet sie mit Koolhaas und Zenghelis an der Architectural Association School in London. Sie gründet 1979 ihr eigenes Büro »Studio 9« in London und macht sich durch Wettbewerbsentwürfe für den Wohnsitz des irischen Premierministers (1980), den Parc de la Villette in Paris (1982) und den Hongkong-Peak-Komplex (1983) einen Namen. Sie gewinnt zahlreiche Wettbewerbe und ist als Gastdozentin an der Graduate School of Design in Harvard und an der Graduate School for Architecture, Planning and Preservation der Universität Columbia tätig. Außer Häusern entwirft sie auch Möbel und Inneneinrichtungen. Ihre Bilder und Zeichnungen werden seit 1983 auf der ganzen Welt in Ausstellungen gezeigt, so 1986 im Guggenheim-Museum in New York und in der G. A. Galerie in Tokio. 1988 wird sie von Philip Johnson zur Ausstellung Deconstructivist Architecture ins New Yorker Museum of Modern Art eingeladen. Sie folgt dem Ruf, auch wenn sie wie viele ihrer Kollegen mit der Reduzierung auf »dekonstruktivistisch« nichts anfangen kann. Ein Teil ihrer Werke ist mittlerweile Bestandteil der Dauerausstellung im Museum of Modern Art und im Deutschen Architekturmuseum in Frankfurt am Main. Ihre Vorbilder sind die russischen Revolutionsarchitekten der 1920er Jahre. Nicht viele Auftraggeber haben den Mut, sich auf ihre Entwürfe einzulassen, und sie gilt so lange Zeit als »Baumeisterin ohne Bauten«. 1987–1994 entsteht in Berlin das IBA-Hochhaus (Wohnhof). Ihr erster aufsehenerregender Auftrag ist das Feuerwehrhaus für die Firma Vitra in Weil am Rhein (1989–1993), ein heftig umstrittenes Bauwerk. Später wird das Gebäude die Sammlung des Basler Designmuseums aufnehmen, weil Vitra die betriebseigene Feuerwehr auflöst. Heftige Kritik erregt auch Hadids Dreiländerpavillon Landscape Foundation one (1996–1999), den sie als Treffpunkt für die Landesgartenschau in Weil entwirft. 1997 gewinnt sie den Wettbewerb für ihr bislang größtes Projekt – und das erste in den USA: das Center for Contemporary Arts im Zentrum von Cincinnati. Damit ist Hadid die erste Frau, die ein großes Museum in Nordamerika baut.

 ## DATEN

Feuerwehrhaus:
Bauherr: Firma Vitra
Bauzeit: 1989–1993
Baumaterial: Stahlbeton
Benötigte Menge: 100 Kubikmeter

Bekannteste Bauwerke:
LF one (Landesgartenschau), 1996–1999, Weil am Rhein
Mind Zone (Millennium Dome), 1997–2000, London
Lois and Richard Rosenthal Center of Contemporary Arts, 1997–2002, Cincinnati

Lesenswert:
Elisabeth Blum: *Ein Haus, ein Aufruhr. Anmerkungen zu Zaha Hadids Feuerwehrhaus*, Wiesbaden 1997.
Architekten. Zaha Hadid, Stuttgart 1998.
Zaha Hadid: *Zaha Hadid. Das Gesamtwerk*, Stuttgart 1998.

 ## KURZWERTUNG

Zaha Hadid ist eine der ganz wenigen Frauen, um nicht zu sagen die einzige, die sich einen der obersten Plätze in diesem männlich dominierten Berufszweig erobern konnte. Der architekturbegeisterte Leiter der Möbelfabrik Vitra in Weil am Rhein ermöglichte ihr den Bau ihres ersten Aufsehen erregenden Gebäudes, des Feuerwehrhauses der Fabrikanlage.

Jüdisches Museum

Berlin (1989–1998), DANIEL LIBESKIND

Er war schon weltberühmt, bevor er je einen Bau realisiert hatte. Als Gastprofessor war er in allen Kontinenten unterwegs, um sein architektonisches Denken, das Sinnlichkeit und Abstraktion zu verbinden sucht, zu vermitteln. Daniel Libeskind ist ein Wanderer zwischen den Medien Architektur, Philosophie, Kunst und Literatur. Seine Entwürfe haben mit einfacher Geometrie nichts mehr zu tun: Er liebt den extrem spitzen Winkel, messerscharfe Kanten, futuristisch inspirierte Verschachtelungen. Er versteht sich als Künstlerarchitekt und fordert, der Architekt müsse auch über den Mut des Künstlers verfügen, sich gegen Leute zu wenden, die uns glauben machen wollen, die Zeit der Visionen und Träume sei vorbei. Der Pragmatismus im heutigen Bauen ist ihm ein Gräuel, sucht er doch nach einem völlig neuen Denkansatz, bei dem Theorie, Philosophie und Geschichte zu ihrem Recht kommen. Der »Metaphysiker unter den

■ Das Gebäude des Jüdischen Museums löste aufgrund seiner Konstruktion Diskussionen über seine Nutzung – Ausstellungsraum oder Raum als Ausstellung – aus.

oben links und *rechts* Bruchstückhafte Fenstereinschnitte, die asymmetrisch die Zinkfassade durchbrechen, bringen Licht ins Innere der Gänge.

Architekten« wird er genannt; darüber hinaus ist Daniel Libeskind ein guter Rhetoriker, quirlig, vital, energiegeladen, von optimistischer, positiver Ausstrahlung, stets lächelnd und freundlich.

Er plädiert für einen erweiterten Architekturbegriff, der Entwerfen und Bauen wieder in den Stand der Kunst erhebt. Solche gegenaufklärerischen Inhalte brachte er an seinem Institut für architektonisches Denken Intermundium, das er 1986 in Mailand gründete, seinen Studenten bei.

Auch Libeskind war einer der sieben von Altmeister Philip Johnson zur Ausstellung *Deconstructivist Architecture* eingeladenen Architekten. Er verhalf ihm indirekt zu seinem Start als nicht nur theoretisierendem, sondern auch bauenden Architekten. Seither befindet sich Libeskind nun ebenfalls in der Schublade dieses Stils, dessen Bauten und Entwürfe einer »Zentrifugalästhetik« gehorchen. Libeskind benutzt den Begriff Dekonstruktivismus für sich selbst nicht und sieht sich damit von den Kritikern auch nicht richtig einsortiert. »Der Begriff ist sehr me-

> »Natürlich gibt es Denkmalaspekte bei diesem Gebäude, weil es auf Erinnerung gegründet ist, aber es schaut ja nicht nur zurück, sondern sucht auch nach Hoffnung auf ein neues Verständnis, aber es ist kein Holocaust-Memorial. Nur das Voided Void, der Holocaust-Turm am Ende des Rundgangs im Untergrund, ist im Wesentlichen ein leerer, sehr dramatischer, ungeheizter, unklimatisierter Raum. Der Turm ist eine sehr ungewöhnliche Art, Besucher mit einem Raum zu konfrontieren, der an den Holocaust erinnert.«
>
> Daniel Libeskind

■ Daniel Libeskind (geb. 1946), Porträtaufnahme von 1994.

taphorisch und damit eigentlich unbrauchbar. Ich kenne einige der anderen Architekten, die mitausgestellt waren, und teile mit ihnen dieselbe Auffassung über die Belange von Architektur in unserer heutigen Welt. Aber ich denke nicht, dass diese spezielle Gruppe eine homogene Gruppe oder repräsentativ für eine spezielle Idee ist. Und mit Sicherheit fühle ich mich einer solchen Gruppe nicht zugehörig.«

Daniel Libeskind ist polnischer Jude. Er wurde 1946 in Lodz geboren, wanderte 1960 in die USA aus und erkor 1989 Berlin zu seiner Wahlheimat. Im selben Jahr gewann er den Wettbewerb für die »Erweiterung des Berlinmuseums Jüdisches Museum« – unter 163 Einreichern. Sein Entwurf hat die Form eines gebrochenen, langgezogenen Davidsterns und zugleich eines Blitzes. Sein Kollege Peter Eisenman nennt das Jüdische Museum das »Ronchamp des 21. Jahrhunderts«.

Libeskind versucht bei diesem Gebäude mit architektonischen Mitteln philosophische Themen aufzugreifen. Der Bau allein schon – nicht nur die darin gezeigten Exponate – will Geschichte und Geschichtsverlust erlebbar machen. Der Zickzackbau mit seiner silbern glänzenden Zinkfassade steht auf einem 12 000 Quadratmeter großen Grundstück zwischen IBA-Bauten und Wohnblocks aus den 1960er Jahren in Kreuzberg. Beim Näherkommen wirkt er irrational, exzessiv, unkontrolliert und verschachtelt. Nie zuvor ward ein solches Gebäude gesehen, es wirkt ungeordnet und dynamisch, es scheint sich zu wei-

■ Teilansicht des Jüdischen Museums, das unterirdisch mit dem barocken Altbau verbunden ist.

JÜDISCHES MUSEUM/BERLIN

■ Die Form: ähnlich einem gebrochenen, langgezogenen Davidstern, zugleich wie ein eingeschlagender Blitz.

gern, ein Gebäude zu sein, es gleicht eher einem apokalyptischen Zeichen. Nichts an diesem schrägwandigen Zickzack erinnert mehr an ein Museum herkömmlicher Art. Labyrinthisch verwinkelt sind auch die Innenräume, eher aufstörend als kontemplative Ruhe zulassend. Zerstückelte, schräg über die Zinkfassade verlaufende Fenstereinschnitte – Lichtschlitze eher – zerschneiden die Fassade und bringen Tageslicht ins Innere. Der Neubau, mit dem barocken Altbau unterirdisch verbunden, eröffnet dem Besucher im Untergeschoss verschiedene Wege. Eine Achse führt in eine Sackgasse, zum Holocaust-Turm, dem »Voided Void«, einem hohen, fensterlosen Raum, der dunkel und endgültig wirkt. Eine zweite Achse führt zum E.-T.-A.-Hoffmann-Garten: Er repräsentiert das Exil, die Emigration von Berlinerinnen und Berlinern. Sieben mal sieben quadratische Betonpfeiler auf einer schiefen Ebene rufen, bewegt man sich zwischen ihnen, tatsächlich Leere und Verlorenheitsgefühle hervor. Die dritte und längste Achse führt zu den jüdischen Sammlungen. Dieser zweiundzwanzig Meter hohe Leerraum, »Void« genannt, zieht sich durch das ganze Gebäude und repräsentiert das, was nicht mehr sichtbar ist, weil es zu Asche geworden ist. »Diese Linie zerschneidet und verbindet das Gebäude gleichzeitig, sie ist

»Das Land ist auf der Suche nach einer neuen Identität, nur ist das den Menschen nicht bewusst. Das findet natürlich auch in der Wahl der Architektur für die Hauptstadt seinen Niederschlag, man orientiert sich an Altbewährtem, damit es die alte Macht, die Stärke und das Ansehen wieder zurückbringen möge. Hier und da findet man auch einen Funken Talent, den Funken eines unabhängigen Gedankens – aber als Ganzes ist es keine inspirierende Art, die Stadt wieder aufzubauen.«
Daniel Libeskind über Neubauten nach dem Mauerfall

■ Teilansicht der Fenstereinschnitte.

eine Achse, in der nichts ausgestellt werden wird. Der Void konstituiert in gewisser Weise ein Nicht-Museum; versteht sich als Areal, das man durchschreitet oder meditiert, bevor man die nächste Abteilung betritt. Inhaltlich wollte ich Abwesenheit, permanente Abwesenheit ausdrücken.«

Nach den Debatten der vergangenen Jahre, ein Holocaust-Denkmal in Berlin zu schaffen, stellt sich die Frage, ob der Bau Libeskinds nicht bereits ein solches Mahnmal ist. Die Form des Baukörpers ist eine Skulptur, ein Menetekel, das die Kraft und Substanz hätte, den Zweck eines Denkmals zu erfüllen. Libeskind hat mit seinem Entwurf jedoch nie eine derartige Idee verfolgt. Er hält sie gar für absurd, sagt, das Erinnern könne man nicht erfinden, es müsse in das Leben integriert werden. Ein Denkmal vergröbert – die Ungeheuerlichkeit des Holocaust spottet jeder Abbildung. Keine Gedenkstätte aber bedeutet, die Spuren der Vergangenheit tilgen zu wollen.

Die Zukunft in die Verarbeitung zu integrieren ist ein äußerst positiv zu bewertender Aspekt im Denken Libeskinds. Er macht ein Angebot, wobei er jedoch warnt, dies überzubewerten: Letztlich handle es sich nur um ein Gebäude, und er sei kein Prophet, dem es zustünde, Fragen einer solchen Dimension endgültig zu beantworten.

Libeskind findet, Deutschland habe sich seit der Wiedervereinigung dramatisch verändert. 1994 verließ er Berlin, weil er sich hier nicht verstanden, nicht angenommen fühlte. Inzwischen wird er akzeptiert – verstanden wahrscheinlich immer noch nicht – und wohnt in Berlin. Aber er ist gefragt als Baumeister: Nach dem äußerst spektakulären Bau des *Jüdischen Museums* gehört Libeskind nun zu den Global Players und arbeitet an Projekten überall auf der Welt.

DANIEL LIBESKIND

 ## LEBEN UND WERK

Libeskind wird am 12. Mai 1946 in Lodz geboren. Er gilt früh als musikalisches Wunderkind. »Meine musikalische Ausbildung begann mit Akkordeonspielen, weil das Akkordeon die Form eines Koffers hat und somit praktisch war.« 1957 emigriert die Familie nach Israel, wo der Sohn die musikalische Ausbildung fortsetzt. 1960 zieht sie in die USA. Die Musikkarriere von Libeskind endet mit Gemeinschaftskonzerten mit Isaac Stern in der Carnegie Hall. Nach der High School beginnt Libeskind das Studium der Malerei und der Mathematik. 1965 erhält er die US-amerikanische Staatsbürgerschaft. Er sattelt um und studiert an der Cooper Union School in New York Architektur. Nach dem Abschluss geht er nach England und studiert an der Universität Essex Geschichte und Theorie der Architektur. 1975–1977 lehrt er in London an der Architectural Association. 1978 wird Libeskind Dekan des Fachbereichs Architektur an der Cranbrook Academy of Art in Bloomfield Hills in Michigan. Dort bleibt er bis 1985. Es folgen Gastprofessuren an der Harvard University, der Dänischen Akademie der Künste in Kopenhagen und der Universität Neapel. Er wird Inhaber des Lee-Lehrstuhls an der Universität Los Angeles und 1991 des Bannister Fletcher-Lehrstuhls an der Universität London. 1986 gründet er Architecture Intermundium in Mailand, das er bis 1989 leitet. Seine Arbeiten werden in zahlreichen Ausstellungen in Europa, Japan und den USA präsentiert. Er ist einer der sieben internationalen Architekten, die 1989 für die Ausstellung *Deconstructivist Architecture* im Museum of Modern Art, New York, ausgewählt wurden – obwohl er selbst das Etikett »Dekonstruktivist« für sich nicht akzeptiert. 1989 gewinnt Libeskind die Ausschreibung für den Bau des Jüdischen Museums. Er zieht mit seiner Frau Nina und den drei Kindern nach Berlin. 1994 wird er als Professor an die Universität Los Angeles berufen. Libeskind unterhält ein Büro in Berlin und in Santa Monica und reist zu seinen Baustellen rund um die Welt.

 ## DATEN

Jüdisches Museum:
Bauzeit: 1989–1999
Grundsteinlegung: November 1992
Richtfest: Mai 1995
Fertigstellung: Januar 1999
Ausstellungsfläche: 9500 qm
Baukosten: ca. 117 Millionen DM
Besonderheiten: 23 Winkel, 24 Mauern, 25 Ebenen, 39 Brücken, 81 Türen und 365 Fenster

Bekannteste Bauwerke:
Felix-Nussbaum-Haus, 1995–1998, Osnabrück
Philharmonie, 1995–1998, Bremen
Erweiterung des Victoria and Albert Museum, 1996, London
Imperial War Museum, 1996–2000, London

Lesenswert:
Thomas Lackmann: *Jewrassic Park. Wie baut man (k)ein Jüdisches Museum in Berlin*, Bodenheim 2000.
Daniel Libeskind: *Kein Ort an seiner Stelle. Schriften zur Architektur – Visionen für Berlin*, Berlin 1995.
Alois Martin Müller: *Daniel Libeskind. Radix – Matrix. Architekturen und Schriften*, München und New York 1994.
Bernhard Schneider: *Daniel Libeskind. Jüdisches Museum Berlin*, München 1999.

 ## KURZWERTUNG

Das Jüdische Museum in Berlin gleicht eher einem gefrorenen Blitz als einem Museum. Das Gebäude kann als Holocaust-Mahnmal gedeutet werden, auch wenn der Architekt dies mit seinem Entwurf nie intendiert hat. Vielleicht verliefen die Diskussionen um das Holocaust-Denkmal in Berlin auch deshalb so schleppend, weil man insgeheim wusste, dass man indirekt schon ein derartiges Denkmal hat, das kaum zu überbieten sein würde.

Guggenheim-Museum

Bilbao (1991–1997), FRANK OWEN GEHRY

Man darf gespannt sein, wodurch »das schönste Gebäude der Welt« (Philip Johnson) dereinst entthront werden wird. Seit seiner Fertigstellung im Jahre 1997 hat das Guggenheim-Museum in Bilbao nun diesen Status, und noch ist er ihm nicht aberkannt worden. »Schön« ist eine zwiespältige Kategorie angesichts dieses Gebirges aus nie dagewesenen, titanverkleideten Formen. Tagsüber wirkt der Bau wie eine aus einem Stück Silber getriebene moderne Skulptur, nachts – aufwändig beleuchtet – erstrahlt er in goldenem Glanz.

Da hatten die Kritiker eine harte Nuss zu knacken: Nahezu jedes Gebäude kann auf einen architektonischen Stammbaum zurückgeführt werde – aber nicht dieses. Woher mag Gehry wohl das eigenartige Gepräge genommen haben? Manche mein-

■ Gesamtansicht des Guggenheim-Museums in Bilbao; Blick auf die am Fluss liegende Nordseite.

ten, der Ursprung läge in der Malerei des 20. Jahrhunderts – vielleicht bei Picasso. Andere assoziierten ein phantastisches Traumschiff, ein prähistorisches Biest oder eine neuzeitliche Ausgabe der byzantinischen Kirche Hagia Sophia. Ein ganz verstimmter Kritikerkollege fasste seinen Unmut über Gehrys Architektur in Schmähvokabeln wie zum Beispiel »laubenpieperhafte Bastelei« oder »frei flottierende Collage«.

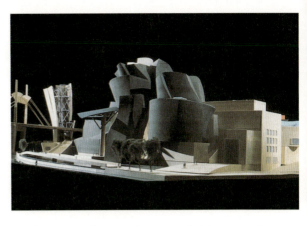

■ Modell des Guggenheim-Museums. Beherrschendes Element im Innern des Museums ist das 50 Meter hohe, weiträumige Atrium.

Inzwischen könnte man sagen, wenn seine Bauten schon mit nichts zu vergleichen sind, so doch mit sich selbst: Gehry fängt an, bei sich selbst zu klauen. Streng genommen, sah das Vitra-Design-Museum in Weil am Rhein, das 1989 eröffnet wurde, schon recht ähnlich aus.

Eine merkwürdig zusammengewürfelte Gruppe von Initiatoren hat sich diesen Architekturstreich im Baskenland ausgedacht: der Direktor des Guggenheim-Museums in New York, Thomas Krens, und die baskische Regierung in Bilbao. Als Garanten für ein wirklich Grenzen sprengendes, ungewöhnliches Bauwerk holten sie sich das führende Genie der US-amerikanischen Architektur der 1990er Jahre, Frank Owen Gehry, mit ins Boot. Krens versuchte, den Ehrgeiz des Architekten anzustacheln und ihn zu motivieren, etwas wirklich noch nie Dagewesenes zu erfinden: »Mach' es besser als Wright.« Leicht gesagt …

Das Museum sollte der Grundstein eines auf 2,2 Milliarden Mark veranschlagten urbanen Restrukturierungsprogramms für Bilbao werden. Entstanden ist ein architektonisches Wunder, ein Geniestreich, der die strukturschwache, wenig frequentierte Region aufwertet. Ob die Kunst- und Architekturpilger jedoch außer dem Museum noch irgendetwas sonst in der Stadt wahrnehmen, darf als fraglich gelten. Ursprünglich rechnete man mit einer halben Million Besucher jährlich. Bislang lässt sich sagen, dass die Realität die Schätzungen bei weitem übertrifft: Im ersten Jahr nach der Eröffnung waren es allein schon 1,3 Millionen. Das Setzen auf den Sensationseffekt des Gebäudes hat sich offenbar gelohnt.

Der Bau liegt am Ufer des Nervión, inmitten eines Industrieviertels von Bilbao.

Was ist dieses Ding? Es scheint, als sei kein Architekt, sondern ein Bildhauer am Werk gewesen. Die ungewöhnlichen Formen der einzelnen ineinander verschachtelten Teile des Baukörpers, zu denen sich Gehry, wie er sagt, von den »paper cut-outs« von Henri Matisse inspirieren ließ, wurden möglich durch die Verwendung der Computersimulations-Software CATIA, mit der Gehry schon seit Jahren arbeitet.

■ Die äußere Form des Gugenheim-Museums ist bestimmt durch sein skulpturales Dach.

■ Frank Owen Gehry (geb. 1929), Porträtaufnahme von 1999.

Das wie Bauklötzchen beliebig Hingeworfene des Äußeren lässt ähnlich chaotische Verhältnisse im Innern vermuten – doch weit gefehlt. Man betritt das Museum entweder über die Haupttreppe hinab in das Atrium oder über eine Rampe vom Flussufer aus. Das Wegesystem ist genau durchdacht, und ähnlich der durch die Spirale vorgegebenen Route von Frank Lloyd Wrights Guggenheim-Museum in New York, bleiben dem Besucher wenig Möglichkeiten, die Route selbst zu bestimmen.

Das Atrium, eineinhalbmal höher als Wrights Rotunde, ist zu den meistbewunderten Facetten des Baus im Inneren geworden; von hier aus sind die Ausstellungsräume zu erreichen. Zunächst gelangt man in eine heroische Halle, in der so riesige Skulpturen wie Richard Serras 174 Tonnen schwere Arbeit *Snake* Platz finden. Dreizehn weitere, konventionellere Säle sowie sechs etwas gewagter gestaltete Räume schließen sich an.

Die Kehrseite der titanglänzenden Medaille ist freilich – und diese Kritik ließ nicht lange auf sich warten –, dass es sich bei diesem Bau, abgesehen von seinem marktschreierischen Äußeren, im Inneren um ein höchst konventionelles Museum handelt.

Frank Owen Gehry war vor und erst recht nach seinem Werk in Bilbao der unbestrittene Architekturstar der USA. Nachdem er jahrzehntelang als braver und eher angepasster Architekt für einen Großauftraggeber funktioniert hatte, überkam ihn die Anwandlung, alles hinzuschmeißen und es ab diesem Zeitpunkt ganz anders als alle anderen zu machen. Er begann mit seinem Eigenheim. Das Haus Gehrys in Santa Monica, das aus Sperrholz, Maschendraht, Wellblech und einem kippenden Glaswürfel besteht, hat Architekturgeschichte gemacht und wird oft als Ursprung des sogenannten Dekonstruktivismus bezeichnet – was aber so sicher nicht richtig ist. Peter Eisenman dürfte der eigentliche, der theoretisch-philosophische Urheber sein, während Gehry eher spielerisch mit Formen umgeht, als baue er im Sandkasten. Ob er den größten Triumph seiner Karriere, das Guggenheim-Museum in Bilbao, noch wird toppen können?

FRANK OWEN GEHRY

 ## LEBEN UND WERK

Gehry wird am 28. Februar 1929 als Frank Goldberg in Toronto geboren. Er studiert an der University of Southern California in Los Angeles, wo er 1954 seinen Abschluss macht. Schon während des Studiums arbeitet er für Victor Gruen. Nach dem Examen dient er ein Jahr in der Armee. Anschließend studiert er an der Harvard University in Cambridge Stadtplanung. Nach der Rückkehr nach Los Angeles ist er eine Weile für Pereira & Luckman tätig, tritt dann aber wieder bei Victor Gruen ein. 1961 zieht Gehry mit seiner Frau und den beiden Töchtern nach Paris und arbeitet für André Remondet. Bei seinem Aufenthalt in Frankreich kommt ihm die mehrsprachige Ausbildung in Kanada zugute. Er nutzt das Jahr in Europa, um die Werke von Le Corbusier und Balthasar Neumann zu studieren. Auch die romanischen Kirchen Frankreichs faszinieren ihn. 1962 kehrt Gehry nach Los Angeles zurück und eröffnet sein eigenes Büro: Gehry and Associates. Die Arbeiten aus der Anfangszeit des Büros sind wenig bemerkenswert. Erst zu Beginn der 1970er Jahre zeigt sich bei einer größeren Anzahl von Einfamilienhäusern eine Auflösung der Konventionen. Aufsehen erregt er erst mit dem Bau oder besser Umbau seines eigenen Wohnhauses in Santa Monica (1977– 1979, 1988), bei dem er das Gebäude mit rosafarbenen Asbestplatten, Wellblechtafeln und Maschendraht umgibt. Das Gebäude hat etwas Unfertiges, Selbstgemachtes, und das bringt ihm den Ruf eines Dekonstruktivisten ein. Das Gesamtwerk zeigt aber, dass Gehry sich keiner bestimmten Stilrichtung zuordnen lässt. Mehr als von Architekten, sagt er selbst, sei er von Bildhauern beeinflusst worden, vor allem von Brancusi. In den 1980er Jahren entwirft er skulpturale Projekte wie das California Aerospace Museum in Los Angeles oder das Fishdance Restaurant in Kobe; ein Auftragsboom ist die Folge. In den 1990er Jahren arbeitet er zunehmend computerunterstützt. Zu den in dieser Zeit geschaffenen Gebäuden gehören das American Center in Paris (1988–1993), das Nationale-Nederlanden-Bürogebäude in Prag (1992–1997) und die Goldstein-Siedlung für sozialen Wohnungsbau in Frankfurt am Main (1996). Den Museumsbauten wird eine Schlüsselfunktion innerhalb seines Werkes zugeschrieben. Gehry lebt in Los Angeles und lehrt in Harvard.

 ## DATEN

Guggenheim-Museum Bilbao:
Erster Spatenstich: 22. Oktober 1993
Einweihung: 10. Oktober 1997
Grundstücksgröße: 32 700 qm
Bruttogeschossfläche: 28 000 qm
Galeriefläche: 10 560 qm

Bekannteste Bauwerke:
Gehry-Wohnhaus, 1977–1979, 1988, Santa Monica
California Aerospace Museum, 1982–1984, Los Angeles
Vitra Design Museum, 1987–1989, Weil am Rhein
Frederick R. Weisman Art Museum, 1990–1993, Minneapolis
Museum für zeitgenössische Musik, 1998, Seattle
DG-Bank, 1999, Berlin

Lesenswert:
Peter Arnell/Ted Bickford: *Frank O. Gehry. Buildings and Projects*, New York 1985.

Frank O. Gehry: *Guggenheim Museum Bilbao*, Ostfildern-Ruit 1997.

Frank O. Gehry: *The Art of Architecture*, Ostfildern-Ruit 2001.

Berühmtes Zitat:
»Architektur ist Kunst.«

 ## KURZWERTUNG

Einer der größten architektonischen Coups des 20. Jahrhunderts ist dem Architekten Frank O. Gehry mit dem Guggenheim-Museum in Bilbao gelungen. Mit einer nie dagewesenen äusseren Gestaltung der »Hülle« beendete er das Jahrhundert gewissermaßen mit einem Paukenschlag, den man nicht so schnell vergessen wird.

Ufa-Kinozentrum

Dresden (1993–1998), COOP HIMMELB(L)AU

■ Wolf D. Prix (geb.1942) vom Architekturbüro Coop Himmelb(l)au vor der Treppe des Ufa-Kinozentrums.

»Wie beschissen die 1970er Jahre waren, kann man auch aus den verklemmten Architekturprojekten lesen ...Wir wollen Architektur, die mehr hat, Architektur, die blutet, die erschöpft, die dreht und meinetwegen bricht. Architektur, die leuchtet, die sticht, die fetzt und unter Dehnung reißt. Architektur muss schluchtig, feurig, glatt, hart, eckig, brutal, rund, zärtlich, farbig, obszön, geil, träumend, vernähend, verfernend, nass, trocken und herzschlagend sein. Lebend oder tot. Wenn sie kalt ist, dann kalt wie ein Eisblock. Wenn sie heiß ist, dann so heiß wie ein Flammenflügel. Architektur muss brennen.«

Pamphlete solcher und ähnlicher Art haben die Architekten von Coop Himmelb(l)au seit ihrer Bürogründung 1968 verkündet. Kein Wunder, dass keiner mit ihnen bauen wollte. Das in Klammern gesetzte »l« im Namen deutet auf die Absicht hin, Träume in den Himmel zu bauen – vielleicht –, oder ist einfach nur eine poetische Erfindung. Das Wortspiel sei erlaubt: Das Blaue vom Himmel haben sie zwar versprochen, doch die meisten ihrer Entwürfe hielt man für unbaubar – bis ihnen 1988 mit dem berühmten Dachausbau in der Wiener Falkestraße der Durchbruch gelang.

Lange galten die beiden Wilden aus Wien als Agents provocateurs des Architektur-Jetsets. Man tat ihre Aktionen und Provokationen ab mit: »Die spinnen, die Österreicher« – doch mittlerweile ist das Team längst nicht nur weltweit bekannt, sondern auch anerkannt. Wieder einmal war Philip Johnson so etwas wie ein Katalysator: Auch Coop Himmelb(l)au war 1988 eingeladen zur berühmten Ausstellung *Deconstructivist Architecture*.

Ausgerechnet das barocke Elbflorenz traute sich, Coop Himmelb(l)au ein Experimentierfeld zu überlassen. Ein Glaspalast, wie er so nie zuvor zu sehen war, ein Multiplex-Kino der Ufa, ziert seitdem die Innenstadt Dresdens. »Das städtebauliche Konzept des Ufa-Kinozentrums ist Teil der Auseinandersetzung mit dem öffentlichen Raum, der jetzt in europäischen Städten verloren zu gehen droht«, heißt es in der Projektbeschreibung der Architekten. Als Grund wissen sie: Die Kommunen haben kein Geld mehr und müssen die öffentlichen Flächen an private Gesellschaften abgeben. Der Mangel an Offenheit und Transparenz sei die Ursache der Unwirtlichkeit unserer Städte, betonen Wolf D. Prix und sein Partner Helmut Swiczinsky. Beim städtebaulichen Wettbewerb in Dresden ging es um eine innerstädtische Verdichtung und um ein Aufbrechen des rigiden achsialen Straßenverlaufs. Das Kinozentrum liegt an der Prager Straße, die die Verbindung vom Hauptbahnhof zur Altstadt darstellt. Diese einstige Flaniermeile und Geschäftsstraße war im Krieg völlig zerstört worden und 1963, an Hässlichkeit kaum zu überbieten, wieder aufgebaut worden.

In unmittelbarer Nachbarschaft zum bestehenden Ufa-Rundkino aus den 1970er Jahren sollte nun ein neues Ufa-Kinocenter – ursprünglich als Erweiterungsbau gedacht – entstehen. Das Überzeugende am Entwurf von Coop Himmelb(l)au war, dass sie gewissermaßen zwei Fliegen mit einer Klappe schlugen: Sie entwarfen ein Kinozentrum, das den Investor überzeugte, und

■ Außenansicht des Ufa-Kinozentrums.

■ Eingangsbereich des Ufa-Kinozentrums, der wie ein gläserner Kristall in die Stadt ragt.

eine städtebauliche Lösung, die Anklang fand – das Gebäude kommuniziert mit der Stadt. Wichtig war den Entwerfern, nicht nur eine Illusions- und Emotionsfabrik zu schaffen, sondern vor allem einen urbanen Treffpunkt.

Das Kinozentrum ist zweigeteilt in einen funktionalen und einen quasi repräsentativen Baukörper – beide gegensätzlicher als überhaupt nur möglich. Der Gebäudekomplex auf seinem dreieckigen Grundstück verbindet die Petersburger Straße und die Prager Straße. Die eigentlichen Kinosäle sind in einem konventionellen Betonriegel zur Petersburger Straße hin untergebracht. Der Halle zur Prager Straße hin, dem gläsernen Kristall kommt die Funktion eines Eingangsbereichs, eines Treffpunkts und einer Passage gleichermaßen zu. Kein Innenraum, kein Außenraum – ein »transitorischer Raum« und eine innerstädtische Bühne für allerlei Freizeitaktivitäten. Das Projekt versteht sich als multifunktionales Kulturzentrum und ist mit acht Kinos und insgesamt 2600 Plätzen das zweitgrößte Kino Deutschlands. Das Megakino mit seiner auffälligen Gestalt war nicht teurer als eine Containerschachtel auf der grünen Wiese.

»Visueller Krach« ausgerechnet im barocken Elbflorenz – obwohl sie hierher ganz gut passt, die oft geschmähte Katastrophenästhetik der Wiener Provokateure. Hier in der von lieblos hingeklotzten Plattenbauten gesäumten Prager Straße, wo einen selbst bei größter Hitze ein kalter Hauch anweht, kann man »eh nichts mehr kaputtmachen«, kommentieren Dresdner Bürger den Neubau. Der Kristall ist von außen einsehbar, und von innen ist die Stadt überschaubar. Schräg schießt der Kristall – oft mit einem geschliffenen Diamanten verglichen – aus dem Boden. Und man fragt sich, wie um alles in der Welt hält das Ding bloß? Kreuz und quer scheinen Glasflächen auf die Besucher herniederzustürzen. Ist die Form lediglich ein Gag oder hat sie auch eine Funktion? Sie hat – und zwar eine ganz simple: »Durch die Kragungen konnten wir die zu erwerbende Grundstücksfläche

Die Architekten ernteten einhellige Begeisterung für diesen Bau – nur Falk Jaeger, Architekturkritiker aus Berlin, hat Einwände: »Man sollte es bei diesem, möglichst bei abendlicher Effektbeleuchtung erlebten, einzigartigen Eindruck belassen und nicht näher hinschauen. Denn dieser Bau ist nichts für Ästheten. Belanglose, miserable bis peinliche Details stören bis zur Ärgerlichkeit. Sicher mehrheitlich außerhalb der Verantwortung der Architekten ... Doch auch die Anschauung der Primärstruktur enttäuscht. Die Stahlkonstruktion des Kristalls ist schlicht charakterlos. Weder ist sie technizistisch raffiniert oder delikat, noch bringt sie Nonchalance zum Ausdruck ... In den Kinosälen selbst hört die Coop-Herrlichkeit ohnehin auf ...«

verkleinern. Die Ersparnis haben wir verwendet, um die Kragungen differenziert auszubilden und um die Lobby so groß und urban wie möglich zu gestalten.«
Zumindest lässt sich sagen, hier wurden die ewig gleichen Ausgangsmaterialien Beton, Stahl und Glas einmal ganz anders montiert und gefaltet. Tagsüber bilden sich in den Glasflächen des Kristalls die umliegenden Bauten ab und dabei vervielfachen sie sich auch noch, und nachts dient die Glasfläche als Projektionswand. Im Inneren des (ein)stürzenden Neubaus gelangt

■ Modell, Darstellung der Tragwerkskonstruktion.

■ Innenansicht des Ufa-Kinozentrums, Foyer mit Blick auf Treppe und Brücken.

»Ich rechne uns zugute, dass wir durch unsere Strategie nicht nur das Kino realisiert haben, sondern zusätzlich einen Beitrag zur städtischen Entwicklung leisten konnten. Gebaut haben wir das Kino in einem Jahr. Damit ist die Behauptung, dass unsere Art von Architektur mehr kostet und länger dauert als andere, widerlegt.«
Coop Himmelb(l)au

man auf gewinkelten Treppen, Rampen und Brücken in die Kinosäle oder zu den Kneipen und Cafés und der Skybar im Doppelkegel unter dem Dach.
Ach übrigens – als Eröffnungsfilm zeigte man im Ufa-Kinozentrum den Film Grease. Nomen est omen? Ein Film aus den siebziger Jahren, der in den fünfziger Jahren spielt, im modernsten Kino der neunziger Jahre ...
Nun ja, bei allem, was sonst so aus Wien bekannt ist – zum Beispiel die verkitschte Erlebnisarchitektur eines Friedensreich Hundertwasser, der auch in den neuen Ländern die Fassade eines Gymnasiums verhübschen durfte –, da möchte man doch den Herren und Damen von Coop Himmelb(l)au aus tiefstem Herzen ein hundertfaches Dankeschön zurufen!

COOP HIMMELB(L)AU

 ## LEBEN UND WERK

Das Architekturbüro Coop Himmelb(l)au wird 1968 in Wien als Büro für Architektur, Kunst und Design gegründet. Die Gründungsmitglieder sind Wolf Dieter Prix, Helmut Swiczinsky und Rainer Maria Holzer. Holzer verlässt die Gruppe bereits 1971. 1989 kommt mit Frank Stepper, geboren 1955 in Stuttgart, wieder ein dritter Partner ins Team. Prix wird am 13. Mai 1942 in Wien geboren. Nach der Schulzeit studiert er Architektur an der Technischen Hochschule Wien, der Architectural Association School in London und dem Southern California Institute of Architecture in Los Angeles. Swiczinsky (auch Swiczynsky geschrieben) wird am 13. November 1944 in Posen geboren. Auch er studiert in Wien und London Architektur. Coop Himmelb(l)au beschäftigt sich anfangs vor allem mit Ideen und Projekten aus dem Bereich der experimentellen Architektur. 1968–1972 arbeiten die Partner am Konzept einer aufblasbaren, beweglichen und bewohnbaren Wolke. Ab Ende der 1970er Jahre treten sie zunehmend für eine aggressive Architektur ein, die nicht besänftigt oder beschönt, sondern die Spannungen eines Ortes herausstellt. 1978/79 entwerfen sie für das Projekt eines Stadtwohnhauses ein Glasdach in Form einer auflodernden Flamme. Es wird als Fragment an der Technischen Universität Wien installiert. 1980 veröffentlichen sie in Graz eine Schrift mit dem Titel *Architektur muss brennen*. 1979–1981 entstehen »poetisch-aggressive Demonstrativ-Projekte«: die *Humanic-Filialen* in Mistelbach und Wien sowie das Projekt der Liederbar *Roter Engel*, ebenfalls in Wien. 1982 folgt die Installation *Architektur ist jetzt* in Stuttgart. In den 1980er Jahren stellt das Büro neben vielen unrealisierten Entwürfen aber auch eine Reihe aufsehenerregender Neu- und Umbauten fertig. Der internationale Durchbruch gelingt mit dem Dachausbau für eine Kanzlei in Wien (1983–1988). Die Gruppe schafft es, ihre Prinzipien auch auf Großprojekte zu übertragen. 1988 holt Philip Johnson sie zur Ausstellung *Deconstructivist Architecture* nach New York. Im selben Jahr eröffnet Coop Himmelb(l)au ein Büro in Los Angeles. Seither ist die Firma international im Geschäft. Weitere Projekte sind der Ostpavillon des Groninger Museums (1993–1995), das *SEG-Apartmenthochhaus* in Wien sowie Arbeiten in der Schweiz, Deutschland und Mexiko. Prix lehrt heute als Professor der Meisterklasse für Architektur an der Universität für Angewandte Kunst in Wien. Texte aus seinen Vorlesungen, Photos und Konstruktionszeichnungen abgeschlossener und im Bau befindlicher Werke sind auf der offiziellen Website des Büros einzusehen.

 ## DATEN

Ufa-Kinozentrum:
Bauherr: Ufa Theater AG, Düsseldorf
Bauzeit: 1997/98
Bebaute Fläche: 1552 qm
Nutzfläche: 6174 qm
Baukosten: 32 Millionen DM

Bekannteste Bauwerke:
Dachausbau Falkestraße, 1983–1988, Wien
Forschungszentrum Seibersdorf, 1991–1995, Seibersdorf
Museumspavillon, 1993–1995, Groningen
SEG-Wohnturm, 1994–1998, Wien
Gasometer-Umbau, 1995–2000, Wien

Lesenswert:
Architekten. Coop Himmelblau, Stuttgart 1998.

Coop Himmelblau: *Die Faszination der Stadt*, Darmstadt 1992.

Wolf D. Prix/Helmut Swiczinsky: *Coop Himmelblau. 6 Projects for 4 Cities*, Stuttgart 1998.

Sehenswert:
Offizielle Website von Coop Himmelb(l)au:
http://www.coop-himmelblau.at

 ## KURZWERTUNG

Lange machte das Duo Coop Himmelb(l)au aus Wien weniger durch Projekte als durch Aktionen und Provokationen auf sich aufmerksam. Nun, ausgerechnet in einer Plattensiedlungs-Umgebung in Dresden, bauten sie ihr bislang spektakulärstes Bauwerk: den UFA-Kinopalast.

Reichstagsumbau

Berlin (1993–1999), NORMAN ROBERT FOSTER

■ Das Reichstagsgebäude in Berlin-Tiergarten (erbaut 1884–1994 von Paul Wallot) nach Abschluss der Umbauarbeiten im Jahre 1999.

Kein Deutscher, sondern ein Brite war verantwortlich für die Umgestaltung des Reichstags, des wohl geschichtsträchtigsten Gebäudes der Hauptstadt: Lord Norman Foster. Wo sonst auf der Welt wäre so etwas denkbar?

Wie kein anderes Bauwerk in Deutschland ist der nach Plänen von Paul Wallot 1894 fertig gestellte monumentale Rechteckbau ein Symbol deutscher Geschichte. Beim Reichstagsbrand 1933 wurde das Gebäude im Inneren nahezu vollständig zerstört. Nach Plänen von Albert Speer hätte der Reichstag wieder instand gesetzt werden sollen. Der obrigkeitsstaatliche Geist, der diesem Gebäude anhaftet, verblasste vielleicht erst, als Christo und Jeanne-Claude es 1995 verpackten. Am Wettbewerb für die Neugestaltung 1992 nahmen achthundert Architekten aus vierundfünfzig Ländern teil. Nach etlichen Überarbeitungen siegte Fosters Entwurf.

Weltweit gerühmt wird inzwischen seine gläserne Kuppel im Zentrum des Gebäudes. Man mag sie finden, wie man will, unorganisch, deplatziert – ständig überkommt einen das Gefühl, es stimme irgendetwas nicht an dieser Krone aus Glas –, doch wenn man das Kuppelrund erklimmt und die spiralförmig ansteigende Rampe hochgeht, eröffnen sich ringsum lohnende Ausblicke auf die Stadt. Der Blick nach unten in den Plenarsaal mag weniger ergreifend sein, doch er steht für – man merkt die Absicht und ist verstimmt – die »Transparenz unserer Demokratie«. Foster kreierte an die fünfzig Kuppelvarianten, bis eine davon akzeptiert wurde. »Foster setzte gegen historisierende Modelle ein eiförmiges Etwas durch«, mokierte sich die versammelte Architekturkritik. Mitte 1995, der Umbau war schon in vollem Gange, fiel Santiago Calatrava ein, dass er auch eine Kuppellösung vorgeschlagen hatte, und bezichtigte Foster des Plagiats. Berlin hatte seinen Architektenskandal.

Foster sagt, es sei ihm darum gegangen, aus dem Reichstag, dem Symbol für Deutschlands wechselhafte Vergangenheit, ein Symbol für die Zukunft zu machen. Sein ursprünglicher Entwurf hatte Ähnlichkeit mit einem griechischen Tempel: Er sah ein riesiges Baldachindach auf zwanzig schlanken Stützen vor. Das Gebäude selbst wirkte erhöht, wie auf einem Podest stehend. Foster beugte sich dem Willen des Baukomitees: Wenn sie eine Kuppel wollen, dann kriegen sie eben eine Kuppel ...

Nur die Außenmauern des alten Reichstags blieben erhalten, im Inneren wurde das Gebäude vollständig entkernt. Die Verteilung der Nettonutzfläche von insgesamt 12 000 Quadratmetern ist folgende: Im Erdgeschoss befindet sich der Plenarsaal, ein rundum verglaster Würfel, mit einer Fläche von 1200 Quadratmetern; im ersten Stock sind die Präsidentenräume; im zweiten Stock Parlamentssäle; in der dritten Etage Presse- und Publikumsräume sowie der Zugang zur Dachterrasse, von der aus man in die dreiundzwanzig Meter hohe Glaskuppel gelangt. Im Inneren der Kuppel befindet sich ein lichttechnisches Kegelelement, das den Saal mit Tageslicht versorgt und belüftet. Nachts ist die Kuppel be-

■ Lord Norman Foster (geb. 1935) während seiner Rede beim Richtfest des Reichstagsgebäudes am 18. September 1997.

»Es war ein sehr zähes Projekt, vielleicht das zäheste, das ich je erlebt habe. Erst sollten wir einen Bus entwerfen, dann nur noch ein Auto. Der erste Wettbewerb bezog sich auf ein Riesengelände. Es war mehr als zweimal so groß wie der Reichstag selbst. Wir entwarfen ein ausladendes Postament, das den Reichstag aus seiner Umgebung herausgehoben hätte. In diesem Fall ist unser Kunde aber eine Gruppe von 662 Leuten, die achtzig Millionen Menschen repräsentieren.«

Lord Norman Foster

> 45 000 Tonnen Bauschutt wurden beim Umbau aus dem Reichstag herausgeholt, und es kamen Dinge zutage, die viel über die Geschichte des Hauses erzählen. Foster setzte sich dafür ein, dass diese Fundstücke erhalten bleiben: Schäden aus dem Zweiten Weltkrieg, versengte Steine, Graffiti russischer Soldaten aus dem Jahr 1945, Säulen, Treppenaufgänge, alter Wandschmuck.

leuchtet und weithin zu sehen. Ein eigenes Heizkraftwerk produziert Energie aus Rapsöl. Die überschüssige Abwärme des Sommers wird bis zu vierhundert Meter tief im Erdreich gespeichert, im Winter wird sie wieder entnommen. So setzt das Gebäude auch ökologisch ein Zeichen, worauf Foster sehr stolz ist und sich ärgert, dass dieses Thema über dem »Kuppelstreit« völlig unterging. Foster entwarf auch den Adler, der das Gebäude ziert: »Angesichts der deutschen Geschichte im vergangenen Jahrhundert war es nicht so einfach, dieses Symbol richtig zu gestalten. Ich musste die Kopfhaltung, die Länge der Krallen, die Position der Flügel exakt hinbekommen. Es ist wirklich erstaunlich, dass der Bundestag es einem Briten überlassen hat, dieses hoch sensible politische Symbol zu entwerfen.« Der gesamte Reichstagsumbau verschlang sechshundert Millionen Mark. Foster selbst kassierte einundvierzig Millionen Mark Honorar. Dem *Spiegel* gegenüber entrüstete er sich gegen den Vorwurf, das sei ja vielleicht ein bisschen viel: »Die Summe klingt astronomisch für sechs Jahre Arbeit, bewegt sich aber am unteren Rand dessen, was laut Gebührenordnung für einen Auftrag von dieser Dimension möglich ist. Auch die Berliner Architektenkammer hält den Betrag für gerechtfertigt.«

Der Reichstag war erst 1961 von Paul Baumgarten umgebaut worden. Die Begründung für den erneuten Umbau lautete, es stünden nicht genug Büroräume zur Verfügung. Mehr Platz kommt natürlich jetzt auch nicht hinzu. Etliche Büros müssen

■ Die Dachterasse mit Blick auf die gläserne Kuppel.

■ Der im Erdgeschoss befindliche Plenarsaal wird über die Glaskuppel mit Tageslicht versorgt und belüftet.

in den umliegenden Gebäuden untergebracht werden. Wenn einer das Label »Star« unter den Architekten verdient, dann ist es Norman Foster. Welche Bündelung von Fähigkeiten, Glück und Zufällen katapultierte diesen Mann an die Spitze der Architekten der Gegenwart? »Bauen kann man nur mit absoluter Leidenschaft, Enthusiasmus und stetigem Streben nach Qualität«, ist seine eigene Erklärung für den immensen Erfolg seines Büros Foster & Partners. Sogar der Standort des Headquarters ist schon Legende: Riverside 3 ist keine Adresse, sondern eine Institution. Den Glaspalast in Londons Stadtteil Battersea kennt jedes Kind. Was in einer Zwei-Zimmer-Wohnung in Hampstead begann, ist inzwischen ein Imperium: In seinen Büros in London, Hongkong, Tokio, Frankfurt und Berlin beschäftigt Foster 375 vorwiegend junge Architekten – er nutzt deren unverbrauchtes kreatives Potenzial.

An der konservativen Universität seiner Heimatstadt Manchester lernte Foster in erster Linie präzises Zeichnen. Heute noch erzeichnet er sich seine Projekte. Wie zu Beuys der Filzhut, gehört zu Foster sein schwarzer Skizzenblock. Foster erhielt ein

■ Die Glaskuppel, die über eine spiralförmig ansteigende Rampe begehbar ist, eröffnet dem Besucher Ausblicke auf die Stadt.

Stipendium an der Yale University in Connecticut, studierte dort am Department of Town and Country Planning, hatte zum Lehrer unter anderem James Stirling und traf dort seinen bis heute besten Freund und größten Konkurrenten: Richard Rogers. Zusammen gründeten sie das Team 4, das sie von 1963–1966 betrieben.

Dank seiner Leidenschaft fürs Fliegen ist es ihm möglich, von einer Baustelle zur anderen zu jetten, arbeitet er doch oft an einem Dutzend Projekten gleichzeitig. Er ist begeisterter Hobbypilot, besitzt den Flugschein für Hubschrauber sowie die Lizenz für Düsenflugzeuge. Meist fliegt er eine weiße Cessna Citation. Seine Mitarbeiter erzählen über ihn, er sei unfähig, Urlaub zu machen, nach einem Tag langweile er sich bereits.

Verlieren kann er auch nicht: Als Zaha Hadid den Wettbewerb für das Opernhaus in Cardiff gewann, aber durch Intrigen den Auftrag doch nicht bekam, solidarisierte er sich nicht etwa mit der Kollegin, sondern erklärte sich bereit, den Job zu machen ...

FOSTER & PARTNERS

LEBEN UND WERK

Foster & Partners ist aus der von Norman Foster und seiner damaligen Frau Wendy 1967 gegründeten Firma Foster Associates hervorgegangen. Verantwortliche Leiter von Foster & Partners sind Lord Norman Foster (siehe Seite 193), Spencer de Grey, David Nelson, Graham Philips und Ken Shuttleworth. De Grey wird 1944 geboren. Er studiert bei Sir Leslie Martin an der Cambridge University Architektur und macht 1955 seinen Abschluss. Danach beteiligt er sich erfolgreich an mehreren Wettbewerben und entwirft die Pläne für eine Schule in London. 1973 tritt er bei Foster Associates ein. Ab 1979 baut er das Firmenbüro in Hongkong auf. 1981 kehrt er nach London zurück, um die Projektleitung beim dritten Londoner Flughafen zu übernehmen. Er ist seit 1991 Partner. David Nelson wird 1951 geboren. Er studiert Design am Loughborough College of Art und am Hornsey College of Art und spezialisiert sich auf Möbel- und Industriedesign. Seinen Abschluss macht er mit Auszeichnung. Anschließend setzt er seine Studien am Royal College of Art fort. Er erhält ein Reisestipendium, um den Städtebau in Norditalien zu studieren. 1976 tritt er bei Foster Associates ein. 1979 wird er dem Team zugeteilt, das die *Hongkong and Shanghai Bank* baut (siehe Seite 188). 1986 kehrt er aus Hongkong zurück. 1991 wird er Partner. Graham Phillips wird 1947 geboren. Er studiert Architektur an der Universität Liverpool, arbeitet ein Jahr in Toronto und schließt das Studium 1971 mit Auszeichnung ab. Seinen Berufsweg beginnt er bei Arup Associates, wo er an vielen verschiedenen Projekten mitarbeitet. Seit 1975 ist er bei Foster tätig. Zu seinen Spezialgebieten gehören Projektmanagement und Kostenlenkung. Er ist seit 1991 Partner, genau wie Ken Shuttleworth. Shuttleworth wird 1952 geboren. Er studiert am Polytechnikum Leicester und erhält 1977 sein Architekturdiplom mit Auszeichnung. Bereits 1974, als Student, nimmt er seine Tätigkeit bei Foster Associates auf. Nach dem Studienabschluss und einer Studienreise durch die USA und Kanada 1977 wird er fest eingestellt. 1984 geht er nach Hongkong, wo er für Designfragen beim Bau der *Hongkong and Shanghai Bank* zuständig ist. 1986 kehrt er nach London zurück, 1991 wird Partner. Das Büro Foster & Partners mit etwa 500 Mitarbeitern operiert weltweit und hat von der britischen Königin 1999 den Queen's Award for Export Achievement erhalten.

DATEN

Umbau des Reichstags:
Bauherr: Bundesrepublik Deutschland
Umbauzeit: 1995–1999
Fläche: 61 166 qm

Bekannteste Bauwerke:
Hongkong and Shanghai Bank, 1979–1985, Hongkong
Überdachung des Großen Innenhofs im Britischen Museum, 1994–2000
Umbau des Reichstags, 1995–1999, Berlin
World Port Centre, 1998–2001, Rotterdam
Tribüne des Newbury Racecourse, 1999–2000, Newbury

Lesenswert:
Norman Foster: *Der neue Reichstag*, Leipzig 1999.

Norman Foster: *Selected and Current Works of Foster and Partners* (The Master Architect Series), 1999.

David Jenkins, Norman Foster: *Norman Foster: Catalogue of Work*, New York 2001.

Sehenswert:
Der Blick vom Reichstag über Berlin. Kuppel und Dachterrasse sind über die Außentreppe am Westeingang des Reichstagsgebäudes zu erreichen. Geöffnet täglich von 8–24 Uhr.

KURZWERTUNG

Dem englischen Stararchitekten Lord Norman Foster fiel die schwere Aufgabe zu, ein Gebäude, das so geschichtsträchtig ist wie kein zweites auf deutschem Boden, den Reichstag zu Berlin, in eine zeitgemäße Gestalt umzuformen. Ob das mit seiner Kuppel gelungen ist – darüber lässt sich streiten.

Thermalbad Vals

Vals (1994–1996), PETER ZUMTHOR

■ Teilansicht des Thermalbads in Vals: Becken im Innenbereich.

»Mit allem, was er entwarf und baute, erregte er unter der Hand Aufsehen, mit einer unaufgeregten, knapp formulierten, stets vom Ort inspirierten, ausdrücklich zeitgenössischen Architektur von eigenwilliger Schönheit und Selbstverständlichkeit.«

Manfred Sack
in *Die Zeit*

Alle gängigen Vokabeln erscheinen zu floskelhaft und abgenutzt, um Peter Zumthors berühmteste Bauten zu beschreiben. Auch käme man nicht auf die Idee, ihm die Schmach anzutun, ihn einen Star unter den Architekten zu nennen. Gäbe es eine Bezeichnung für etwas Höheres, jenseits von Starrummel – sie wäre gerade gut genug für ihn.

Das Besondere an Zumthors Arbeit ist gar nicht schwer zu fassen: Es ist das Normale und die Solidität, das, was sich so oft verloren hat; die Selbstverständlichkeit der Bauten, die sonst hinter den Moden zurückgetreten ist.

Das Thermalbad in Vals ist weniger ein Bad als vielmehr ein sakraler Raum. Dass alles stimmt, dass kein Detail deplatziert wirkt, ist das Wunder an diesem Bauwerk. Die Aufgabe so zu erfüllen, wie Peter Zumthor es getan hat, erfordert ein nahezu übersinnliches Einfühlungsvermögen in den Ort und die Aufgabe. Wenn es nicht gar zu übertrieben klänge, möchte man von einem unmittelbaren Impuls niederzuknien sprechen, sobald man die Anlage betritt. Es ist, als käme man in eine andere Welt: Wasser, Stein und Licht bilden eine Einheit. Zumthor kommt – immer – ohne jegliche Schnörkel aus. Das Einfache, die schlichte Eleganz, ist das Ergreifende.

Lange hatte sich die kleine Graubündner Gemeinde Vals, bekannt für ihre Thermen und ihr Mineralwasser, ein besonderes Bad gewünscht. Anfang der 1990er Jahre konnte Zumthor den Wettbewerb vor sechs anderen Mitbewerbern für sich entscheiden. Das Prestigeobjekt sollte die Gemeinde nicht billig kommen, 25 Millionen Schweizer Franken hat die Anlage verschlungen, aber jeder einzelne Rappen hat sich gelohnt. Das Bad ist weit über die Schweiz hinaus bekannt, und sogar seine Bauweise hat Geschichte gemacht: Nun heißt Valser Verbundmauerwerk, was Zumthor nach Art der Vorfahren als adäquate Technik für diesen Ort wiederentdeckte. Das Gestein wurde präzise zu Platten gesägt, ohne Mörtel Lage auf Lage geschichtet. Die im Rohbau eigentlich schon fertigen kargen Wasserhöhlen mit ihrer spröden Schönheit wurden spärlich durch »Zutaten« ergänzt. Kein Schnickschnack, keine Spaßbadapplikationen hätten hierher gepasst. Die Armaturen sind schlichte Bronzerohre; die Türen aus leuchtendem blauen Muranoglas. Das sparsam verwendete Kunstlicht, gezielt auf die Wasserflächen gerichtet, verleiht ihnen ein überirdisches Leuchten.

Verschiedene ineinander übergehende Badebereiche, aus graugrünem Stein gefügt, wirken wie aus dem Fels, in den das Bad gebaut ist, herausgehauen. Der verwendete Gneis stammt aus einem nahe gelegenen Steinbruch. In dieser archaischen Berglandschaft kann kein anderes Material in Frage kommen. Außen- und Innenbad, Schwitzbad, Duschen, Trinkflur, Umkleidebereich, Heiß- und Kaltbad, Duftbad, Behindertenbereich, Massage- und Ruheräume, Klangstein und Steininsel – alles ist aus einem Guss. Zumthor spricht von einer mäandernden Anordnung der verschiedenen Badebereiche. Seine Gedanken zu diesem Bauwerk fasst er in folgende Worte: »Berg, Stein, Wasser – Bauen in Stein, Bauen mit Stein, in den Berg hineinbauen, aus dem Berg herausbauen, im Berg drinnen sein.«

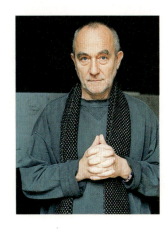

■ Peter Zumthor (geb. 1943), Porträtaufnahme von 1998.

■ Außenansicht: Der Bau besteht aus aufeinander gestapelten Gesteinsplatten ohne Verbundstoffe.

■ Das Bad ist über einen Tunnel zu erreichen. Der Gang durch die verschiedenen Räume ist aufregend und entspannend zugleich.

»Ich glaube, jedes gut geschaffene Ding hat ein ihm angemessenes Ordnungsgefüge, das seine Form bestimmt und zu seinem Wesen gehört. Dieses Wesentliche will ich entdecken und bleibe darum beim Entwerfen hart an der Sache selbst.«

Peter Zumthor

Hier hat Zumthor, mehr noch als bei anderen Projekten, seine eigene Architekturphilosophie überzeugend eingelöst. Man könnte sagen, er hat hier die Stille in der Architektur wiedererfunden. Alles ist schlicht, karg, zurückgenommen und edel, ohne im Geringsten auf Effekt aus zu sein, und ruft dennoch leise Aufregung beim Betrachter und Nutzer hervor. »Wir gehen alle Wege, die es gibt, für ein schönes Haus am Schluss«, sagt Zumthor. Jede Aufgabe ist eine Expedition für sich.

Die Valser können behaupten, dass es ein Bad wie ihres nirgendwo sonst auf der Welt gibt. Schon zwei Jahre nach ihrer Fertigstellung wurde die Therme unter Denkmalschutz gestellt.

Das Thermalbad in Vals ist beileibe kein einmaliger Wurf. Zumthor kann seine Wunder wiederholen: Da ist das Kunsthaus Bregenz, längst ein Kultbau, oder die im Werden begriffene Mahnstätte Topographie des Terrors in Berlin und zuletzt sein aus gestapelten Holzbalken errrichteter Schweizer Expo-Pavillon in Hannover – allesamt Werke, die in ihrer Stimmigkeit ergreifend sind.

Vielleicht liegt das Geheimnis der Zumthorschen Bauten in der Bedächtigkeit der Laufbahn ihres Erfinders. Er ist nicht in seinen Architekturberuf, den er spät ergriff, hineingestolpert, sondern hat Schritt für Schritt, von der Pike auf, sein Metier erlernt und ließ sich Zeit, um zu reifen. Ein Spätzünder sozusagen – und Gott sei Dank. Hut ab und Staunen, was Bauen sein kann. Manche nennen ihn den Mystiker unter den Architekten. Wenn Bauen eine Geheimlehre wäre, dann hätte Peter Zumthor den Schlüssel zu ihr entdeckt. Zumthor ist eine Ausnahmeerscheinung unter den gegenwärtigen Architekten, und seine Bauten sind allesamt zu Wallfahrtsorten geworden.

Er selbst sieht den Rummel um seine Person eher gelassen: »Das ist jetzt eben so und wird auch wieder vergehen.«

PETER ZUMTHOR

 ## LEBEN UND WERK

Zumthor wird am 26. April 1943 in Basel geboren. 1958 beginnt er eine Lehre als Möbelschreiner. 1963 nimmt er das Studium der Innenarchitektur an der Schule für Gestaltung in Basel auf. 1966 geht er nach New York, um seine Studien dort am Pratt Institute im Fachbereich Architecture and Interior Design fortzusetzen. Nach seiner Rückkehr tritt er 1968 eine Stelle bei der kantonalen Denkmalpflege Graubünden als Bauberater und Siedlungsinventarisator an. Zehn Jahre später erhält er einen Lehrauftrag der Universität Zürich im Bereich Siedlungspflege und Siedlungsinventarisation. 1979 eröffnet er sein eigenes Atelier. Seine frühen Bauten zeigen eine – an die Umgebung angepasste – Tendenz zur rationalen Architektur. Aufmerksamkeit erregt Zumthor erstmals in den 1980er Jahren mit dem Bau seines Ateliergebäudes (1985/86) und den Schutzbauten für römische Funde in Chur (1986). Er baut Kirchen und Museen, ein Wohnhaus für Betagte (1992/93) und ein einzigartiges Thermalbad. Zwischen den Großprojekten entstehen immer wieder Wohnhäuser. 1998 wird er mit dem Bau des Schweizer Pavillons für die Expo 2000 beauftragt. Dazu kommt das Ausstellungs- und Dokumentationszentrum Topographie des Terrors in Berlin und das Erzbischöfliche Diözesanmuseum in Köln. Zumthor hat am Southern California Institute of Architecture in Santa Monica/LA und an der TU Graz gelehrt. Er ist Professor an der Accadèmia di architettura in Mendrisio, Mitglied der Akademie der Künste in Berlin, Ehrenmitglied des Bundes Deutscher Architekten und trotzdem ein Mann der leisen Töne. 1998 wird er mit dem höchstdotierten Architekturpreis der Welt, dem Carlsberg-Preis, ausgezeichnet. Auf die Frage, was das Faszinierende an seinem Werk sei, erklärt er 1998 Peter von Däniken in einem Interview für den Schweizer *Tages-Anzeiger*: »Meine Bauten ... sind sinnlich gedacht, bauen nicht auf theoretischen Überlegungen zur Architekturgeschichte auf und entziehen sich den Mechanismen der Bauwirtschaft, dem Verwertungsdruck. Offenbar spürt man meinen Anspruch auf Ganzheit, Genauigkeit, auf Dauer, also all diese altmodischen Kriterien.« Sein Ateliergebäude in Haldenstein, Kanton Graubünden, ist aus Holz. Er beschäftigt dort zwölf Mitarbeiter, und mehr sollen es auch nicht werden: »Gute Architekten werden aufgebraucht, wenn sie immer mehr Aufträge annehmen, und bringen die Kraft nicht mehr auf, alles zusammenzuhalten. Natürlich trägt mir meine Haltung im Ausland den Ruf eines verschlossenen heiligen Eremiten in den Bergen ein. Damit muss ich leben. Ich gebe mir allerdings Mühe, immer ganz freundlich abzusagen.«

 ## DATEN

Thermalbad Vals:
Bauherr: Gemeinde Vals
Bauzeit: 1994–1996
Baumaterial: Valser Gneis
Anzahl Steinplatten: ca. 60 000
Baukosten: 25 Millionen Schweizer Franken
Besonderheit: 1998 unter Denkmalschutz gestellt

Bekannteste Bauwerke:
Atelier Zumthor, 1985/86, Haldenstein
Kapelle Sogn Benedetg, 1987–1989, Sumvitg
Wohnhaus für Betagte, 1989–1993, Masans
Ausstellungs- und Dokumentationszentrum Topographie des Terrors, 1993–2000, Berlin
Kunsthaus Bregenz 1994–1997, Bregenz
Schweizer Pavillon Expo 2000, 1998–2000, Hannover

Lesenswert:
Peter Zumthor: *Architektur denken*, Baden 1998.
Peter Zumthor: *Klangkörperbuch*, Basel-Berlin-Boston 2000.

Hörenswert:
Fritz Hauser: *Steinschlag. Suite für Klongsteine*, Basel, 1989.

Berühmtes Zitat:
»Es ist mir wichtig, dass wir nicht nur Museen bauen, sondern uns auch mit Wohnarchitektur beschäftigen.«

 ## KURZWERTUNG

Das schönste Bad der Welt besitzt die Gemeinde Vals in Graubünden. Nach dem Thermalbad von Peter Zumthor ist sogar eine Bauweise, das »Valser Verbundmauerwerk« benannt worden.

Tate Modern

London (1994–2000), HERZOG & DE MEURON

Jacques Herzog charakterisiert die Aufgabe, das alte Kraftwerk umzubauen, als »Aikido-Strategie«, da es gelte, sich die Energie des Gegenübers anzueignen und zu seiner eigenen zu machen.

■ Der gläserne Balken auf dem Dach der Tate Modern ist nach Umbau des Kraftwerkes der einzige von außen sichtbare Eingriff.

Die Zukunft des Bauens kann auch in der Vergangenheit liegen: Zwar kann man sicherlich nicht jeden Stein früherer Jahrhunderte, jede Bausünde vergangener Jahrzehnte erhalten – und das soll man auch nicht –, doch endlich hat ein Gedanke gegriffen: Umnutzung alter Bausubstanz ist das neue Schlagwort.

Von 1947–1963 erfüllte Sir Giles Gilbert Scott, der Enkel des berühmten neugotischen Baumeisters Sir George Gilbert Scott, seinen Auftrag, das Ölkraftwerk auf der Londoner Bankside zu bauen. Für diese, nicht als Meisterleistung zu bezeichnende Tat hat er keine Berühmtheit erlangt, wohl aber für den Entwurf der roten britischen Telefonhäuschen.

Das Kraftwerk, ein grober Klotz, gebaut für die Ewigkeit, rechteckig und solide, mit seinem knapp hundert Meter hohen Kamin blieb gerade mal achtzehn Jahre am Netz und wurde schon 1981 wieder abgeschaltet. Danach fristete es jahrelang sein Dasein als

TATE MODERN

Industrieruine mitten in London. Der Dornröschenschlaf währte bis 1994, als das Gebäude von der ständig mit Platznöten kämpfenden Tate Gallery erworben und ein Museumsumbau geplant wurde. Das Schweizer Architekturbüro Herzog & de Meuron gewann den Wettbewerb und schlug so hochkarätige Kollegen wie Tadao Ando, David Chipperfield, Rem Koolhaas, Rafael Moneo und Renzo Piano aus dem Feld. Herzog & de Meuron waren die einzigen, deren Entwurf vorsah, die Substanz des gigantischen Bauwerks unangetastet zu lassen. Es war die sensibelste und die klügste Lösung – den Architekten war klar, dass es keinen Sinn hätte, sich der räumlichen Kraft und den gewaltigen Dimensionen des Industrieklotzes entgegenzustemmen. Den einzig sichtbaren Eingriff von außen stellt ein gewaltiger gläserner Balken dar, ein leuchtender Glaskörper, der auf das Dach aufgesetzt wurde.

■ Die Tate Modern gibt dem bislang eher strukturschwachen Southwark neue Energie.

Southwark, der Standort der Powerstation, war immer eine strukturschwache Gegend, es galt lange Zeit als das ärmste der zentralen Stadtviertel Londons. Nachdem in den 1950er Jahren durch Ansiedlung des South Bank Centers mit Konzerthallen, National Theatre, Filmmuseum und Hayward Gallery ein architektonisch eher verunglückter Neuanfang versucht wurde, hat sich jetzt im Verbund mit dem rekonstruierten Globe Theatre und dem zum Kulturzentrum ausgebauten OXO Tower die Lage entscheidend verändert. Die Zeiten der Abwanderung und des schlechten Rufs sind vorbei. Aus der zurückgebliebenen South Bank wurde die Millennium-Meile. Vorläufiger Höhepunkt der Bemühungen, das Viertel aufzuwerten, ist die Tate Modern.

■ Jaques Herzog (geb. 1950) erläutert der Presse am 6. April 2000 die Umbauarbeiten.

Im Hause Herzog & de Meuron legt man Wert darauf, zu betonen, dass dieses bislang größte Projekt des Büros eine gemeinschaftliche Arbeit aller vier Partner ist – das sind auch noch Harry Gugger und Christine Binswanger. Entstanden ist ein Wunder: Den Architekten gelang die Transformation des riesigen Kraftwerks in eines der größten Museen weltweit. Turbinenhalle und Kesselhaus wurden vollständig entkernt. In das ehemalige Kesselhaus, nördlich der Turbinenhalle, wurden sie-

■ Blick in die ehemalige Turbinenhalle mit einer Ausstellung von Luise Bourgeois: *I do, I undo, I redo*, Mai bis Dezember 2000.

Die Architekten Jacques Herzog und Pierre de Meuron sind für ihre schweizerische Gründlichkeit bekannt. Ihre schon zur Legende gewordenen Bauwerke – vom Stellwerk der SBB bis zur Vinery in Kalifornien – haben alle diese bis ins Detail ausgeklügelte Durchdachtheit und Exaktheit. Es sind architektonische Inszenierungen.

ben Ebenen eingezogen. Auf den Ebenen 3, 4 und 5 sind die Galerieräume untergebracht, in denen die Kunst des 20./21. Jahrhunderts thematisch gebündelt präsentiert wird. In den restlichen Stockwerken befinden sich pädagogische Einrichtungen, ein Auditorium, Geschäfte, Restaurants – eine kleine Stadt in der Stadt. Auf jeder Ebene ergeben sich andere atemberaubende Blicke in die Halle oder auf die City Londons. Ein Terrassencafé ermöglicht Kunstpausen, und auf dem Dachrestaurant lässt sich bei schönstem Ausblick auf Londons City speisen. Insgesamt verfügt man über 34 500 Quadratmeter Nutzungsfläche, 9000 davon sind als Ausstellungsfläche der Kunst gewidmet. Die Wände der Räume sind flexibel und somit geeignet für Wechselausstellungen mit unterschiedlichem Raumbedarf. Über eine riesige, 150 Meter lange Rampe gelangt man von der Ostseite auf den abgesenkten Boden der einstigen Turbinenhalle. Der Raumeindruck ist überwältigend, seine Größe beeindruckend: Er ist 155 Meter lang, 23 Meter breit und 35 Meter hoch. Da ihn Herzog & de Meuron weitgehend ohne zusätzliche Einbauten belassen, hat er die Funktion einer riesigen überdachten Plaza. Lediglich eine breite Brücke ist stehen geblieben, die nun als Transportweg für die Kunst und als Aussichtspunkt fungiert. Das Dach wurde komplett in ein Glasdach umgewandelt.

Nach der Eröffnung überboten sich die Kritiker gegenseitig mit ihren Lobpreisungen: »Meisterwerk«, »Kunst-Powerhaus«, »industrielle Großkathedrale«, »Kraftwerk der Kunst« und dergleichen Namen wurden der Tate Modern verliehen. Einer der Hauptaspekte wird häufig vernachlässigt. Entstanden ist nicht nur ein Museum, sondern ein urbanes Zentrum. Durch die neue Millenniums-Fußgängerbrücke von Lord Norman Foster wurde eine Anbindung an das gegenüberliegende Themse-Ufer geschaffen. Southwark ist damit in die Mitte Londons gerückt. Die einstige Powerstation erfüllt heute wieder ihren ursprünglichen Zweck – sie versorgt ein bislang strukturschwaches Gebiet mit neuer Energie.

HERZOG & DE MEURON

 ## LEBEN UND WERK

Das Büro wird 1978 von Jacques Herzog und Pierre de Meuron gegründet. Als verantwortliche Partner kommen 1991 Harry Gugger und 1994 Christine Binswanger dazu. Herzog und de Meuron sind 1950 in Basel geboren. Sie kennen sich, seit sie sieben Jahre alt sind. Beide studieren Architektur an der Eidgenössischen Technischen Hochschule (ETH) in Zürich, machen dort 1975 ihr Diplom und arbeiten 1977 als Assistenten bei Professor Schnebli. 1978 gründen sie in Basel ihr eigenes Büro und arbeiten mit Joseph Beuys an den Kostümen für ein Festival. Herzog geht 1983 als Gastdozent an die Cornell University in Ithaca, Staat New York. 1989 werden Herzog und de Meuron als Gastdozenten an die Harvard University in Cambridge gebeten, 1991 an die Tulane University in New Orleans. Seit 1999 sind beide als Professoren an der ETH Basel tätig. Harry Gugger wird 1956 in Grezenbach in der Schweiz geboren. 1984–1989 studiert er an der ETH Zürich und der Columbia University New York bei Flora Ruchat und Tadao Ando. 1989 erhält er sein Diplom. 1990 ist er als Mitarbeiter von Herzog & de Meuron an der Sommeruniversität in Karlsruhe beteiligt. 1991 wird er Partner in der Firma. 1994 lädt man ihn als Gastdozent an die Hochschule für Architektur und Bauwesen in Weimar ein. 2000 tritt er eine Stelle als Gastprofessor an der Ecole Polytechnique Fédérale de Lausanne an.

Christine Binswanger wird 1964 in Kreuzlingen in der Schweiz geboren. 1984–1990 studiert sie an der ETH Zürich bei Flora Ruchat und Hans Kollhoff Architektur. Nach ihrem Abschluss 1990 arbeitet sie mit Herzog & de Meuron zusammen; 1994 wird sie Partnerin. 2000 geht sie mit Gugger als Gastdozentin an die Ecole Polytechnique Fédérale de Lausanne. Die Bauten des Büros Herzog & de Meuron sind vielfältig; die Planer sind nicht auf einen Stil festgelegt, sondern entwickeln ihre Konzepte nach den Gegebenheiten. Dabei legen sie besonderen Wert auf die Gebäudehülle. Traditionelle Methoden kommen genauso zum Einsatz wie neueste Spitzentechnik. Internationales Aufsehen erregen zum Beispiel das Lagerhaus Ricola in Laufen (1986/87), das Stellwerk auf dem Wolf in Basel (1988, 1992–1995) und der Umbau eines Kraftwerks für die Tate Gallery in London (1994–2000). Es folgt der Neubau der Universitätsbibliothek Cottbus (ab 1999) – ein achtgeschossiger gläserner Bücherturm. Herzog & de Meuron beschäftigen in ihren Büros in Basel, München und London etwa 70 Mitarbeiter, davon 50 in der Schweiz. Trotz internationaler Aufträge wollen sie in und um Basel mit ihren Bauten präsent bleiben.

 ## DATEN

Tate Modern:
Bauherr: Tate Gallery
Bauzeit: 1994–2000
Ausgangsgebäude: Ölkraftwerk
Nutzfläche: 34 500 qm
Ausstellungsfläche: 9000 qm
Kosten des Umbaus: circa 430 Millionen DM

Bekannteste Bauwerke:
Lagerhaus Ricola, 1986/87, Laufen
Haus Sammlung Götz, 1989–1992, München
Bauten für TU Eberswalde, 1994–1997, Eberswalde
Universitätsbibliothek, ab 1999, Cottbus

Lesenswert:
Architekten. Herzog & de Meuron, Stuttgart 1998.
DU Nr. 5: Tate Modern. Von Herzog & De Meuron, Zürich 2000.
Wilfried Wang: Herzog & de Meuron, Zürich 1992.

Sehenswert:
Das virtuelle Haus von Herzog & de Meuron:
http://virtualhouse.ch

 ## KURZWERTUNG

»Umnutzung« Beispiel Nr. 2: Museum statt Kraftwerk lautete die schwierige und von den Schweizer Architekten Jacques Herzog und Pierre de Meuron eindrucksvoll gelöste Aufgabe, die Londoner Powerstation, ein ehemaliges Kraftwerk in ein hypermodernes Museum umzubauen: Zur New Tate Gallery.

Potsdamer Platz

Berlin (1994–2000), RENZO PIANO

■ Renzo Piano (geb. 1937), Aufnahme von 2000.

Welch ein Enthusiasmus anno 1989, als die Mauer fiel, und welche Chance für Berlin, die künftige Hauptstadt, ein neues Gesicht aufzusetzen! Am ehesten dort, wo einst das Herz der Stadt schlug, am Potsdamer Platz, sollte sich erweisen, ob es Berlin gelingen würde, wieder zu der Metropole, die es einst war, zu werden. Über zehn Jahre später kann man nur noch sagen: Betoniertes Kapital macht noch keine Kapitale.

Das war nicht im Sinne des Erfinders: Ein italienischer, kein deutscher Architekt war es, der mit der Aufgabe betraut wurde, die zerstörte Mitte Berlins wiederaufzubauen – der Genuese Renzo Piano, einer der ganz Großen seiner Zunft.

Das Areal hat mit 68 000 Quadratmeter fast die Größe einer kleinen Stadt. Welcher Architekt kommt schon in die Lage, gleich eine ganze Stadt zu konzipieren, und noch dazu an so exponierter Stelle? »Als der Wettbewerb für den Potsdamer Platz begann, bin ich hingefahren, da ich Berlin ohne Mauer noch nicht kannte. Normalerweise hat man die Struktur der historischen Gebäude ringsum als Anhaltspunkt. Aber dort stand man inmitten einer Wüste und sollte eine Stadt wiederaufbauen. Es war furchtbar! Wir stützten uns auf die wenigen Elemente, die noch da waren. Die Bäume an der alten Potsdamer Straße und das Weinhaus Huth – ein sehr kleines Gebäude –, und diese beiden Elemente waren wie unser Rettungsfloß auf stürmischer See, unsere einzigen Anhaltspunkte, um die Struktur wiederzuerfinden.«

> »Ich kenne selbstverständlich diese alte Diskussion um vermeintlich verschenkte Modernität am Potsdamer Platz. Ich bin nicht nostalgisch, aber in diesem Fall wäre es ein Fehler gewesen, dort die ultramoderne Stadt der Zukunft zu planen. Wir wollten den alten Geist der Straßen und Plätze erhalten.«
>
> Renzo Piano

Plötzlich war es weg, dieses absurde Bauwerk, die Mauer, die die Stadt über Jahrzehnte hinweg in zwei Welten geteilt hatte. Erst jetzt wurde sichtbar, was aus der einstigen Mitte Berlins geworden war: eine Brachlandschaft, eine Wüste. In den 1920er Jahren war der Potsdamer Platz der verkehrsreichste Platz Europas, vergleichbar mit dem Trafalgar Square oder der Place de l'Etoile. Hier schlug das intellektuelle Herz der Moderne. Alles ist in den Bombennächten des Krieges zu Staub geworden. Dann stießen hier der sowjetische, der britische und der amerikanische Sektor aufeinander. Nach dem Mauerbau wurden auf der Ostseite die wenigen noch erhaltenen Gebäude abgerissen. Auf der anderen, der Westseite, schufen hochkarätige Architekten das Kulturforum: Hans Scharoun die Philharmonie und die Staatsbibliothek, Mies van der Rohe die Neue Nationalgalerie.

Ein Platz der Superlative: Er mutierte in einem Zeitraum von siebzig Jahren von der höchsten Verkehrsdichte zur ödesten Stadtwüste und war in den 1990er Jahren die größte Baustelle

■ Der Potsdamer Platz. Im Vordergrund die Staatsbibliothek von Hans Scharoun.

■ IMAX- Kino und Wohnhäuser, Eichhornstraße.

Europas. Schon vor dem Fall der Mauer erwarb die Daimler-Benz AG den größten Teil des Areals, um ihre Hauptverwaltung in die Hauptstadt zu verlegen. Andere Teile gehören den Firmen Sony und Asea Brown Boveri. Für den ersten städtebaulichen Ideenwettbewerb 1991 hatte der Senat für Bauwesen und Stadtentwicklung strikte Auflagen erlassen, drohte doch schließlich die Gefahr, aus der Stadtmitte könne plötzlich »Daimler-City« werden. Um innerstädtische Ödnis zu vermeiden, sahen die Bauauflagen einen »höchsten Grad an Mischnutzung« vor: Einkaufsmöglichkeiten, öffentliche Einrichtungen, Freizeitangebote, Wohnungen sowie Büros – unter Beibehaltung der Berliner Blockbauweise. Diesen ersten Ideenwettberb gewannen zwei Münchner Architekten, Heinz Hilmer und Christoph Sattler. Es wurde heftig und lange über diese Preisvergabe gestritten. Die Chance, zukunftsweisende Architektur an diesem exponierten Ort zu errichten, schien vielen Kritikern vertan. Der Masterplan wurde nochmals überarbeitet und optimiert. Diesen Realisierungswettbewerb gewann Renzo Piano. Sein preisgekrönter

Entwurf und das heute zu besichtigende Ergebnis können nun nicht gerade als zukunftsweisend bezeichnet werden, doch er wies in den Augen der Juroren folgende Vorzüge gegenüber denen der Mitstreiter auf: Das Entscheidende an Pianos Siegerentwurf sei, dass er die alte Potsdamer Straße aus ihrer gegenwärtigen Sackgassensituation befreie und Scharouns *Staatsbibliothek* – auch »der Berg« genannt, weil sie gegen Osten wie eine Festung wirkt – als Bestandteil des Ensembles miteinbeziehe.

Von der Neuen Potsdamer Straße im Norden bis zum Landwehrkanal im Süden, der *Staatsbibliothek* im Westen und dem achteckigen Leipziger Platz im Osten erstreckt sich das Areal, in das neun Fußballfelder passen würden. Wie durch ein Tor betritt man Renzo Pianos City da, wo früher einmal der eigentliche *Potsdamer Platz* war. Links ein Bürohochhaus, das Piano selbst entworfen hat, rechts ein zwanziggeschossiger Hochhausturm von Hans Kollhoff. Folgt man weiter der Alten Potsdamer Straße, schließt sich links das Weinhaus Huth an, das als einziges erhaltenes Gebäude die Traufhöhe von achtundzwanzig Meter vorgab, die mit Ausnahme der Hochhäuser eingehalten wurde. Gegenüber ein Kinocenter mit 3000 Plätzen von Ulrike Lauber und Wolfram Wöhr. Vorbei an Einkaufspassagen führt die Lindenallee direkt auf das Herz der Gesamtanlage zu – auf die Piazza und zu einem künstlich angelegten See. Um den Platz herum gruppieren sich ein Musicaltheater und die Spielbank, beide nach Entwürfen von Piano, ein Hotel, erbaut von Rafael Moneo, sowie ein Shoppingcenter. Den westlichen Abschluss bildet die

■ links: debis-Hauptverwaltung, Architekt: Renzo Piano; rechts: Büro- und Geschäftshäuser, Architekten: Arata Isozaki & Associates, Steffen Lehmann & Partner.

> Nüchterne, unsinnliche Klötze, künstliche Lebendigkeit statt wirklichen urbanen Lebens, Kommerz statt Qualität prägen den Potsdamer Platz jetzt. Shopping-Malls wie an jedem anderen Ort der Welt – steril. Allein der Innenhof des Sony-Centers, auf der zum Tierpark hin gelegenen Seite des Platzes, hat ein wenig von einer architektonischen Sensation. Dieses Ensemble gestaltete der Deutsch-Amerikaner Helmut Jahn.

■ Sony-Europazentrale, Bellevuestraße, Architekten: Murphy/Jahn Architects.

Staatsbibliothek von Scharoun. Das Konzept schien perfekt – nun, im fertigen Zustand, relativiert sich die anfängliche Begeisterung doch erheblich.

Am südlichen Ende des Sees befindet sich die debis-Zentrale von Piano und gegenüber ein Bürogebäude des Japaners Arata Isozaki. Eine Querstraße weiter, an der Linkstraße, erbaute der Piano-Mitstreiter aus alten Tagen, Richard Rogers, drei nebeneinanderliegende quadratische Büro- und Wohnhäuser. Insgesamt alles uninspirierte Kästen – leider.

Den »alten Geist der Straßen und Plätze zu erhalten« stellte sich als Reißbrettphantasie heraus, denn wenn man heute über den neuen Potsdamer Platz schlendert, stellen sich eher wenig anheimelnde Gefühle ein.

Es hat lang gedauert, bis die Mitte Berlins verödet war, es wird wohl auch noch eine Weile brauchen, bis sie wieder lebendig ist. Wahrscheinlich hätte Berlin kaum einen Besseren als Renzo Piano für diese Aufgabe finden können – auch wenn selbst er Zugeständnisse an die Investoren machen musste. Robert Frank, Architekt aus Berlin, spricht das traurige Schlusswort: »Gebaut ist gebaut. Jetzt ist am Potsdamer Platz zu besichtigen, wie Außenraum zu Innenraum, wie öffentlicher Stadtraum enteignet wird. Und wie durch den Fortschritt von ›Corporate Identity‹ zum ›Corporate Center‹ die Daimler-City wie das Sony-Center zur fortwährenden Schaustelle werden.«

RENZO PIANO

 ## LEBEN UND WERK

Am 14. September 1937 wird Piano als Sohn eines Bauunternehmers in Genua geboren. Sein Großvater, vier Onkel und ein Bruder sind ebenfalls in dieser Branche tätig, und von ihm wird dasselbe erwartet. Mit 17 teilt er seinem Vater mit, dass er lieber Architekt werden möchte. »Warum willst du Häuser bloß zeichnen, wenn du sie auch bauen kannst?«, soll der Vater gefragt haben. Piano studiert in Florenz und Mailand Architektur und macht 1964 sein Diplom. Während des Studiums hat er Gelegenheit, im väterlichen Betrieb mit Materialien und Konstruktionen zu experimentieren, was ihm später zugute kommt. Noch vor dem Studienabschluss heiratet er Magda Aguino, die er aus seiner Schulzeit in Genua kennt. 1965 kommt Sohn Carlo zur Welt (heute Journalist); 1968 folgt Matteo (Industriedesigner) und 1971 Tochter Lia (Architektin). Von 1965–1968 ist Piano als Dozent am Mailänder Polytechnikum tätig. 1969 wird er mit dem Entwurf für den Italienischen Pavillon für die Weltausstellung in Osaka 1970 beauftragt. Gebaut wird der Pavillon von seinem inzwischen verstorbenen Bruder Ermanno. Von 1965–1970 arbeitet Piano unter anderem bei Louis Kahn in Philadelphia und Z. S. Makowsky in London. Dort lernt er Richard Rogers kennen. Als die beiden 1971 den Wettbewerb für das Centre Georges Pompidou gewinnen, eröffnen sie ein gemeinsames Büro in Paris. Die Ehe der Pianos leidet unter Renzos jahrelanger Abwesenheit, da seine Frau sich in Genua wohler fühlt und nicht umziehen möchte. Die beiden trennen sich. Die Zusammenarbeit mit Rogers dauert bis 1977; danach eröffnet Piano mit dem irischen Ingenieur Peter Rice ein Büro in Genua. Es folgen Experimente auf verschiedenen Gebieten, zum Beispiel das mobile Stadterweiterungslaboratorium in Otranto (1979). 1980 gründet Piano ein eigenes Büro mit dem Namen Renzo Piano Building Workshop. Der vielseitige Italiener entwirft nicht nur Häuser, sondern auch U-Bahnstationen, Brücken, einen Flughafen, den Prototyp eines Autos, Kreuzfahrtschiffe und eine Ferrozement-Yacht. 1989 tritt Emilia (Milly) Rossato in das Büro des Building Workshop ein. Piano und sie heiraten 1992 in Paris und werden vom Bürgermeister, damals Jacques Chirac, getraut. Piano unterhält Büros in Genua, Paris und Berlin und beschäftigt etwa 100 Mitarbeiter. Jährlich nimmt er mehrere Studenten von führenden Universitäten der Welt für sechs Monate in sein Büro auf. Er wohnt mit seiner zweiten Frau und dem gemeinsamen Sohn nicht weit vom Pariser Büro, ein paar Straßen vom Centre Georges Pompidou entfernt. Wenn sie nicht gerade in Paris oder Genua sind, fliegen sie zu einer Baustelle irgendwo auf der Welt.

 ## DATEN

Potsdamer Platz:
Investoren: Daimler, Sony, Roland Ernst/ABB, Deutsche Bahn, Delbrück Bank
Bauzeit: 1994–2000
Größe: 68 000 qm
Vergleichbar mit: 100 Fußballfeldern
Grundstückspreis pro qm: ca. 1500 DM
Bausumme bis Ende 1999: 8 Milliarden DM

Bekannteste Bauwerke:
Centre Pompidou (mit Richard Rogers), 1971–1977, Paris
De Menil Collection, 1981–1986, Houston
Lingotto Fiatwerke, 1985–1995, Turin (Umbau)
Fußballstadion San Nicola, 1987–1990, Bari
Kansai International Airport, 1988–1991, Osaka
Museum Fondation Beyeler 1990–1997, Basel

Lesenswert:
Renzo Piano: *Renzo Piano. Mein Architektur-Logbuch*, Ostfildern-Ruit 1997.
Renzo Piano: *Architekturen des Lebens*, Ostfildern-Ruit 2000.
Yamin von Rauch et al.: *Der Potsdamer Platz. Urbane Architektur für das neue Berlin*, Berlin 2000.

 ## KURZWERTUNG

Es hat alles so schön begonnen: Die Mauer fiel, die Euphorie wuchs, Berlin sollte die aufregendste Stadt der Welt werden. Nachdem die Stadt in der Stadt, die neue Stadtmitte am Potsdamer Platz nun fertig ist, hat sich die Euphorie etwas gelegt. Das neue Stadtzentrum löst nicht ganz ein, was die Versprechungen im Planungsstadium so vollmundig ankündigten.

Curtain Wall House

Tokio (1995), SHIGERU BAN

Ein Haus ist ein Haus ist ein Haus.
Oder? So wie wir es in Kindertagen zu zeichnen gewohnt waren – ein Quadrat, ein Dreieck als Dach, zwei Fenster, eine Tür und ein Schornstein –, so sieht es längst nicht mehr aus. Die traditionelle Gestalt des Einfamilienhauses hat sich grundlegend geändert. Außerhalb Europas kommen die innovativsten Ideen zum neuen Bauen aus Japan: Einer dieser kreativen Köpfe ist der japanische Architekt Shigeru Ban. Zusammen mit einem Häuflein Mitarbeitern betreibt er kein allzu großes Architekturbüro in Tokio. In Japan wurde Ban durch seine Papierbauten bekannt; den internationalen Durchbruch schaffte er spätestens 1999, als sein Curtain Wall House im Rahmen der Ausstellung *The Un-Private House* im Museum of Modern Art in New York als eines von sechsundzwanzig ungewöhnlichen Einfamilien-

■ Das Curtain Wall House öffnet sich über Eck zur Straße; Schutz bietet nur ein weit vorkragendes Dach.

CURTAIN WALL HOUSE

häusern präsentiert wurde und wohl jede Architekturzeitschrift der Welt über dieses »Haus mit den Vorhängen« schrieb.

Shigeru Ban experimentiert mit preiswerten und wiederverwertbaren einfachen Baustoffen, wie beispielsweise mit Papier und Pappe. All seinen Projekten liegt eine radikal einfache Lösung zugrunde. Zudem interessieren ihn Themen wie temporäres Wohnen. Er nennt seine Entwürfe für Privathäuser »Case Study House Programme« – Fallstudien für Einfamilienhäuser. Auf diese Art entstand auch sein berühmtestes Haus aus dem Jahr 1995: Das Curtain Wall House ist ein zweistöckiger Flachbau in Itabashi, einem Vorort Tokios. Trotz der dichten Besiedlung steht das Haus an einer Straßenecke nach zwei Seiten relativ frei. Ban treibt die traditionellen Elemente des japanischen Hauses, die papierbezogenen Schiebetüren, die Papierfenster, die Trennwände und Wandschirme an ihre Grenzen. Die althergebrachten japanischen Wohnformen wurden hier auf mehreren Ebenen mit modernen architektonischen Mitteln umgesetzt. Shigeru Ban entwarf das Haus in Itabashi für einen Photographen und seine Familie. Es ist ein unprivates, in hohem Maße transparentes Haus inmitten einer dichten Stadtlandschaft. Der Architekt hat hier die Grenze zwischen privat und öffentlich gänzlich aufgehoben – was durchaus im Sinne des Bauherrn lag; die Familie lebt seit Generationen in diesem Stadtteil, man kennt sich und hält gerne ein Pläuschchen mit den Nachbarn. Die Außenwände des Hauses bestehen gänzlich aus Glas. Nachts schützt ein riesiger Vorhang mit den Ausmaßen von Schiffssegeln, der über die oberen beiden Stockwerke reicht, vor den Blicken von außen. Sind tagsüber auch die Glasscheiben offen, gibt es keine Grenze mehr zu den Nachbarhäusern. Das Ergebnis ist eine völlige Nacktheit; als befände man sich auf einer offenen Bühne, spielt sich das ganze häusliche Leben in der Öffentlichkeit ab. Das Maß an Privatheit und die Qualität des Innenraumes können wie beim traditionellen japanischen Wohnhaus verändert und den jeweiligen Erfordernissen angepasst werden. Anstelle der leichten Schiebewände des herkömmlichen Hauses ersetzt hier der überdimensionale Vorhang die Abgrenzung nach außen. »Diese dünne Membran nimmt den Platz der traditonellen Shoji-Schiebe-

■ Je nach Belieben kann Privatheit durch die riesigen vor den Schiebeglasflächen angebrachten Vorhänge geschaffen werden.

»Selbst in Katastrophengebieten möchte ich als Architekt schöne Gebäude schaffen, die die Leute bewegen und ihre Lebensbedingungen verbessern. Wenn ich nicht so denken würde, wäre es unmöglich, Architektur zu schaffen und gleichzeitig einen Beitrag für die Gesellschaft zu leisten.«
Shigeru Ban

wand, der Fusuma-Türen ein.« Der Vorhang – wie auch die über das ganze Stockwerk reichenden Glasschiebewände – kann geöffnet oder geschlossen werden, je nach Bedürfnis oder Witterungslage. Nachts, wenn der Vorhang geschlossen ist, scheint das Haus von innen heraus zu glühen; wenn er tagsüber geöffnet ist, scheinen die Hausinsassen für jedermann einsehbar, wie auf einem Schiffsdeck zu leben.

Das Gebäude mit seinem spitzen Winkel zur Straßenecke steht auf Stelzen – eine platzsparende Maßnahme, um Parkmöglichkeiten zu schaffen. Darüber befindet sich das Atelier des Photographen sowie Wohnraum und Küche der Familie. Im oberen Stockwerk sind die Schlafräume untergebracht. Das mittlere Wohngeschoss ist durch eine umlaufende breite Terrasse sozusagen bis in die Umgebung hinaus erweitert.

Neben dem Wortspiel «curtain wall» – womit normalerweise eine nichttragende vorgehängte Fassade bezeichnet wird – erinnert Shigeru Bans Haus an frühe primitive Wohnformen, etwa

■ Nur die Schlafräume liegen verborgen im zweiten Obergeschoss; das Ineinanderfließen von Öffentlichkeit und Privatheit ist im Erdgeschoss am größten, wenn bei geöffneten Glasschiebetüren der Bürgersteig die Verlängerung des Wohnraums wird.

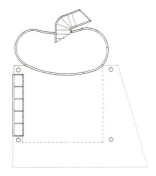

■ Innenansicht des Curtain Wall House.

■ Grundriss Erdgeschoss.

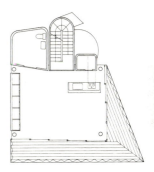

■ Grundriss erstes Obergeschoss.

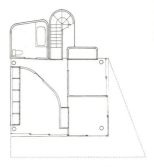

■ Grundriss zweites Obergeschoss.

Zelte oder Hütten aus natürlichen Materialien wie Holz oder Stoff. Gleichzeitig stellt es eine Art surreales Haus zur Schau, das aber dennoch den lokalen Gegebenheiten und Traditionen verbunden bleibt.

Ludwig Mies van der Rohe erntete noch heftige Kritik mit seinem von allen Seiten einsehbaren gläsernen Farnsworth House (1945–1950), eines der Lieblingsgebäude von Shigeru Ban. Damals war es noch ein Sakrileg, die Privatheit des eigenen Heims zu öffnen, das Leben auf dem Präsentierteller auszustellen. Der interaktive Aspekt der Transparenz heutiger Privathäuser kann vielleicht als Indiz für den Verlust des Privaten genommen werden. Architekten werden zu Interpreten der veränderten Lebensbedingungen, ihnen kommt die Aufgabe zu, sie in Formen zu übersetzen. Sie schaffen mit ihren Entwürfen für das un-pri-

Shigeru Ban (geb. 1957).

vate Haus der Zukunft die Grundlage für eine der Architekturdebatten des 21. Jahrhunderts.

Zum Markenzeichen Shigeru Bans ist über die Jahre hinweg das sozial engagierte, einfache, temporäre Bauen aus recycelbaren Materialien geworden. Er gestaltete Papierhallen, Fertighäuser und Notunterkünfte für Flüchtlinge.

Nach dem großen Erdbeben in Kobe 1995 erhielt Shigeru Ban den Auftrag, möglichst schnell Notunterkünfte für Hunderte von Obdachlosen zu errichten. Als Fundamente der Hütten dienten sandgefüllte Bierkästen, auf denen die Wände aus Papprollen errichtet wurden. Darüber spannte man ein Dach aus Zeltstoff. Ban erfand mit diesen Papierbauten eine ganz eigene, fernöstlich anmutende Ästhetik.

Hierzulande war Shigeru Ban bisher kaum bekannt. Seit der Expo 2000 in Hannover hat sich das schlagartig geändert: Ban erhielt den Auftrag, den japanischen Pavillon zu realisieren. Wenn er so gebaut worden wäre, wie der Architekt es vorsah, wäre er sicher einer der spektakulärsten Bauten der Weltausstellung geworden. Ban hatte eine Ausstellungshalle von der Größe eines Fußballfeldes (75 mal 35 Meter) ganz aus Papier entworfen. Auch hier bestand die Konstruktion aus einem Geflecht von Papierröhren, die mit einer wasserdichten Papierhülle überspannt werden sollte. Aber ach – die deutschen DIN-Maße, Bauvorschriften und die Ängste der Statiker und Brandschutzexperten vereitelten das bauliche Kunstwerk und forderten eine Plastikplane über dem Papierdach.

Vielleicht ist Shigeru Ban in den USA mehr Glück beschieden, wenn er demnächst einen neuen überdachten Hof für das New Yorker Museum of Modern Art bauen soll ...

> »Heutzutage wird überall auf der Welt eine große Anzahl von Billighäusern benötigt. Überall brechen ethnische und regionale Konflikte aus, und es kommt zu Flüchtlingsströmen. Die Art und Weise, wie Architekten sich gesellschaftlich nützlich machen können, wird eine bestimmende Frage der Zukunft werden.«
>
> Shigeru Ban

SHIGERU BAN

 ## LEBEN UND WERK

Ban wird 1957 in Tokio geboren. Im Alter von 20 Jahren wechselt er in die USA, um in Los Angeles am Southern California Institute of Architecture zu studieren. 1980 macht er seinen Abschluss. Er geht nach New York, um sich dort an der Cooper Union School of Architecture weiterzubilden. Während seines Studiums arbeitet Ban bereits; im Büro von Arata Isozaki in Tokio ist er von 1982/83 tätig. 1984 erhält er von der Cooper Union School sein Abschlusszeugnis als Bachelor of Architecture. 1985 eröffnet er schließlich in Tokio sein erstes eigenes Büro. Von 1993–1995 unterrichtet er an der Universität Tama im Fachbereich Architektur. 1995 wechselt er an die Universität Yokohama und ist dort als Dozent tätig. Seit 1996 unterrichtet in Nihon am Fachbereich Architektur. 1995 baut Ban für einen Photographen und seine Familie das Curtain Wall House in Itabashi, einem Vorort von Tokio. Bans Anregungen für dieses ungewöhnliche Haus gehen nicht nur auf japanische Traditionen, sondern auch auf eines seiner Lieblingsgebäude zurück, das Mies van der Rohe 1945–1950 schuf: das von allen Seiten einsehbare Farnsworth House. 1995 wird Ban zum Berater der UN-Flüchtlingskommission, weil seine spezielle Art des Bauens auch für kurzfristig einzurichtende Lager geeignet ist. Ban erhält in den 1990er Jahren mehrere Architekturauszeichnungen und wird 1997 in Japan zum besten Nachwuchsarchitekten des Jahres gewählt. 1999 wird sein Curtain Wall House im Museum for Modern Art in New York im Rahmen einer Ausstellung ungewöhnlicher Einfamilienhäuser präsentiert. Seither ist Ban weltweit in Fachkreisen ein Begriff. In Deutschland wird er im selben Jahr durch den Bau des japanischen Expo-Pavillons bekannt.

 ## DATEN

Curtain Wall House:
Bauzeit: 1995
Fassade: Glas
Besonderheiten: von allen Seiten einsehbar; Sichtschutz nach außen nur durch Vorhänge

Bekannteste Gebäude:
Curtain Wall House, 1995, Tokio
Japanischer Pavillon auf der Expo, 2000, Hannover

Lesenswert:
Emilio Ambasz et al.: *Shigeru Ban*, Princeton 2000.

Berühmtes Zitat:
»Mein größtes Ziel als Architekt ist es nicht, monumentale Gebäude zu errichten, sondern zu versuchen, der Gesellschaft Gutes zu tun.«

 ## KURZWERTUNG

Ein Wohnhaus, das die Umwelt entweder einlädt, Einblick in den Lebensalltag zu nehmen, oder bei dem man einfach den Vorhang zuziehen kann, wenn Blicke von außen stören, erfordert natürlich entsprechende klimatische Bedingungen. Das Haus mit den Vorhängen in Tokio ist Ausdruck einer sich gewissermaßen auflösenden oder zumindest transparenter werdenden Bedeutung von Privatheit.

Maison à Bordeaux

Bordeaux (1998), REM KOOLHAAS

S, M, L, XL steht ausnahmsweise nicht für die unterschiedlichen Größen eines T-Shirts, sondern ist der Titel eines Buches, über 1300 Seiten dick und schwer wie ein Ziegelstein – aus der Werkstatt des niederländischen Architekten Rem Koolhaas. S, M, L, XL steht auch hier für »small, medium, large, extra-large« und bezeichnet die verschiedenen Größenordnungen der Projekte, mit denen sich Koolhaas und sein Büro OMA (Office for Metropolitan Architecture) befasste und befasst. Koolhaas gilt als brillanter intellektueller Kopf und Querdenker, er ist bekannt für seine provozierenden Konzepte – oder für seine Extra-large-Entwürfe, wie beispielsweise die Neukonzeption des Amsterdamer Flughafens Schiphol oder urbane Denkmodelle der Zukunft. Weniger traut man ihm so etwas Normales wie Wohnhäuser zu, und richtig: Es gibt auch insgesamt nur vier – eines davon ist sein geniales Maison à Bordeaux.

Ein Haus entsteht – im Idealfall – aus der Begegnung seiner künftigen Bewohner und dem Architekten, der es bauen soll. Auch hier hatte der Hausherr spezielle Wünsche: Er war nach einem schweren Autounfall an den Rollstuhl gefesselt und verlangte »ein komplexes Haus, weil das Haus meine Welt bestimmen wird«.

Fünf Kilometer von Bordeaux entfernt, an einem Hang mit Panoramablick über die Stadt, entwarf ihm Koolhaas ein einzigar-

■ Der von Mauern umschlossene Hof des Maison á Bordeaux mit Zufahrt und Eingang.

MAISON À BORDEAUX

■ Der in der mittleren Ebene des Gebäudes liegende Wohnbereich ist zu allen Seiten hin offen und nur durch verschiebbare Glaswände und Vorhänge aus Metallfolie von der Landschaft getrennt.

tiges intelligentes Haus. Die geniale Idee des Architekten, um den Gelähmten aus seinem Gefängnis zu befreien, ist ein Haus, das sich dem Bewohner anpasst. Der Grundgedanke war, wenn der Hausbewohner sich nicht oder kaum bewegen kann, dann muss eben das Haus beweglich sein. Koolhaas entwarf ein dreistöckiges Gebäude, eigentlich drei Häuser übereinander, in denen sich eine Plattform, ein mobiles Zimmer, durch alle Etagen bewegen kann. Überall da, wo das 3 mal 3,5 Meter große Zimmer andockt, sind flache Übergänge; der Aufzug ohne Wände schließt auf jeder Etage bündig mit dem Fußboden ab, so dass der Hausherr mit dem Rollstuhl problemlos überallhin gelangen kann – sogar in den Garten. Das Haus wird zum Roboter für seinen Benutzer. Der Aufzugraum verändert, je nachdem wo er sich gerade befindet, ständig den Grundriss des gesamten Hauses. Welche Bedürfnisse der Behinderte auch gerade hat, ob er sich eine Flasche Bordeaux aus dem Keller holen oder sich zur Ruhe begeben will, sein Aufzugraum bringt ihn dort hin. Die Aufzugmaschine ist das Herz des Hauses: Der Raum ist nach drei Seiten offen, an der vierten Wand befindet sich ein gläsernes Bücherregal, das sich über alle

»Nur die neue Stadt ohne Geschichte ist groß genug für jedermann. Ist leicht, braucht keine Pflege. Wird sie alt, zerstört sie sich selbst, kann – wie ein Hollywood-Studio – jeden Montagmorgen eine neue Identität produzieren.«

Rem Koolhaas

■ An der Hoffassade wird die Gliederung in drei Ebenen deutlich: Auf der untersten Ebene Eingangsbereich und Wirtschaftsräume, darüber der gläserne Wohnbereich, als dritte Ebene ein Betonriegel, der die Schlafräume beherbergt.

drei Ebenen erstreckt. Das vertikale Büro im Zentrum des Hauses wird von einem hydraulischen Kolben bewegt. Pumpe, Ölbehälter und elektronische Kontrollgeräte befinden sich im Maschinenraum hinter der Küche. Ein System aus Photozellen, einziehbaren Schienen und verschiebbaren Wänden reguliert die wechselnden Raumverhältnisse und bietet gleichzeitig optimale Sicherheit für die Bewohner. Der Raum wird im Erdgeschoss Teil der Küche, in der mittleren Etage Teil des Wohnbereichs. Das Haus, konzipiert für ein Ehepaar und drei fast erwachsene Kinder, verfügt auf einer Fläche von fünfhundert Quadratmetern über fünf Schlafzimmer, drei Bäder, den Wohnbereich, die mobile Plattform, Küche, Keller und einen Fernsehraum. Der Stahlskelettbau ist mit braunem und weißem Beton verkleidet; weitere Materialien sind Aluminium und Glas. Lange schien der heute auf dem Gipfel seiner Karriere angelangte Architekt nicht gewusst zu haben, wie er seine Begabungen und Neigungen kanalisieren sollte. Koolhaas ergriff zunächst den Allround-Beruf des Journalisten, aus Begeisterung für den Film schrieb er Drehbücher – unter anderem für den Sex-and-Crime-Regisseur Russ Meyer –, und fand schließlich im

Rem Koolhaas hat seinen Beruf einmal mit dem eines Choreographen verglichen. Er inszeniert und orchestriert Ideen, Prozesse, Menschen und Materialien, die mitunter wie beliebig aus dem Baumarkt zusammengeklaubt erscheinen, wie beispielsweise bei seiner *Kunsthalle in Rotterdam*. Sein Credo ist Übergangs- und Chaosarchitektur, Brüche, nichts Zuverlässiges und nichts Dauerhaftes.

Architekturstudium an einer der fortschrittlichsten Universitäten, der Architectural Association in London, das, was er wohl schon lange gesucht hatte: eine Berufung in einem Bereich, der alles umfasst, was uns Menschen angeht – in der Architektur. Ein verantwortungsbewusster Architekt muss heutzutage Philosoph, Soziologe, Kulturwissenschaftler, Stadtplaner, Ingenieur, Baumeister – und darüber hinaus kreativ und visionär sein. In kaum einer Disziplin kommen so viele Anforderungen zusammen. 1978 erschien seine Promotionsschrift *Delirious New York*, ein Manifest für Manhattan. Darin analysierte Koolhaas die Metropole als Äquivalent für unsere sich fortschreitend atomisierende Gesellschaft, unsere »Kultur der Verdichtung«, die phantastische Überfülle der Lebensstile und Ereignisse. 1992 ächtete Berlin ihn gleich doppelt, indem es ihn von der Kandidatenliste für den Wettbewerb zum Potsdamer Platz strich und zusätzlich auch noch aus der Jury verbannte. Koolhaas hätte sich nie und nimmer mit dem dort verordneten Konzept der »kritischen Rekonstruktion« anfreunden können, gilt ihm doch die Tradition der europäischen Stadt als unzeitgemäß und überholt. Er quittierte den Rausschmiss mit den Worten, die Verantwortlichen in Berlin hätten ein »kleinbürgerliches, reaktionäres, banales und dilettantisches Bild von der Stadt«.

■ Blick auf die hydraulische Plattform, die entlang einer Bibliothek aus Milchglasregalen auf- und abfährt.

■ Die Bullaugen in der dritten Ebene sind nicht willkürlich eingeschnitten, sondern ermöglichen gerahmte Ausblicke in die Garonne-Ebene und auf die Stadt Bordeaux.

■ Rem Koolhaas (geb. 1944), Porträtaufnahme von 1998.

Wenn er theoretisiert, ist er manchmal zum Fürchten, wenn er baut, – das beweist sein rostrotes Haus in Bordeaux –, ist er feinsinnig und bedacht. 1994 richtete ihm das Museum of Modern Art in New York eine Einzelausstellung aus, und – als kaum zu überbietenden Höhepunkt – er erhielt den Pritzker-Preis des Jahres 2000 für sein Schaffen. Die Jury krönte ihn als »fest etabliert im Pantheon der bedeutendsten Architekten des vergangenen sowie des eben begonnenen Jahrhunderts«. Eigentlich ist Koolhaas der erste Neuerer und Rebell, dem diese Auszeichnung zuteil geworden ist – waren es doch bisher eher die unverfänglicheren und angepassteren Kollegen, die den »Nobelpreis« der Architektur einheimsten.

Man muss Neues erfinden, statt dem Vergangenen nachzuweinen, meint Koolhaas. Er polarisiert, verunsichert, verstört.

Besser als die alten Europäer verstehen ihn die US-Amerikaner oder die Japaner. Der Architekt Toyo Ito hat ihm ein Kompliment gemacht: Er verglich ihn mit einer mechanischen Ballwerfmaschine, wie sie beim Baseball verwendet wird. Rem Koolhaas meinte dazu: »Nur weil es von einem Japaner gesagt wurde, ist dieser Vergleich keine Beleidigung. Möglicherweise habe ich so etwas wie Effizienz in meinem Wesen, aber in Europa wäre es gefährlich, zuzugeben, dass man keine Seele hat.«

REM KOOLHAAS

 ## LEBEN UND WERK

Koolhaas wird am 17. November 1944 in Rotterdam geboren. Sein Vater ist Schriftsteller, Theaterkritiker und Leiter einer Filmhochschule. Als Koolhaas acht Jahre alt ist, wird dem Vater eine Stelle in Indonesien angeboten. Die Familie zieht für vier Jahre dorthin. Koolhaas' Karriere verläuft nicht geradlinig. Er arbeitet als Journalist für die *Haagse Post* in Den Haag und versucht sich als Drehbuchautor in den Niederlanden und in Hollywood. Eines seiner Drehbücher wird von Rene Daalder verfilmt. 1968 beginnt er sein Studium an der Architectural Association School in London. Ein Harkness-Forschungsstipendium ermöglicht ihm 1972, in den USA ein Jahr an der Cornell University zu studieren. Anschließend geht er als Gasthörer an das Institute for Architecture and Urban Studies in New York. Dort lernt er unter anderem Philip Johnson und Peter Eisenman kennen. 1975 eröffnet er mit Madelon Vriesendorp, Elia und Zoe Zenghlis in London das Architekturbüro Office for Metropolitan Architecture (OMA). Ziel ist es, zeitgenössische Architektur zu planen und umzusetzen. 1978 gewinnen sie die Ausschreibung für einen Anbau an das Parlament in Den Haag. Im selben Jahr wird Koolhaas' Buch *Delirious New York* veröffentlicht, das er in seiner Zeit in der Stadt geschrieben hat. Das Buch macht ihn in der Architekturwelt bekannt, ohne dass er bis dahin auch nur ein Gebäude fertiggestellt hätte. Die Anerkennung für den Parlamentsanbau führt zu weiteren Aufträgen; OMA eröffnet ein Büro in Rotterdam. Es folgen eine Wohnsiedlung in Amsterdam, das Nederlands Dans Theater in Den Haag, die Kunsthal in Rotterdam und das Educatorium der Universität Utrecht, zu dem ein Parkplatz für 1100 Fahrräder gehört. 1994 widmet ihm das Museum of Modern Art in New York eine Ausstellung. *Delirious New York* wird unter dem Titel *Rem Koolhaas and the Place of Public Architecture* neu aufgelegt. In diesem Jahr erscheint ein weiteres Buch, das in Zusammenarbeit mit dem kanadischen Graphikdesigner Bruce Mau entstand: *S, M, L, XL*. Der Titel zeigt gleichzeitig den Rahmen des Buches auf; Projekte und Essays sind nach Größe geordnet. Seit 1995 ist Koolhaas als Professor an der Harvard University tätig. Er leitet eine studentische Forschungsgruppe, die Einflüsse auf den Zustand der Städte untersucht. Der als Dekonstruktivist verschrieene Koolhaas erhält den Auftrag für die neue *Konzerthalle* in Porto, der Europäischen Kulturhauptstadt 2001, die neue Bibliothek von Seattle und die Niederländische Botschaft in Berlin. Wenn Königin Beatrix den Grundstein gelegt hat, gehört er wohl endgültig zu den Etablierten.

 ## DATEN

Maison à Bordeaux:
Bauzeit: 1998
Größe: 500 qm
Anzahl der Stockwerke: 3
Baumaterial: Stahl, Beton, Glas, Aluminum
Besonderheit: mobiles, 3 mal 3,5 m großes Zimmer

Bekannteste Bauwerke:
Nederlands Dans Theater, 1981–1987, Den Haag
Villa Dall'Ava, 1984–1990, Saint-Cloud
Zentrum für Kultur und Medien, 1989, Karlsruhe
Kongressgebäude, 1991–1994, Lille
Erweiterung des Illinois Institute of Technology, 1998, Chicago

Lesenswert:
Rem Koolhaas et al.: *Dutchtown: A City Center Design by OMA/Rem Koolhaas*, Rotterdam 2000.
Rem Koolhaas und Bruce Mau: *S, M, L, XL*, Köln 1997.
OMA/Rem Koolhaas: *Living. Livre. Leben*, Basel-Boston-Berlin 1998.

Berühmtes Zitat:
»Ich glaube, die Europäer klammern sich an eine Identität. Die Amerikaner dagegen nehmen sich die Freiheit, verschiedene Identitäten auszuprobieren.«

 ## KURZWERTUNG

Auch das intelligenteste Haus des Jahrhunderts darf in einem Buch wie diesem nicht fehlen: Rem Koolhaas erdachte ein behindertengerechtes Haus für einen Hausherrn, der an den Rollstuhl gefesselt ist.

Niederländischer Expo-Pavillon

Hannover (2000), MVRDV

Bioskulptur, Landschaftssandwich oder Big Mac aus Holz, Stahl und Beton – was immer es war –, der Beitrag der Niederlande zur Expo 2000 in Hannover gehörte zum Spektakulärsten, was dort zu sehen war. In kürzester Zeit stand der Niederländische Pavillon auf der Hitliste der Besucher ganz oben, hatte nahezu Kultstatus. Durch bauliche Auflagen auf ein Minimum dessen reduziert, was er hätte sein können, bleibt doch die Idee – und sie ist schlicht genial: Die Niederlande, dieses kleine, dicht besiedelte Land, schaffen Raum. Die Rotterdamer Architekten MVRDV erdachten keinen Pavillon im herkömmlichen Sinn, sondern einen Stapel aus Landschaft – gestapelte Natur. Zunächst ein verblüffend einfach anmutender Entwurf nach dem Rezept: Man nehme die in den Niederlanden vorkommenden verschiedenen Landschaftstypen und staple sie übereinander – ein nicht nur verspielter und witziger, sondern auch kluger Einfall mit zukunftsweisendem Hintergrund. Ganz oben, in vierzig Metern Höhe, befindet sich ein Teich, in dessen Mitte eine Insel nicht fehlen darf, zudem wird das Dach des Pavillons von energieliefernden Windrädern gekrönt. Von hier rieselt ein leichter Regen, ein Wasservorhang, der den Wald auf der darunterliegenden Ebene versorgt. Auf der nächsten Etage taucht man in ein Meer von Tulpen ein, und noch eins tiefer befindet man sich inmitten des Labyrinths einer Dünenlandschaft. Die Besucher des Niederländischen Pavillons erwanderten sich die Landschaftssequenzen von oben nach unten, dieses Ökosystem aus Wasser, Energie, Wald, Gärten und Dünen aus gezähmter und ungezähmter Natur. Was hier erfunden wurde, ist als Modell die Zusammenfassung dessen, was Architektur heute zu leisten hat: Landschaftsplanung und -erhaltung,

■ Blick auf die zweite und die dritte Etage: Die Baumstämme sind ein tatsächlicher Teil der Statik des Gebäudes und stützen die darüberliegenden Geschosse.

■ Das Architektenteam des Niederländischen Pavillons scheint sich auf den ersten Blick mit seinen Entwürfen über alles Verkopfte und Funktionalistische lustig zu machen. Spätestens auf den zweiten Blick offenbart sich jedoch, wie intelligent und funktionstüchtig seine Kreationen sind. Die Intelligenz des Entwurfs drückt sich auch im Verhältnis von bebauter Fläche zu Grundstücksgröße aus: Man hätte 9015 Quadratmeter zur Verfügung gehabt, beschränkte sich aber auf nur 1024 Quadratmeter.

Städteplanung und neue Formen des Wohnens und Gestaltens in einem, ein Denkmodell für die Stadt der Zukunft. Damit ist Architektur eine weit über die Arbeit des Häuserbauens hinausgehende Disziplin. Seit den Entwürfen der Archigrammbewegung in den 1960er Jahren hat es nichts ähnlich Visionäres gegeben. Ein Pavillon für eine Weltausstellung hat die Aufgabe, ein Land zu repräsentieren. Das bedeutet im Fall der Niederlande, ein extrem kleines Land, in dem nichts dem Zufall überlassen ist und alles, auch die Landschaft, künstlich gestaltet ist, in Architektur zu übersetzen. Die Niederländer mussten sich ihr Zuhause stets gefügig machen, sich gegen das Meer zur Wehr setzen und ihm mühsam Boden abringen. Doch auch diese Strategie der Landnahme wird nicht unendlich weitergehen können. Was bleibt, ist das Ausweichen nach oben – in den unendlichen Luftraum. Dieses Problem stellt sich nicht nur für die Niederlande, sondern Platzmangel wird zunehmend ein Thema von globaler Bedeutung werden.

1992 gründeten Winy Maas, Jacob van Rijs und Nathalie de Vries ein gemeinsames Büro oder besser gesagt ein Architekturlaboratorium in Rotterdam. Winy Maas absolvierte eine Ausbildung als Landschaftsarchitekt und ging dann, wie auch sein Partner van Rijs, beim Star-Architekten Rem Koolhaas in die Lehre, Nathalie de Vries studierte an der TU in Delft.

■ von links: Jacob van Rijs (geb. 1964), Nathalie de Vries (geb. 1965), Winy Maas (geb. 1965), MVRDV Architects. Hinter dem Kürzel MVRDV verbirgt sich ein Team ungewöhnlicher Newcomer der niederländischen Architekturszene. Seit ihren realisierten Bauten VPRO und WoZoCo und ihren Aufsehen erregenden Publikationen *Farmax* und *Metacity Datatown* können sich die jungen Architekten vor Aufträgen kaum retten. Für den Expo-Pavillon bestand das MVRDV-Team aus: Stefan Witteman, Jaap van Dijk, Christoph Schindler, Kristina Adsersen, Rüdiger Kreiselmayer; in der Konzeptionsphase wirkten auch mit: Philipp Oswalt, Joost Grootens, Christelle Gualdi, Eline Strijkers, Martin Young.

Wird die Natur – tatsächlich und metaphorisch – allmählich ganz verschwinden? Dies bewusst zu machen, war die selbstgestellte Aufgabe von MVRDV. Es galt, ein Bauwerk zu schaffen, das diese Problematik klarmacht und Lösungen anbietet, ein Bauwerk, das die Mischung von Natur und Technik in sich vereint. Jedes der dräuenden Zukunftsthemen ist bei diesem Pavillon angesprochen: Platzmangel, Energiesparen, schonender Umgang mit landschaftlichen Ressourcen sowie die Auflösung des platzintensiven Einfamilienhauses. Das Resultat ist eine extreme urbane und landschaftliche Verdichtung sowie die Multiplizierung der Mangelware Natur in Gestalt eines geschichteten Parks. Es ergibt sich ein doppelter Symbolcharakter: Natürlichkeit und extreme Künstlichkeit vereinigen sich. Der Niederländische Pavillon ist nur hintergründig ernst, ökologisch und lehrreich, vordergründig wirkt er leicht und humorvoll. Für die Besucher hatte er Happening-Charakter – als würde aus einer horizontalen Wiese plötzlich eine vertikale.

Die Architekten haben etwas Neues erfunden. So ein Gebäude – oder vielleicht eher Gebilde, das landschaftsarchitektonische und architektonische Elemente in sich vereint, hat es bislang noch nicht gegeben. Es ist ein Experiment: ein Laboratorium, das nicht nur Platz spart, sondern auch Energie, Zeit, Wasser und Infrastruktur. All das zusammen ist ein Mini-Ökosystem, ein Überlebenstornister, viel mehr als ein bepflanztes Hochhaus – und zudem ein materialisiertes Abbild der Niederlande auf engstem Raum: ein Landschafts- und Architekturtheater. MVRDV haben sich mit diesem Entwurf als Meister des zukünftigen Bauens erwiesen.

Doch ach – die Bauauflagen: Das Modell war gut, die Durchführung enttäuschend. Der autarke Würfel hielt nicht, was er versprach. Ein Denkanstoß ist er allemal. Länger bedacht, hat der Niederländische Pavillon, dieser »Baumkuchen der Spaßgesellschaft«, wie ein Kritiker ihn nannte, jedoch ähnlichen Signalcharakter für ein neues Zeitalter wie einst der Eiffelturm auf der Weltausstellung in Paris oder das Atomium in Brüssel.

MVRDV, OFFICE FOR ARCHITECTURE AND URBANISM

 ## LEBEN UND WERK

 ## DATEN

MVRDV wird 1991 von Winy Maas, Jacob van Rijs und Nathalie de Vries gegründet – man hatte gemeinsam einen europäischen Entwurfswettbewerb in Berlin gewonnen. Der Firmenname entsteht aus den Anfangsbuchstaben der Nachnamen. Das Büro hat seinen Sitz in Rotterdam. Winy Maas wird 1959 in Schijndel in der Provinz Nord-Brabant geboren. Er studiert von 1978–1983 an der Rijks Hogere School voor Tuin- en Landschapsinrichting (RHSTL) Landschaftsarchitektur. 1984 beginnt er das Architekturstudium an der Technischen Universität Delft, das er 1990 mit Auszeichnung abschließt. Maas' Gastauftritte als Dozent führen ihn unter anderem an die Architectural Association School in London, die Cooper Union School in New York, die Technischen Universitäten in Delft, Berlin, Barcelona, Oslo, Stuttgart, Wien und Lausanne. Jacob van Rijs wird 1964 in Amsterdam geboren. Er besucht 1983/84 die Vrije Academie Den Haag und wechselt dann nach Delft, wo er Architektur studiert und ebenfalls mit Auszeichnung abschließt. Auch er ist als Gastdozent in vielen Teilen der Welt unterwegs, so zum Beispiel in London und Amsterdam, New York, Teneriffa, Madrid, Austin, Houston und Tokio. Nathalie de Vries wird 1965 in Appingedam in der Provinz Groningen geboren. Wie Maas und Van Rijs beginnt sie ihr Architekturstudium an der Technischen Universität Delft 1984 und beendet es 1990 mit Auszeichnung. Ihre Lehrtätigkeit umfasst zum Beispiel Vorträge an den Akademien für Architektur in Amsterdam, Rotterdam und Maastricht, an der Architectural Association School in London und am Architekturzentrum Wien. Seit der Firmengründung 1991 hat sich das Büro an vielen Ausschreibungen beteiligt und städtebauliche Studien vorgelegt. Realisiert wurden unter anderen Scale, ein Spielplatz und Freilichttheater in Delft (1993), ein Medienpark in Hilversum (1995), WoZoCos, 100 Apartments für ältere Menschen in Amsterdam (1997), der Hauptsitz des öffentlich-rechtlichen Radio- und Fernsehsenders VPRO und der des Bildungsfunks RVU, beides 1997 in Hilversum. Ausstellungen der Entwürfe dieses ungewöhnlichen Architektenteams waren bereits in Hamburg, London, Mailand, Wien, Edinburgh, auf der Biennale in Venedig und auch in Norwegen, der Türkei und den USA zu sehen. Seit dem Bau des niederländischen Expo-Pavillons ist das Büro der jungen Architekten besonders begehrt. Für die kommenden Jahre sind unter anderem folgende Projekte geplant: der Umbau eines alten Rotterdamer Lagerhauses zu Wohnungen und Büros, ein Bürogebäude in München mit 52 000 Quadratmetern, die Renovierung und Umgestaltung des Lloyd-Hotels in Amsterdam und ein Wohnturm mit überhängenden Balkonen in Deventer.

Niederländischer Pavillon:
Bauherr: Stichting Nederland Wereldtentoonstellingen
Baubeginn: Februar 1999
Eröffnung: Juni 2000
Grundfläche: 150 x 60 m
Höhe: 39,5 m (ohne Windmühlen)
Gesamtfläche: 8000 qm
Kapazität: 1400 Besucher pro Stunde
Baukosten: 20 Millionen Gulden
Kosten der Einrichtung: 10 Millionen Gulden

Bekannteste Bauwerke:
Scale, 1993, Delft
Hauptsitz der VPRO, 1997, Hilversum
Hauptsitz der RVU, 1997, Hilversum
WoZoCos, 1997, Amsterdam

Lesenswert:
Maas, Winy, Van Rijs, Jacob et al. (Hg.): *FARMAX. Excursions on Density*, Rotterdam 1998.
MVRDV, Maas, Winy (Hg.): *Metacity/Datatown*, Rotterdam 1999.

Sehenswert:
Offizielle Website des Büros:
http://www.mvrdv.nl

 ## KURZWERTUNG

Das junge Architektenteam MVRDV aus Rotterdam bündelte die zentralen Begriffe, Problemstellungen und Fragen an die Architektur des kommenden Jahrhunderts und formte ein Gebilde daraus: einen »Big Mac« der Architektur, wenn man so will – dafür stand und steht der Niederländische Pavillon bei der Expo Hannover 2000.

Ausblick ins 21. Jahrhundert

Wie baut man im Zeitalter der Globalisierung – und für wen? Führt die Globalisierung zu einer Vereinheitlichung der Weltkultur im Sinne der westlichen Tradition und zur Abschaffung der jeweils besonderen, gewachsenen Lebensformen als der Grundlage der Identität jedes Einzelnen und jeder Nation?

Die Geschäftszentren der Welt konzentrieren sich zunehmend auf einige wenige Orte, circa fünfunddreißig Mega-Cities teilen sich den bestimmenden Einfluss auf die Weltwirtschaft. Auch wenn es sich bei den internationalen Finanzdienstleistungen um einen digitalisierten und entmaterialisierten Sektor handelt, bringen diese weltweiten Veränderungen doch Konsequenzen für Architektur und Stadtplanung mit sich. Die Qualitäten der alten europäischen Stadt werden angezweifelt; sie entsprechen nicht mehr den Erfordernissen der Stadt der Zukunft.

Aber wie wird die Stadt der Zukunft aussehen? Die Phantasien der Designer von Architektursoftware und der Zukunftsforscher heißen Global City, Random City, Fluid City, Exsta City und Identical City oder was einem an Wortspielen sonst noch einfallen mag. Es gibt viele Fragen – und kaum Antworten. Dem einen Lager der Architekten, die den bevorstehenden Weltuntergang in einem Chaos von ungeregeltem Zusammenleben entwurzelter und daher auch gewaltbereiter Menschen voraussagen, steht das andere gegenüber, das den öffentlichen Raum zu einem Freizeitpark verhübschen, ihn theatralisieren und uns in diesem Park zu Marionetten und Schauspielern machen will.

Die zentralen Probleme heutiger und künftiger Mega-Cities benennen vier Schlagworte. *Bigness*: das Problem der sich ins Unendliche erweiternden Ballungszentren. Man rechnet hoch, dass in circa 30 Jahren 80% der Menschheit in Großstädten leben wird. Als Folge sind molochartige, sich unkontrolliert ausdehnende Mega-Cities zu erwarten. *Density* umschreibt das Phänomen der zwangsläufig immer größer werdenden Verdichtung in diesen Ballungszentren. *Velocity* steht für die immer schneller werdenden Funktionsabläufe, die eine immer höhere Flexibilität des Individuums erfordern. Die Architektur soll dafür temporäre, flexiblere Wohnformen schaffen: Nomaden-Architektur oder Migrations-Architektur, wie etwa faltbare, transportable Container-Bauten. Und schließlich *Identity* – der Verlust der Identität des Individuums im Moloch Großstadt aufgrund der Auflösung traditioneller Lebensformen zu Gunsten einer globalen Einheitskultur und damit Verlust von Identifikationsmustern und Wertesystemen. Den Architekten stellt sich die Aufgabe, Raum für neue Identitäten und Identifikationsmöglichkeiten zu schaffen, um der Orientierungslosigkeit des modernen Großstadtmenschen entgegenzuwirken.

Angesichts dieser immer komplexer werdenden Probleme, werden die Anforderungen an Architekten immer größer: Ein Architekt muss Gesellschaftswissenschaftler sein, Psychologe, Zukunftsforscher, Historiker, Wirtschaftswissenschaftler, Philosoph und Baumeister in Personalunion. Heute, nach dem Ende einer Moderne, die vor allem auf Technik gebaut hat, muss er auch für Schadensbegrenzung sorgen: Es gilt, die Bausünden einer Zeit der Technikeuphorie wieder wett zu machen.

Notwendig ist eine neue Avantgarde, die interdisziplinär arbeitet. Die Neuerfindung der Welt – und um eine Aufgabe dieser Dimension scheint es fast zu gehen – ist nicht allein Sache der Architektur. Die gesamte Organisation des Zusammenlebens und -arbeitens der Menschen mitsamt ihrer gebauten Umwelt steht auf dem Prüfstand.

Das Paradoxe bei allen Überlegungen zur Zukunftsarchitektur, deren Ziel es ist, diesen Planeten nicht nur bewohnbar, sondern auch wohnlich zu machen, ist, dass sie wichtigen gesellschaftlichen Tendenzen im Zeitalter der globalisierten Information diametral entgegengesetzt sind. Globalisierung bedeutet einen von staatlichen Institutionen ungebremsten übernationalen Kapitalismus. Nationale und regionale Traditionen spielen eine immer geringere Rolle. Wir sind die erste Generation, die in einer posttraditionalen Gesellschaft lebt. Jeder muss sich heute sein Leben selbst erfinden. Was kann Architektur hierbei tun? Kann sie helfen, den »Turbokapitalismus« zu zivilisieren, und den Menschen so etwas wie Heimat zu geben oder zu bewahren? Nun, vielleicht kann sie dazu beitragen, den Prozess der Vereinzelung dort aufzuhalten, wo er sich noch nicht durchgesetzt hat: in der »Provinz« jenseits der fünfunddreißig Megastädte. Möglicherweise kann es gelingen, eine Weltprovinz zu schaffen, von der aus kulturelle Vielfalt auf der Grundlage lebendiger, der modernen Welt angepasster Traditionen in diese Supermetropolen zurück getragen werden kann.

GEBÄUDEREGISTER

Abgeordnetenhaus,
(Eiermann) Bonn 163
AEG-Turbinenhalle,
(Behrens) Berlin 36–41
Alcazar, (Rogers) Marseille
181
American Center, Paris
(Gehry) 237
Arbeitsamt, Dessau
(Gropius) 61
AT & T-Building, NY
(Burgee/Johnson)
194–199
Atelier Zumthor,
Haldenstein (Zumthor)
253
Bank of China, Hongkong
(Pei) 211
Bank of Manhattan, NY
(Severence) 90, 91
Bauhaus, Dessau (Gropius)
56–61
Brasília (Niemeyer) 148–153
Britische Botschaft, Berlin
(Stirling) 187
California Aerospace
Museum, LA (Gehry) 237
Casa Malaparte, Capri
(Libera) 120–125
Casa Milà, Barcelona
(Gaudí) 13, 45
CBS Building, NY (Saarinen)
137
Centre Pompidou, Paris
(Piano/Rogers) 176–181,
263
Chek Lap Kok Airport,
Hongkong (Foster) 193
Chrysler Building, NY (van
Alen) 90–95
Chrystal Cathedral, NY
(Burgee) 199
Citrohan (Le Corbusier) 81
City Hall, Dallas (Pei) 211
Commerzbank, Frankfurt
a.M. (Foster) 193
Crown Hall, Chicago (Mies
v.d. Rohe) 89
Curtain Wall House, Tokio
(Ban) 264–269
Dachausbau Falkestraße,
Wien (Coop
Himmelb(l)au) 243
De Menil Collection,
Houston (Piano) 263
Deutscher Expo-Pavillon,
Montreal (Otto) 175
Deutscher Expo-Pavillon,
Barcelona (Mies v.d.

Rohe) 89
Deutscher Expo-Pavillon,
Paris (Speer) 119
DG-Bank, Berlin (Gehry)
237
Ebert-Siedlung, Berlin
(Taut,B.) 69
Eiffel-Turm, Paris 90, 91, 180,
278
Einsteinturm (Mendelsohn)
45, 52–55
Empire State Building, NY
90, 92, 93
Engineering Building,
Leicester (Stirling) 187
Expo Pavillon Niederlande ,
Hannover (MVRDV)
276–279
Expo Pavillon Schweiz,
Hannover (Zumthor)
252, 253
Expo Pavillon Japan,
Hannover (Ban) 269
Fabriek van Nelle,
Rotterdam (Stam) 79
Fabrik Reliance Controls,
(Rogers) Swindon 181
Fagus-Werke, Alfeld
(Gropius) 56, 57
Fallingwater, Bear Run
(Wright) 108–113
Farnsworth House, Plano,
(Mies v.d. Rohe) 89, 267
Fernmeldeturm, Barcelona
(Foster) 193
Feuerwehrhaus, Weil
(Hadid) 222–227
Fishdance Restaurant, Kobe
(Gehry) 237
Flatiron-Building, NY
(Burnham) 20–23
Flughafen de-Gaulle, Paris
(Andreu) 221
Fondation Cartier, Paris
(Nouvel) 205, 207
Forschungszentrum,
Seibersdorf (Coop
Himmelb(l)au) 243
Fragrant Hill Hotel, Peking
(Pei) 211
Freie Scholle
Waidmannslust, (Taut,B.)
Berlin 69
Fußballstadion San Nicola,
Bari (Piano) 263
Galaries Lafayettes, Berlin
(Nouvel) 206, 207
Gartenstadt Falkenberg 69
(Taut,B.)

Gasometer-Umbau, Wien
(Coop Himmelb(l)au)
243
Gateway Arch, St. Louis
(Saarinen) 47
Gedächtniskirche, Berlin
(Eiermann) 60–163
Gehry Wohnhaus, Santa
Monica (Gehry,) 237
Geillustreerde Pers,
Amsterdam (Stam) 79
Gerichtshof f.
Menschenrechte,
Straßburg (Rogers) 181
GM Technical Center,
Warren (Saarinen) 147
Glasgow School of Art
(Mackintosh) 14–19
Glaspavillon, Köln (Taut,B.)
45, 68
Glass House, New Canaan
(Johnson) 141, 197
Goetheanum, Dornach
(Steiner) 42–47
Golden Gate, San Francisco
(Strauss) 102–107
Goldstein-Siedlung,
Frankfurt (Gehry) 237
Grand Central Station, NY
(Reed/Stem) 24–29
Grande Arche, Paris
(Spreckelsen/Andreu)
218–221
Gropiustadt, Berlin
(Gropius) 61
Guggenheim, Bilbao
(Gehry) 146, 234–237
Guggenheim, NY (Wright)
109, 126–129, 145
Hauptsitz d. VPRO,
Hilversum (MVRDV) 275
Haus Behrens, Darmstadt
(Behrens) 41
Haus d. Geschichte,
Stuttgart (Stirling) 187
Haus Ganz, Kronberg im
Taunus (Behrens) 41
Haus des Rundfunks, Berlin
(Poelzig) 79
Haus Götz, München
(Herzog/Meuron) 257
Haus Schminke, Löbau
(Scharoun) 169
Haus Tugendhat, Brünn
(Mies v.d. Rohe) 86–89
Haus Utzon (Utzon) 159
Hill House, Helenburgh
(Mackintosh) 19
Historisches Museum,

Berlin (Pei) 210
Hochhausgruppe Romeo &
Julia, Stuttgart
(Scharoun) 169
Holmes Bobst Library, NY
(Johnson) 198
Holocaust-Mahnmal, Berlin
(Eisenman) 217
Hongkong and Shanghai
Bank Foster) 188–193
Hufeisensiedlung, Britz
(Taut,B.) 68–73
Hutfabrik, Luckenwalde
(Mendelsohn) 55
I.D.S. Center, Minneapolis
(Burgee) 199
IBM-Büropavillons,
Stuttgart (Eiermann) 163
Imperial War Museum,
London (Libeskind) 233
Inmos Microprocessor
Factory, Newport
(Rogers) 181
Institut du Monde Arabe,
Paris (Nouvel) 204–207,
219
Ital.Pavillon d. 13. Triennale,
Mailand (Aulenti) 203
Jüdisches Museum, Berlin
(Libeskind) 228–233
Justizpalast, Bordeaux
(Rogers) 181
Kansai International Airport,
Osaka (Piano) 263
Kapelle Sogn Benedetg,
Sumvitg (Zumthor) 253
Kathedrale von Brasília
(Niemeyer)
Kaufhaus Schocken,
Chemnitz (Mendelsohn)
55
Kaufhaus Schocken,
Stuttgart (Mendelsohn)
55
Kennedy Memorial Library,
Boston (Pei) 219
Kirche des Jahres 2000, Rom
(Eisenman) 217
Kirche São Franciso de
Assis, Pampúlha,
(Niemeyer) 153
Kneses Tifereth Israel
Synagogue, Port Chester
(Johnson) 141
Königstraße und
Schloßplatz, Stuttgart
(Behnisch) 175
Koizumi Sangyo
Corporation, Tokio

GEBÄUDEREGISTER

(Eisenman) 217
Konferenzbau Weil am
Rhein (Ando) 224
Kongressgebäude Lille
(Koolhaas) 275
Kongresshalle Berlin
(Stubbins) 164
Kongresszentrum Luzern
(Nouvel) 207
Kulturzentrum Le Havre
(Niemeyer) 153
Kulturzentrum Nimes
(Foster) 193
Kunsthalle Rotterdam
(Koolhaas) 272
Kunsthaus Bregenz
(Zumthor) 252, 253
Künstlerhäuser, Dessau
(Gropius) 58
Lagerhaus Ricola, Laufen
(Herzog/Meuron) 257
Lake Shore Drive Apts.,
Chicago (Mies v.d. Rohe)
89, 137
Länderbank, Wien (Wagner)
35
Landesheilanstalt am
Steinhof, Wien (Wagner)
31, 35
LF one, Weil am Rhein
(Hadid) 227
Lingotto Fiatwerke, Turin
(Piano) 263
Lloyd's Building, London
(Rogers) 181
Louvre-Pyramide, Paris (Pei)
208–211, 219
Maison à Bordeaux
(Koolhaas) 270–275
Majakowskaja (Duschkin) 99
Masonic Temple, Chicago
(Burnham) 20
Mietshäuser Döblergasse
(Wagner) 35
Mietshäuser Neustiftgasse
(Wagner) 35
Mile High Center, Denver
(Pei) 211
Mind Zone, London (Hadid)
227
Möbelfabrik, Weil a.R.
(Grimshaw) 224
Musée d'Orsay, Paris
(Aulenti) 200–203, 219
Museo del'Arte Catalana,
Barcelona (Aulenti) 201,
203
Museum Fondation Beyeler,
Basel (Piano) 263
Museum f. Mod. Kunst,
Tokio (Le Corbusier) 135
Museum d. Post, Frankfurt
(Behnisch) 175

Museum f. zeitg. Kunst,
Niterói (Niemeyer) 153
Museum für zeitg. Musik,
Seattle (Gehry) 237
Musikhochschule, Stuttgart
(Stirling) 187
Nederlanden-Bürogebäude,
Prag (Gehry) 237
Nederlands
Congresgebouw, Den
Haag (Oud) 79
Nederlands Dans Theater,
Den Haag (Koolhaas) 275
Neue Nationalgalerie, Berlin
(Mies v.d. Rohe) 89, 259
NSDAP-Hauptquartier,
Berlin (Speer) 119
Newbury Racecourse,
Tribüne (Foster) 249
Niemeyer-Haus, Rio de
Janeiro (Niemeyer) 153
Nowoslobodskaja
(Duschkin) 99
Nussbaum-Haus, Osnabrück
(Libeskind) 233
Oak Park Home, Chicago
(Wright) 113
Olivetti-Hochhaus, Frankfurt
(Eiermann) 163
Olympiastadion, München
(Otto/Behnisch) 170–175
Olympisches Dorf, Rom
(Libera) 125
One Atlantic Center,
(Burgee) 199
Onkel Toms Hütte, Berlin
(Taut,B.) 69
Opernhaus, Cardiff (Foster)
248
Palast d. Morgenröte,
Brasília (Niemeyer) 150
Palau Güell, Barcelona
(Gaudí) 13
Palazzo dei Congressi, Rom
(Libera) 125
Palazzo Grassi, Venedig
(Aulenti) 201
Pan America Building, NY
(Gropius) 61
Parc Güell, Barcelona
(Gaudí) 13
Parlamentsgebäude, Kuwait
(Utzon) 159
Ausstellungsraum Paustian,
Kopenhagen (Utzon) 159
Passagierterminal Olsen,
London (Foster) 193
Peak Club, Hongkong
(Hadid) 224
Philharmonie Berlin
(Scharoun) 164–169, 259
Philharmonie Bremen
(Libeskind) 223

Philip-Johnson-Haus, Berlin
(Johnson) 198
Pirelli-Bürohaus, Rom
(Aulenti) 203
Platz der Revolution
(Duschkin) 98
Plenarsaal Bundestag, Bonn
(Behnisch) 175
Porzellanfabrik Rosenthal,
Selb (Gropius) 61
Postgebäude, Rom (Libera)
125
Postsparkassenamt, Wien
(Wagner) 30–35
Potsdamer Platz, Berlin
(Piano) 258–263, 273
Prairie Houses, Chicago
(Wright) 113
Queen's Cross Church,
Glasgow (Mackintosh) 17,
19
Raffles City, Singapur (Pei)
211
Brasília 150, 152–153
(Niemeyer)
Reichskanzlei, Neue, Berlin
(Speer) 119
Reichsparteitagsgelände,
Nürnberg (Speer)
114–119
Reichstagsumbau, Berlin
(Foster) 193, 244–249
Regierungsviertel
Chandigarh (Le
Corbusier) 149
Reliance Building, Chicago
(Burnham) 23
Reuter-Siedlung, Bonn
(Taut, M.) 79
Robie House, Chicago
(Wright) 113
Rookery Building, Chicago
(Burnham) 23
Lois and Richard Rosenthal
Center, Cincinnati
(Hadid) 227
Royal Hawaiian Hotel,
Honolulu
(Warren/Wetmore) 29
Sackler Gallery, London
(Foster) 193
Sackler Museum,
Cambridge (Stirling) 187
Sagrada Familia, Barcelona
(Gaudí) 8–13
Sainsbury Center, Norwich
(Foster) 193
Sambastadion, Rio de
Janeiro (Niemeyer) 153
SAS-Gebäude, Kopenhagen
(Jacobsen) 137
Scale, Delft (MVRDV) 279
Schifffahrtsmuseum

Bremerhaven (Scharoun)
169
Shell-Gebäude, Den Haag
(Oud) 7 9
Siedlung Kingohusene,
Helsingør (Utzon) 159
Seagram Building, NY (Mies
v.d. Rohe/Johnson) 89,
136–141
SEG-Wohnturm, Wien
(Coop Himmelb(l)au)
243
Siedlung Schillerpark, Berlin
(Taut, B.) 69
Siemensstadt, Berlin
(Gropius) 61
Skulpturengarten MOMA,
NY (Johnson) 198
Sowjetpalast, Moskau
(Gropius) 58
Staatsbibliothek Preuß.
Kultur, Berlin (Scharoun)
164, 259, 261
Staatsgalerie, Stuttgart
(Stirling/Wilford)
182–187
Stadtkrone, Halle (Gropius)
58
Stansted Airport, London
(Foster) 193
State Theatre, NY (Johnson)
198
Sydney Opera, Sydney
(Utzon) 144, 154 159
Taliesin West, Scottsdale
(Wright) 113
Tate Modern, London
(Herzog/Meuron)
254–257
Tatlin-Turm (Tatlin) 48–51
Terminal Dulles,
Washington (Saarinen)
147
Textilfabrik, Blumberg
(Eiermann) 163
Theater, Charkow (Gropius)
58
Thermalbad, Vals (Zumthor)
250–253
Thyssen-Siedlung, Duisburg
(Taut,M.) 79
Topographie d. Terrors,
Berlin (Zumthor) 252,
253
TWA-Terminal, NY
(Saarinen) 142–147
U-Bahn, Moskau (Duschkin)
96–101
Ufa-Kinozentrum, Dresden
(Coop Himmelb(l)au)
238–243
Umbau der Oper, Lyon
(Nouvel) 207

Umbau Hauptbahnhof,
Stuttgart (Otto) 175
Union Station, NY
(Reed/Stem) 29
Union Station, Washington
(Burnham) 23
Unité d'habitation, Marseille
(Le Corbusier) 130–135
Universität Constantine,
Algier (Niemeyer) 153
Universitätsbibliothek,
Cottbus
(Herzog/Meuron) 257
US-Botschaft, London
(Saarinen) 147
Vanderbilt Hotel, NY
(Warren/Wetmore) 29
Vangede, Kopenhagen
(Spreckelsen) 221
Versandhaus Neckermann,
Frankfurt (Eiermann) 163
Verwaltung Hoechst AG,
Frankfurt (Behrens) 41

Verwaltungsgebäude IG
Farben, Frankfurt
(Poelzig) 79
Verwaltungsgebäude Willis,
Faber/Dumas, Ipswich
(Foster) 193
Villa Dall'Ava, Saint-Cloud
(Koolhaas) 275
Villa Savoye, Poissy
(Le Corbusier) 80–85
Vitra Design Museum, Weil
a.R. (Gehry) 224, 235, 237
Waldsiedlung Zehlendorf,
Berlin (Taut, B.) 69
Wallfahrtskapelle,
Ronchamp (Le Corbusier)
144
Washington Bridge, NY
(Ammann) 107
Wax Building, Racine
(Wright) 113
Weißenhofsiedlung,
Stuttgart (Behrens) 41

Weißenhofsiedlung,
Stuttgart (Mies v.d. Rohe)
74–79, 135
Weisman Art Museum,
Minneapolis (Gehry) 237
Wembley-Stadion, London
(Foster) 193
Wexner Center, Columbus
(Eisenman) 212–217
Wiener Stadtbahn
(Wagner) 35
Winslow-House, River
Forest (Wright) 113
Willow Tea Rooms, Glasgow
(Mackintosh) 19
Windy Hill House,
Kilmacom (Mackintosh)
19
Woga-Komplex, Berlin
(Mendelsohn) 55
Wohnhaus für Betagte,
Masans (Zumthor) 253
Wohngehöfte, Berlin

(Scharoun) 169
Wohngruppe, Fredensborg
(Utzon) 159
Wohnkomplex Nemausus I,
Nîmes (Nouvel) 207
Wohnstadt Prenzlauer Berg,
Berlin (Taut, B.) 69
Woman's Temple, Chicago
(Burnham) 20
World Port Centre,
Rotterdam (Foster) 249
WoZoCos, Amsterdam
(MVRDV) 279
Yacht Club, White Bear Lake
(Reed/Stem) 29
Zentrum f. Kultur, Karlsruhe
(Koolhaas) 275
Zentrum f. zeitg. Kunst,
Tours (Eisenman) 217
Zeppelinfeld, Nürnberg
(Speer) 119

PERSONEN- UND WERKREGISTER

Aisenpreis, Ernst 43, 46
Alen, William van 90–95
– Chrysler Building, New
York 90–95
Alsop & Störmer **130**
**Ammann, Othmar
Hermann** 103, 107
– George Washington
Bridge, New York 107
Ando, Tadao 224, 255
– Konferenzbau, Weil am
Rhein 224
Andreu, Paul 218–221
– Flughafen Charles-de-
Gaulle, Paris 221
– La Grande Arche, Paris
218–221
Arup, Ove 155
Aulenti, Gaetana 200–203
– Ital. Pavillon der 13.
Triennale, Mailand 203
– Musée Nationale d'Art
Modern im Centre
Pompidou, Paris 203
– Musée d'Orsay, Paris
200–203, 219
– Museo del'Arte Catalana,
Barcelona 201, 203
– Palazzo Grassi, Venedig
201

– Pirelli-Bürohaus, Rom
203
Ban, Shigeru 264–269
– Curtain Wall House,
Tokio 264–269
– Expo-Pavillon Japan,
Hannover 269
Baumgarten, Paul 160, 246
Behnisch, Günter 170–175
– Museum für Post und
Kommunikation,
Frankfurt 175
– Neugestaltung
Königstraße und
Schloßplatz, Stuttgart 175
– Olympiastadion,
München 170–175
– Plenarsaal des
Bundestags, Bonn 175
Behrens, Peter 36–41, 56,
61, 65, 76, 77, 85, 86, 89,
135
– AEG-Turbinenhalle, Berlin
36–41
– Haus Behrens, Darmstadt
41
– Haus Ganz, Kronberg 41
– Haus in der
Weißenhofsiedlung,
Stuttgart 41

– Verwaltungsgebäude der
Hoechst AG, Frankfurt
a.M. 41
Binswanger, Christine 255,
257
Boada, Isodoro Buig 11
Bonatz, Paul 75, 77
Bourgeois, Victor 76
Brensing, Christian 191
Breuer, Marcel 137, 141
Brumwell, Su 181, 193
Burgee, John 141, 194–199
– AT & T-Building, New
York (mit P. Johnson)
194–199
– Chrystal Cathedral, New
York 199
– I.D.S. Center,
Minneapolis 199
– One Atlantic Center,
Atlanta 199
Burnham, Daniel Hudson
20–23
– Flatiron Building, New
York 20–23
– Masonic Temple, Chicago
20
– Reliance Building,
Chicago 23
– Rookery Building,

Chicago 23
– Union Station,
Washington 23
– Woman's Temple,
Chicago 20
Calatrava, Santiago 245
Chessman, Wendy 181, 190,
193, 249
Chipperfield, David 255
Chrysler, Walter Percy 90,
93, 95
Cook, Peter 179
Coop Himmelb(l)au 194,
238–243
– Dachausbau Falkestraße,
Wien 243
– Forschungszentrum,
Seibersdorf 243
– Gasometer-Umbau, Wien
243
– SEG-Wohnturm, Wien
243
– Ufa-Kinozentrum,
Dresden 238–243
Costa, Lúcio 148–150, 153
Döcker, Richard 76
Domenig, Günther 117, 118
Duschkin, Alexander
96–101
– Majakowskaja 99

PERSONEN- UND WERKREGISTER

– Nowoslobodskaja 99
– Platz der Revolution 98
– U-Bahn Moskau 96–101
Eiermann, Egon 160–163, 170
– Abgeordneten-Hochhaus des Bundestages, Bonn 163
– IBM-Büropavillons, Stuttgart 163
– Kaiser-Wilhelm-Gedächtniskirche, Berlin 160–163
– Olivetti-Hochhaus, Frankfurt 163
– Textilfabrik, Blumberg 163
– Versandhaus Neckermann, Frankfurt 163
Eisenman, Peter 194, 212–217, 230, 236, 275
– Hauptverwaltung der Koizumi Sangyo Corp., Tokio 217
– Holocaust-Mahnmal, Berlin 217
– Kirche des Jahres 2000, Rom 217
– Wexner Center, Columbus 212–217
– Zentrum für Zeitgenössische Kunst und Musikhochschule, Tours 217
Ellis, Charles Alton 104
Fehlbaum, Rolf 224, 226
Forster, Kurt 212, 216
Foster, Lord Norman 181, 188–193, 244–249, 256
– Chek Lap Kok Airport, Hongkong 193
– Commerzbank, Frankfurt a.M. 193
– Fernmeldeturm, Barcelona 193
– Hongkong and Shanghai Bank, Hongkong 188–193
– Kulturzentrum, Nimes 193
– Tribüne Newbury Racecourse, 249
– Opernhaus, Cardiff 248
– Passagierterminal der Fred Olsen Lines, London 193
– Reichstagsumbau, Berlin 193, 244–249
– Sackler Gallery, London 193
– Sainsbury Center for the Visual Arts, Norwich 193
– Stansted Airport, London 193

– Verwaltungsgebäude von Willis, Faber & Dumas, Ipswich 193
– Neubau des Wembley-Stadion, London 193
– World Port Centre, Rotterdam 249
Frank, Josef 76
Frank, Robert 262
Freundlich, Erwin Finlay 52, 53
Gaudí y Cornet, Antoni Plácido Guillermo 8–13, 45
– Casa Milà, Barcelona 13, 45
– Parc Güell, Barcelona 13
– La Sagrada Familia, Barcelona 8–13
Gehry, Frank Owen 146, 194, 216, 224, 234–237
– American Center, Paris 237
– California Aerospace Museum, Los Angeles 237
– DG-Bank, Berlin 237
– Fishdance Restaurant, Kobe 237
– Frederick R. Weisman Art Museum, Minneapolis 237
– Gehry Wohnhaus, Santa Monica 237
– Goldstein-Siedlung, Frankfurt a.M. 237
– Guggenheim-Museum, Bilbao 146, 234–237
– Museum für zeitgenössische Musik, Seattle 237
– Nationale-Nederlanden-Bürogebäude, Prag 237
– Vitra Design Museum, Weil am Rhein 224, 235, 237
Grey, Spencer de 190, 249
Grimshaw, Nicholas 224
– Möbelfabrik, Weil am Rhein 224
Gropius, Walter Adolf Georg 39, 40, 55, 56–61, 75, 76, 86, 109, 137, 141, 163, 164, 194, 211, 217
– Arbeitsamt, Dessau 61
– Bauhaus-Gebäude, Dessau 56–61
– Fagus-Werke, Alfeld 56, 57
– Gropiusstadt, Berlin 61
– Künstlerhäuser, Dessau 58
– Pan America Building,

New York 61
– Porzellanfabrik Rosenthal, Selb 61
– Siemensstadt, Berlin 61
– Sowjetpalast, Moskau 58
– Stadtkrone, Halle 58
– Theater, Charkow 58
– Totaltheater 58, 61
Grzimek, Günther 170
Guggenheim, Solomon R. 126, 127
Gugger, Harry 255, 257
Gwathmey, Charles 128
Hadid, Zaha 194, 213, 222–227, 248
– Feuerwehrhaus, Weil am Rhein 222–227
– LF one, Weil a. R. 227
– Lois and Richard Rosenthal Center of Contemporary Arts, Cincinnati 227
– Mind Zone (Millennium Dome), London 227
– Peak Club, Hongkong 224
Hall, Peter 157
Henselmann, Hermann 60
Herzog, Jacques & Meuron, Pierre de 254–257
– Haus Sammlung Götz, München 257
– Lagerhaus Ricola, Laufen 257
– Tate Modern, London 254–257
– Universitätsbibliothek, Cottbus 257
Hilbersheimer, Ludwig 76
Hilmer, Heinz 260
Hitchcock, Henry R. 137, 141
Hoffmann, Franz 79
Holzer, Rainer Maria 243
Hundertwasser, Friedensreich 242
Hunte, Otto 62, 65
Isler, Heinz 173
Isozaki, Arata 124, 261, 262, 269
Jacobsen, Arne 137
– SAS-Gebäude, Kopenhagen 137
Jahn, Helmut 261
Jeanneret, Charles-Edouard s. Le Corbusier
Jeanneret, Pierre 75, 85, 135
Jencks, Charles 197
Jenney, William Le Baron 23
Johnson, Philip Cortelyou 58, 88, 89, 109, 136–141, 194–199, 225, 229, 234, 238, 275

– AT & T-Building, New York (mit J. Burgee) 141, 194–199
– Elmar Holmes Bobst Library, New York 198
– Glass House, New Canaan 141, 197
– Kneses Tifereth Israel Synagogue, Port Chester 141
– Philip-Johnson-Haus, Berlin 198
– Seagram Building, New York 136–141
– Skulpturengarten im MOMA, New York 198
– State Theatre, NY 198
Kaufmann, Edgar J. 110, 111
Kettelhut, Erich 62, 63, 65
Kollhoff, Hans 261
Koolhaas, Rem 194, 213, 216, 227, 255, 270–275
– Kongressgebäude, Lille 275
– Kunsthalle, Rotterdam 272
– Maison à Bordeaux 270–275
– Nederlands Dans Theater, Den Haag 275
– Villa Dall'Ava, Saint-Cloud 275
– Zentrum für Kultur und Medien, Karlsruhe 275
Ladowskij, Nikolai Alexandrowitsch 101
Laloux, Victor 95, 200, 202
Lampugnani, Vittorio Magnago 80, 83
Lang, Fritz 62–67
Langen, Gustav 77
Lauber, Ulrike 261
Le Corbusier 14, 39, 75, 76, 80–85, 86, 109, 130–135, 141, 144, 149, 152, 153, 169, 237
– Regierungsviertel, Chandigarh 149
– Citrohan 81
– Museum für Moderne Kunst, Tokio 135
– Unité d'habitation, Marseille 130–135
– Villa Savoye, Poissy 80–85
– Wallfahrtskapelle Notre-Dame du-Haut, Ronchamp 144
– Häuser in der Weißenhofsiedlung, Stuttgart 135
Lehmannm, Steffen 261
Libera, Adalberto 121, 125

- Casa Malaparte, Capri (mit C. Malaparte) 125
- Olympisches Dorf, Rom (mit anderen) 125
- Palazzo dei Congressi, Rom 125
- Postgebäude, Rom (mit M. de Renzi) 125

Libeskind, Daniel 194, 228–233
- Felix-Nussbaum-Haus, Osnabrück 233
- Imperial War Museum, London 233
- Jüdisches Museum, Berlin 228–233
- Philharmonie, Bremen 223

El Lissitzky 48, 51, 79
Loewy, Raymond 145
Luckman & Pereira 136
Maas, Winy 277–279
Macdonald, Frances 18, 19
Macdonald, Margaret 17, 19
Mackintosh, Charles Rennie 14–19, 35
- Glasgow School of Art 14–19
- Hill House, Helenburgh 19
- Queen's Cross Church, Glasgow 17, 19
- Willow Tea Rooms, Glasgow 19
- Windy Hill House, Kilmacom 19

Malaparte, Curzio 120–125
Malewitsch, Wladimir 48
Martorell, Joan 13
McNair, Herbert 18, 19
Mendelsohn, Erich 45, 52–55, 65
- Einsteinturm 45, 52–55
- Hutfabrik, Luckenwalde 55
- Kaufhaus Schocken, Chemnitz 55
- Kaufhaus Schocken, Stuttgart 55
- Woga-Komplex, Berlin 55

Meyer, Adolf 39, 61
Meyer, Hannes 60
Mies van der Rohe, Ludwig 39, 40, 55, 74–79, 86–89, 109, 136–141, 147, 163, 164, 194, 197, 211, 259, 267
- Crown Hall des Illinois Institute of Technology, Chicago 89
- Deutscher Pavillon, Expo Barcelona 89

- Farnsworth House, Plano, 89, 267
- Haus Tugendhat, Brünn 86–89
- Lake Shore Drive Apartments, Chicago 89, 137
- Neue Nationalgalerie, Berlin 89, 259
- Seagram Building, New York (mit P. Johnson) 89, 136–141
- Weißenhofsiedlung, Stuttgart 74–79

Moneo, Rafael 255, 261
Morrow, Irving F. 104, 197
Muthesius, Hermann 73
MVRDV 276–279
- Niederländischer Pavillon, Expo Hannover 276–279
- Scale, Delft 279
- Hauptsitz der VPRO, Hilversum 275
- WoZoCos, Amsterdam 279

Nelson, David 249
Niemeyer, Oscar 148–153
- Brasília 148–153
- Kathedrale v. Brasília 153
- Kirche São Franciso de Assis, Pampúlha, 153
- Kulturzentrum, Le Havre 153
- Museum für Zeitgenössische Kunst, Niterói 153
- Niemeyer-Haus, Rio 153
- Palast der Morgenröte, Brasília 150
- Sambastadion, Rio 153
- Universität Constantine, Algier 153

Nouvel, Jean 204–207, 213
- Fondation Cartier, Paris 205, 207
- Galaries Lafayettes, Berlin 206, 207
- Institut du Monde Arabe, Paris 204–207, 219
- Kultur- und Kongress-zentrum, Luzern 207
- Umbau der Oper, Lyon 207
- Wohnkomplex Nemausus I, Nîmes 207

Olbrich, Joseph Maria 36
Otto, Frei 173, 175
- Deutscher Pavillon, Expo Montreal 175
- Olympiastadion, München 170–175
- Schutzzelt auf der Bundesgartenschau, Köln 175

- Umbau des Haupt-bahnhofs, Stuttgart 175

Oud, Jacobus Johannes Pieter 75, 76, 78, 79
- Nederlands Congres-gebouw, Den Haag 79
- Shell-Gebäude, Den Haag 79

Pehnt, Wolfgang 42, 44, 46
Pei, Ieoh Ming 208–211
- Bank of China, Hongkong 211
- City Hall, Dallas 211
- Historisches Museum, Berlin 210
- Fragrant Hill Hotel, Peking 211
- Kennedy Memorial Library, Boston 219
- Louvre-Pyramide, Paris 208–211, 219
- Mile High Center, Denver 211
- Raffles City, Singapur 211

Perrault, Dominique 205
Philips, Graham 249
Piano, Renzo 167, 176–181, 255, 258–263
- Centre Georges Pompidou, Paris 176–181, 263
- De Menil Collection, Houston 263
- Fußballstadion San Nicola, Bari 263
- Kansai International Airport, Osaka 263
- Lingotto Fiatwerke, Turin 263
- Museum Fondation Beyeler, Basel 263
- Potsdamer Platz, Berlin 258–263, 273

Poelzig, Hans 73, 76, 79, 163
- Haus des Rundfunks, Berlin 79
- Verwaltungsgebäude der IG Farben, Frankfurt 79

Prix, Wolf Dieter 238, 239, 243
Rading, Adolf 76
Reed, Charles & Stem, Allen 24–29
- Grand Central Station, New York (mit Warren & Wertmore) 24–29
- Union Station, Troy, New York 29
- Yacht Club, White Bear Lake 29

Reich, Lilly 87, 89
Rijs, Jacob van 277–279

Rodtschenko, Alexandr 48, 49, 51, 66
Rogers, Sir Richard 176–181, 193, 248, 262, 263
- Alcazar, Marseille 181
- Centre Georges Pompidou, Paris 176–181
- Europäischer Gerichtshof für Menschenrechte, Straßburg 181
- Fabrik für Reliance Controls Ltd., Swindon 181
- Inmos Microprocessor Factory, Newport 181
- Erweiterung des Justiz-palastes, Bordeaux 181
- Lloyd's Building, London 181

Root, John Wellborn 23
Rowe, Colin 213
Ruf, Sep 160
Ruff, Franz 114, 118
Ruff, Ludwig 114, 118
Saarinen, Eero 137, 142–147, 154
- CBS Building, NY 137
- Gateway Arch, St. Louis 147
- General Motors Technical Center, Warren 147
- Terminal Building des Dulles International Airport, Washington 147
- TWA-Terminal, New York 142–147
- US-Botschaft, London 147

Sant' Elias, Antonio 65
Sattler, Christoph 260
Scharoun, Hans Bernhard 65, 73, 76, 164–169, 259, 261
- Deutsches Schifffahrtsmuseum, Bremerhaven 169
- Haus Schminke, Löbau
- Hochhausgruppe Romeo und Julia, Stuttgart 169
- Philharmonie, Berlin 164–169, 259
- Staatsbibliothek Preußischer Kulturbesitz, Berlin 164, 259, 261
- Wohngehöfte, Berlin 169

Schinkel, Karl Friedrich 56
Schlaich, Jörg 173
Schmid-Curtius, Carl 43
Schneck, Adolf Gustav 76
Schtschussew, Alexej Wiktorowitsch 98
Schwechten, Franz 160
Scott, Sir George Gilbert 254
Scott, Sir Giles Gilbert 254

PERSONEN- UND WERKREGISTER

Severence, H. Craig 90, 95
- Bank of Manhattan, New York 90, 91

Shuttleworth, Ken 249
Siegel, Robert 128
Silsbee, Joseph Lyman 109
Sottsass, Ettore 37
Speer, Albert 114–119, 166, 244
- Deutscher Pavillon, Paris 119
- Neugestaltung des NSDAP-Hauptquartiers, Berlin 119
- Neue Reichskanzlei, Berlin 119
- Reichsparteitagsgelände, Nürnberg 114–119
- Aufmarschgelände Zeppelinfeld, Nürnberg 119

Spreckelsen, Johann Otto von 218–221
- La Grande Arche, Paris 218–221
- Vangede, Kopenhagen 221

Stam, Mart 75–77, 79
- Fabriek van Nelle, Rotterdam 79
- Bürohaus Geillustreerde Pers, Amsterdam 79

Steiner, Rudolf 42–47
- Goetheanum, Dornach 42–47

Stepper, Frank 243
Stirling, Sir James Frazer 182–187, 248
- Britische Botschaft, Berlin 187
- Engineering Building, Leicester 187
- Haus der Geschichte, Stuttgart 187
- Bau und Erweiterungsbau

der Musikhochschule, Stuttgart 187
- Arthur M. Sackler Museum, Cambridge 187
- Erweiterung Staatsgalerie, Stuttgart 182–187
- Tate Modern, London 187

Strauss, Joseph Baermann 102–107
- Golden Gate, San Francisco 102–107

Stubbins, Hugh 164
- Kongresshalle, Berlin 164

Sullivan, Louis Henri 20, 109
Swicinsky, Helmut 239, 243
Tatlin, Wladimir J. 48–51
- Tatlin-Turm 48–51

Taut, Bruno Julius Florian 45, 65, 68–73, 76, 79, 164, 169
- Freie Scholle in Waidmannslust, Berlin 69
- Friedrich-Ebert-Siedlung, Berlin 69
- Gartenstadt Falkenberg 69
- Glaspavillon, Köln 45, 68
- Hufeisensiedlung, Britz 68–73
- Siedlung Schillerpark, Berlin 69
- Waldsiedlung Zehlendorf, Berlin 69
- Wohnstadt am Prenzlauer Berg, Berlin 69

Taut, Max 75, 76, 78, 79
- August-Thyssen-Siedlung, Duisburg 79
- Reuter-Siedlung, Bonn 79

Tschumi, Bernard 194, 213
Tugendhat, Fritz und Grete 88

Utzon, Jørn Oberg 144, 154–159
- Haus Utzon 159
- Parlamentsgebäude, Kuwait 159
- Ausstellungsraum für Möbelfirma Paustian, Kopenhagen 159
- Siedlung Kingohusene, Helsingør 159
- Sydney Opera House, Sydney 144, 154–159
- Wohngruppe, Fredensborg 159

Vanderbilt, Cornelius 24
Velde, Henry van de 35, 45
Villar, Francisco de Paula de 10, 13
Vollbrecht, Karl 62, 65
Vries, Nathalie de 277–279
Wagner, Martin 69, 70, 73, 169
Wagner, Otto 30–35, 65
- Bauten der Wiener Stadtbahn 35
- Landesheilanstalt am Steinhof mit St. Leopoldkirche, Wien 31, 35
- Länderbank, Wien 35
- Mietshäuser Döblergasse 35
- Mietshäuser Neustiftgasse 35
- Postsparkassenamt, Wien 30–35
- Schützenhaus Staustufe Kaiserbad, Wien 31

Wallot, Paul 244
Warren & Wetmore 24, 29
- Grand Central Station, New York 24–29
- Royal Hawaian Hotel, Honolulu 29

- Vanderbilt Hotel, NY 29
Whitney, Charles S. 107
Wilford, Michael 182–187
- Erweiterung Staatsgalerie, Stuttgart 182–187

Wisniewski, Hans 168, 169
Wöhr, Wolfram 261
Wright, Frank Lloyd 108–113, 126–129, 137, 145, 151, 159, 236
- Fallingwater, Bear Run 108–113
- Frederick C. Robie House, Chicago 113
- Solomon R. Guggenheim-Museum, New York 109, 126–129, 145
- Johnson Wax Building, Racine 113
- Oak Park Home and Studio, Chicago 113
- Prairie Houses, Chicago 113
- Taliesin West, Scottsdale 113
- William H. Winslow-House, River Forest 113

Zumthor, Peter 250–253
- Atelier Zumthor, Haldenstein 253
- Expo Pavillon der Schweiz, Hannover 252, 253
- Kapelle Sogn Benedetg, Sumvitg 253
- Kunsthaus, Bregenz 252, 253
- Thermalbad, Vals 250–253
- Topographie des Terrors, Berlin 252, 253
- Wohnhaus für Betagte, Masans 253

BILDNACHWEIS

Der Verlag dankt allen, die uns Bilder zur Verfügung gestellt haben, für die freundliche Genehmigung zum Abdruck. Leider war es uns nicht in allen Fällen möglich, die Rechteinhaber ausfindig zu machen; alle Ansprüche bleiben gewahrt.

Arcaid/Dennis Gilbert: S. 16 unten · aus: Arch+, Zeitschrift für Architektur und Städtebau, NR. 146, 1999: S. 267 · Architectural Association/Rik Nijs: S. 122 · Architektur Bilderservice Stanislaus Kandula, Witten: S. 3, 4, 5, 9, 10, 11 links und U1, 14, 18 unten, 20 und U1, 21 unten, 22 oben, 30–34, 36, 38 unten, 39, 43, 45, 46, 52, 53 oben und U4, 54, 56, 57, 58 oben, 59, 60 unten, 75–78, 90, 91 rechts, 92 und U1, 93 unten, 94, 99, 104–106 und U1, 115, 116, 127 oben, 139, 142, 143 unten, 145 unten, 146, 154–157, 158 oben, 162 links, 165, 166, 168, 170–172, 173 unten, 174, 176, 177, 178 oben, 179, 180, 186, 194, 196 unten, 197, 202 oben, 204, 205 oben, 206, 218–220, 222, 223, 224 oben, 226, 228, 229, 230 unten, 232, 246–248, 260–262, 276, 277, 288 · Architektur Bilderservice Stanislaus Kandula, Witten/© VG Bild-Kunst, Bonn 2001: S. 128 oben Archiv Foster Associates: S. 188 (Ian Lambot), 190 unten, 191, 192 · AKG, Berlin: S. 4, 5, 11 rechts, 12, 15 unten, 21 oben, 22 unten, 28 unten, 40, 42, 44, 49 oben, 50 unten, 53 unten, 58 oben, 60 oben (Nachlass Schlemmer), 62 und U4, 63, 64, 69–72, 74, 83, 87, 91 links und U1, 97, 103, 109 unten, 112, 114, 117, 118 oben, 120, 121 oben, 127 unten, 130, 160 unten, 161, 162 rechts, 164, 167, 173 oben, 178 mitte, 182, 183, 184 oben, 185, 190 oben, 195 und U4, 198, 200, 201, 208, 225, 230 oben, 231 und U4, 234 und U4, 236, 239, 242, 244, 245, 250, 251, 254, 255 oben, 256, 258, 259, 274 unten AKG, Berlin/© VG Bild-Kunst, Bonn 2001: S. 37 unten, 38 oben, 50 oben, 86, 126, 128 unten · aus: Bauwelt, Nr. 37, 1998: S. 272, 274 oben · Bildarchiv Steffens: S. 96, 98, 100, 148, 150, 151, 152 · Tom Bonner: S. 241 · Andrew Bordwin: S. 27 · Marcus Brooke/allOver: S. 15 oben · Deutsche Kinemathek, Berlin: S. 66 · Deutsches Institut für Filmkunde e.V., Frankfurt/© VG Bild-Kunst, Bonn 2001: S. 65 · dpa Bildarchiv, Frankfurt: 160 oben, S. 224 unten, 238, 240, 255 unten · Peter Eisenman: S. 213, 214, 215 oben · G.+J. Fotoservice: S. 149 oben · Glasgow School of Art: S. 18 oben · Jeff Goldberg/ESTO: S. 212 · Jeannine Govaers, Amsterdam: S. 278 · Silke Helmerdig/© VG Bild-Kunst, Bonn 2001: S. 37 oben · Hiroyuki Hirai, Tokio: S. 264–266 und U1 · Angelo Hornak: S. 137 · Jauch und Scheikowski, Hamburg: S. 124 unten · Karl Johaengtes/LOOK: S. 16 oben · Rem Koolhaas: S. 270, 271, 273 · Christoph Krämer: S. 93 oben · Geleta Laszlo: S. 108 · Foundation Le Corbusier/© VG Bild-Kunst, Bonn 2001: S. 4, 81, 82 (Photo: Michael Scholz), 84 · Patti McConnille: S. 28 oben · Museum of the City of New York: S. 24 oben · Ralph Richter/architekturphoto, Düsseldorf: S. 189 · Peter Roggenthin: S. 118 unten · Deidi von Schaewen: S. 80, 132, 133 · Henry Pierre Schultz Fotografie: S. 252 · Ezra Stoller/ESTO: S. 143 unten · Ullstein Bilderdienst, Berlin: S. 1, 5, 8, 25 und U4, 26, 102, 134, 144, 145 oben, 158 unten, 184 unten, 205 unten, 215 unten · Ullstein Bilderdienst, Berlin/© VG Bild-Kunst, Bonn 2001: S. 48 · © VG Bild-Kunst, Bonn 2001: S. 49 unten, 88, 136, 138 oben · Wolfgang Voigt: S. 4, 124 oben · Joshua White: S. 235 · Alfred Wolf: S. 209, 210 · The Frank Lloyd Wright Foundation/© VG Bild-Kunst, Bonn 2001: S. 109

IMPRESSUM

Bibliografische Information Der Deutschen Bibliothek
Die Deutsche Bibliothek verzeichnet diese Publikation in der Deutschen Nationalbibliografie; detaillierte bibliografische Daten sind im Internet über http://dnb.ddb.de abrufbar.

2. Auflage 2003
Copyright © 2001 Gerstenberg Verlag, Hildesheim
Alle Rechte vorbehalten.
Gestaltung und Satz: typocepta, Wilhelm Schäfer, Köln
Satz aus der Berthold Concorde und der DTL Caspari
Druck und Bindung: Canale, Torino
Printed in Italy
ISBN 3-8067-2514-4